新时代师范教育研究系列丛书

中国近现代师范教育思想精粹

主　编　孙家明

北京理工大学出版社
BEIJING INSTITUTE OF TECHNOLOGY PRESS

内 容 简 介

本书选取徐特立、雷沛鸿、郭秉文、李建勋、张雪门、廖世承、陈鹤琴、李蒸、车向忱、孟宪承、金海观、常道直、余家菊、林砺儒、杨秀峰、罗炳之等名家名师，主要从社会历史背景、实践活动以及关于师范教育的思想观点三个方面，考察与整理他们的师范教育思想的形成与发展。书中不仅有对师范教育里程碑式人物的介绍、思想脉络的阐释，也有最能反映他们师范教育思想精髓的原著与案例片段。

本书既可作为各级各类师范院校的教学用书，也可作为教育学爱好者的案头参考读物。

版权专有　侵权必究

图书在版编目（CIP）数据

中国近现代师范教育思想精粹 / 孙家明主编. --北京：北京理工大学出版社，2024.4

ISBN 978-7-5763-3821-8

Ⅰ.①中… Ⅱ.①孙… Ⅲ.①师范教育-教育思想-中国-近现代 Ⅳ.①G659.29

中国国家版本馆 CIP 数据核字（2024）第 079253 号

责任编辑：徐艳君		文案编辑：徐艳君	
责任校对：刘亚男		责任印制：李志强	

出版发行 /	北京理工大学出版社有限责任公司
社　　址 /	北京市丰台区四合庄路 6 号
邮　　编 /	100070
电　　话 /	（010）68914026（教材售后服务热线）
	（010）68944437（课件资源服务热线）
网　　址 /	http://www.bitpress.com.cn

版 印 次 /	2024 年 4 月第 1 版第 1 次印刷
印　　刷 /	三河市华骏印务包装有限公司
开　　本 /	710 mm×1000 mm　1/16
印　　张 /	11.75
字　　数 /	210 千字
定　　价 /	60.00 元

图书出现印装质量问题，请拨打售后服务热线，负责调换

一个人遇到好老师是人生的幸运，一个学校拥有好老师是学校的光荣，一个民族源源不断涌现出一批又一批好老师则是民族的希望。

——习近平

前言

党的二十大报告指出："教育是国之大计、党之大计。培养什么人、怎样培养人、为谁培养人是教育的根本问题。育人的根本在于立德。"中国近现代师范教育，是中国近现代社会政治、经济发展的产物，并伴随和适应中国近代新教育的产生、发展而日臻完善。19世纪下半叶，洋务运动时期的中国教育虽然以传统的封建教育为主体，但也出现了近代新教育的幼芽。中国近代师范教育就是在清末"教育救国"社会思潮涌动下产生的，先辈们逐渐认识到基础教育与师范教育的重要性与必要性，比如梁启超先生提出："欲革旧习，兴智学，必以立师范学堂为第一义。"他们希望通过改革科举制度，创办师范教育，培养新式人才，促进教育发展，提升国民素质，推进国力强盛，以实现救亡图存的目的。随后以日本为仿效对象，在比较短的时间内构建了相对完整的师范教育体系，从而使中国师范教育登上了百年发展的历程。

纵观百年来的中国师范教育研究，不难发现，随着时代的发展和研究的深入，该研究领域不断拓展，研究成果也日益丰硕，概而言之，主要呈现三个特点：第一，研究视角逐步拓展。学者们从早期单纯注重师范教育自身的探究，逐步延伸到与其他教育体系的联系，以及师范教育影响的探索，并从更加广泛的层面折射出师范教育对整个社会发展的重要影响。第二，研究思路逐步创新。学者们从早期关注宏观、理论的大而全，开始转向微观、实用的小而精；从最初强调政策、法规和章程等制度层面的探究，开始拓展到教师具体待遇、师范教育课程设置，以及师范教育向地方推行的效果等方面的探讨，试图从多角度来剖析中国近现代师范教育。第三，研究方法逐步改进。学者们从最开始运用较为简单的鸟瞰式、分期式的政治史和革命史研究方法，转向运用分地区、分时段的社会史和教育史的方法，来探寻近现代中国师范教育内部发展规律，及其在整个中国近现代教育发展，乃至社会发展进程中的重要作用。由此可见，学者们试图展现中国近现代师范教育研究的发展历程，这些研究成果为中国近现代师范教育的理论研究与实践创新提供了有益参考。

21世纪以来，教师教育日益成为教育领域的研究重心，培养高素质专业化创新型的教师队伍，已经成为教育研究者、教育行政部门和整个社会关注的焦点。党的二十大报告明确提出："加强师德师风建设，培养高素质教师队伍，弘扬尊师重教社会风尚。"就教育学者而言，如何提升教师的专业化水平、如何建构有效的教师培养模式等问题日益突出。从研究者的角度来说，这里就不能忽视对中国师范教育思想的研究，笔者在《从孔子到陶行知：中国师范教育思想精粹》一书中，介绍了从孔子到陶行知名家名师的师范教育思想，主要从社会历史环境的主要背景、名家名师的实践活动，以及他们关于师范教育的思想观点三个方面，考察与整理他们的师范教育思想的形成与发展，不仅有对师范教育里程碑式人物的介绍、思想脉络的阐释，也有最能反映他们的师范教育思想精髓的原著与案例片段。

本书可以说是《从孔子到陶行知：中国师范教育思想精粹》的姊妹篇，试图对中国近现代师范教育思想作一梳理，以期比较完整地展现中国师范教育思想发展的历史逻辑。书中选取徐特立、雷沛鸿、郭秉文、李建勋、张雪门、廖世承、陈鹤琴、李蒸、车向忱、孟宪承、金海观、常道直、余家菊、林砺儒、杨秀峰、罗炳之等人，展现了中国近现代师范教育思想所面临的主体选择性和历史延续性。具体而言，主体选择性是指中国近现代师范教育家群体在学习西方经验时并未完全照搬，并未忽视中国背景条件和本土文化资源；历史的延续性意在表明中国近现代师范教育本土化过程中存在的一些根本性问题，在不同历史时期以不同的形式复现。应该说，中国近现代师范教育家群体视野开阔，理想远大，既能主动学习先进思想，又能结合中国实际作出大胆的尝试与改革。正是他们这种创新精神和开放精神，使中国近现代师范教育思想焕发出勃勃生机，他们的进步思想内涵对当前师范教育改革仍然有着重要的指导价值。

党的二十大报告强调，要"全面贯彻党的教育方针，落实立德树人根本任务，培养德智体美劳全面发展的社会主义建设者和接班人"。国家强盛靠科技，科技发达靠人才，人才培养靠教育，教育基础在师范，师范教育可谓托起明天的太阳！中国近现代师范教育思想的发展表明，师范教育实为整个教育事业之先行，"教不可无师""师必出于师范""立学校，须先从师范始"。只有不断提高对师范教育的地位和作用的认识，正确认识师范教育的重要性与必要性，正确处理师范教育与普通教育的关系，才能冲破阻力、开拓创新，使我国师范教育理论不断向前推进，在实践中逐渐完善，更好地适应和服务于普通教育，从而推动教育事业的高质量发展。因而可以说中国近现代师范教育思想的发展是一部教育家们执着追求、努力探索的奋斗史。

本书是广东省哲学社会科学规划项目（GD20CJY14）、广东省教育科学规划课题（编号：2022GXJK331）、广东省普通高校特色创新类项目（2022WTSCX104）和广东省高等教育学会高等教育研究课题（编号：23GYB46）的阶段性成果，作者主要为中青年学者。全书由孙家明统筹撰稿，并编写前言和第九、十二、十五章；李寒梅、张成林编写第一、二、四、七、八章；王乐平、王继峰、丁凡凡、邓梦菲编写第三、五、十四、十六章；谭雪晴、丁丽梅、黎华丹、姚航业、李攀娇编写第六、十、十一、十三章。同时感谢北京理工大学出版社为本书的出版提供的指导与帮助。本书所展示的，只是中国近现代部分名家名师的师范教育思想精髓，限于篇幅，对于其他名家名师未能全部囊括，只好抱憾地暂付阙如，当然书中缺点、错误敬希读者指正。

孙家明

2023 年 11 月 20 日于韩家山

目 录

第一章 徐特立师范教育思想 …………………………………………… (1)
 一、教师目标观：三育并重与以德为先 ……………………………… (2)
 二、教师人格观：经师和人师两者合一 ……………………………… (4)
 三、师生关系论：民主平等与教学相长 ……………………………… (5)
 四、教学方法观：将理论与实践相结合 ……………………………… (8)
 五、职业之素养：教师素质的基本要求 ……………………………… (10)
 拓展阅读 ………………………………………………………………… (11)

第二章 雷沛鸿师范教育思想 …………………………………………… (13)
 一、理论之基础：民族教育体系的内涵 ……………………………… (15)
 二、师范重要性：国民基础教育之关键 ……………………………… (20)
 三、改师范制度：做到治标与治本结合 ……………………………… (21)
 四、教师之修养：重视教师的品德修养 ……………………………… (24)
 五、师生之关系：互教共学与良师益友 ……………………………… (26)
 拓展阅读 ………………………………………………………………… (29)

第三章 郭秉文师范教育思想 …………………………………………… (31)
 一、师范教育理念：倡导"寓师范于大学" …………………………… (32)
 二、师范教育队伍：来源多样与广延名师 …………………………… (33)
 三、师范教育原则：学术自由与学生自治 …………………………… (35)
 四、师范教育实践：多科并举与学术并重 …………………………… (36)
 拓展阅读 ………………………………………………………………… (37)

第四章 李建勋师范教育思想 …………………………………………… (39)
 一、师范教育地位：独立设置与学术自由 …………………………… (40)

二、高师培养目标：高师的三大培养目标…………………………（41）
　　三、注重高师德育：德育六条与导师制度…………………………（42）
　　四、师生能力标准：教师人格与研究能力…………………………（43）
　　五、高师教育经费：倡导教育经费多样化…………………………（45）
　　拓展阅读……………………………………………………………（45）

第五章　张雪门师范教育思想……………………………………………（47）
　　一、幼师教育理念：民族改造与行动中心…………………………（48）
　　二、幼师教育实习：主张系统组织的实习…………………………（51）
　　拓展阅读……………………………………………………………（54）

第六章　廖世承师范教育思想……………………………………………（55）
　　一、师范教育作用：教育理论与实际教育…………………………（56）
　　二、师范教育设置：师范学院须独立设置…………………………（58）
　　三、师范学校师资：理想教师的四条标准…………………………（59）
　　四、师范学院使命：专业训练与师范训练…………………………（60）
　　拓展阅读……………………………………………………………（63）

第七章　陈鹤琴师范教育思想……………………………………………（64）
　　一、幼师教育理论：创立"活教育"…………………………………（67）
　　二、幼师教育目标：培育"新人格"…………………………………（68）
　　三、幼师教学体系：增设"专修科"…………………………………（69）
　　四、幼师教育研究：倡导"真研究"…………………………………（72）
　　拓展阅读……………………………………………………………（74）

第八章　李蒸师范教育思想………………………………………………（76）
　　一、高师双重使命：培养教师和发展学术…………………………（77）
　　二、高师教育延伸：民众教育与乡村教育…………………………（79）
　　拓展阅读……………………………………………………………（82）

第九章　车向忱师范教育思想……………………………………………（84）
　　一、师范教育地位：师范教育乃教育根基…………………………（87）
　　二、师范教育延伸：平民教育与女子教育…………………………（90）
　　拓展阅读……………………………………………………………（92）

第十章　孟宪承师范教育思想……………………………………………（93）
　　一、高师办学理念：师范性与学术性结合…………………………（94）
　　二、高师课程设置：基本训练和专业训练…………………………（95）
　　三、教师职业信念：教书育人与诚挚的爱…………………………（97）
　　四、教师职业责任：教学科研与终身学习…………………………（97）
　　拓展阅读……………………………………………………………（99）

第十一章　金海观师范教育思想 ……………………………………（100）
　　一、乡村师范教育：促进乡村和儿童发展 ……………………（105）
　　二、师资训练机构：基础教育师资在农村 ……………………（108）
　　三、音乐教育实践："五育"并举与兴趣培养 …………………（108）
　　拓展阅读 …………………………………………………………（111）

第十二章　常道直师范教育思想 ……………………………………（113）
　　一、师范大学任务：学术研究与专业训练 ……………………（116）
　　二、师范教育改革：扩大目标与学制改革 ……………………（117）
　　三、比较师范教育：倡导比较法和历史法 ……………………（119）
　　拓展阅读 …………………………………………………………（123）

第十三章　余家菊师范教育思想 ……………………………………（125）
　　一、良师选拔标准：师范生选拔八个维度 ……………………（127）
　　二、教师培养体系：完备的教师教育制度 ……………………（127）
　　三、教师具备素质：强调五方面优良素质 ……………………（136）
　　四、师范教育制度：倡导师范生公费待遇 ……………………（140）
　　拓展阅读 …………………………………………………………（141）

第十四章　林砺儒师范教育思想 ……………………………………（143）
　　一、师范教育理念：政治教育学术三合一 ……………………（144）
　　二、教师培养训练：学艺和专业两种训练 ……………………（146）
　　三、教师教学方法：炼就教学本领三层功 ……………………（152）
　　四、重视教师待遇：繁荣师范教育的前提 ……………………（154）
　　拓展阅读 …………………………………………………………（156）

第十五章　杨秀峰师范教育思想 ……………………………………（157）
　　一、高师教育任务：办好一切教育的关键 ……………………（158）
　　二、高师教学方法：全面发展与因材施教 ……………………（160）
　　三、教师价值作用：尊重教师与提高待遇 ……………………（162）
　　拓展阅读 …………………………………………………………（163）

第十六章　罗炳之师范教育思想 ……………………………………（164）
　　一、教育研究思想：用科学方法研究教育问题 ………………（166）
　　二、教育管理思想：用科学方法研究教育管理 ………………（168）
　　三、师范教育作用：倡导师范教育的重要地位 ………………（170）
　　拓展阅读 …………………………………………………………（173）

第一章
徐特立师范教育思想

徐特立（1877—1968年），又名徐立华，原名懋恂，字师陶，中国革命家和教育家，湖南善化县（今长沙县江背镇）人。他是毛泽东和田汉等著名人士的老师，被尊为"延安五老"之一，后人称之"现代圣人"。1877年，徐特立出生于湖南的一个贫苦农民家庭，母亲的早逝、父亲的整日劳累和生活的极度窘迫，使他从小就体味到农民所受的残酷剥削。9岁时，父兄因愤于不识字受欺压，凑钱让他读私塾。他读了六年书，又因无钱辍学在家。后来他在家劳动，又教私塾。1905年，因清政府废科考办新学，长沙办起师范学校，他考入该校读速成班，毕业后当高小教员，又应聘长沙周南女校。1911年，辛亥革命爆发，徐特立积极参加湖南起义，被推为长沙副议长，翌年又任省教育司的科长。1919年，国内掀起赴法国勤工俭学热潮，年已42岁的徐特立也报名前往，成为年纪最大的留学生。1927年年初，大革命高潮时，徐特立参加了湖南农民协会并任教育科长，又在左派掌权的国民党长沙市党部任农工部部长。同年夏天，大革命失败，在不少共产党员叛变脱党时，徐特立却以50岁年龄入党。1930年年末，徐特立回国赴江西根据地，后在中华苏维埃政府任教育部副部长。1934年，他随军长征。到达陕北后，中共中央为他庆祝60岁寿辰。毛泽东写信致贺，称徐老"今后还将是我的先生"。抗日战争全面爆发后，徐特立先到国民党统治区做中共代表，1940年回延安任自然科学院院长。新中国成立后，徐特立任中央宣传部副部长，后因年老记忆力减退，他自动申请免职。1968年逝世。

徐特立积极探求救国救民的真理，为革命兴办学校，从他那里走出的学生数不胜数，为后来革命和国家建设培育了大批人才，如毛泽东、田汉等多位名人都曾是他的学生。作为中国现代教育者的一个典型代表，他毕生致力于中国教育现代化道路的探索，对中国旧教育向新教育的转型作出了突出贡献。在徐特立创办的各类学校中，师范学校作为其中重要的一部分闪烁着耀眼的光辉。在师范教育实践中，徐特立对师范教育有着独特的见解，肯定并重视师范教育，将其置于

"教育母机"的重要地位。作为一名无产阶级教育家，徐特立结合马克思主义观点论述了师范教育的教学方法和基本原则。作为一名从教七十余年的教师，在教师观上，徐特立以"实事求是"为主线对教师职业道德培养提出了要求和规范，并且其中都蕴含着教育现代化的思想。①

一、教师目标观：三育并重与以德为先

1943年6月，徐特立在《参观中直军直生产展览会的意见》一文中指出："该展览会是延安党中央和军委直属机关一部分。除实验工厂、美坚等公营工厂与农场菜园正式生产机关外，其余均系工作人员公余附带生产的成绩。即用脑之后接着用体力以恢复脑的疲劳所得的产物。此种生产方法不但直接改变了物质生活，同时也改变了单纯智力生活的单调性，使精神愉快。"并认为"人类的发育包含着德育、智育和体育三方面"，这"三育"之中，又"以德为先"。他说："一般教育问题，总是把伦理教育提到第一位，伦理关系就是社会关系。"② 简而言之，"三育并重，以德为先"是徐特立一贯倡导的基本教育思想，是他一生作为教书育才典范的根本体现。

徐特立认为，修身"居诸教科之首"。修身之所以应"居诸教科之首"，是因为修身是德育的首要问题，它制约着整个思想政治教育活动的全过程，规范着学校人才培养的品质与规格。事实上，不同社会、不同时代的政治、经济、文化，对人们的思想政治规范要求是不同的。③

徐特立生活的岁月跨度较大，在不同的历史时期和社会背景下，他从不同的角度对修身问题有过不少的论述与提法。最早的述说，可以追溯到20世纪初，他在《小学各科教授法》一书中明确提出："德育者，涵养儿童德性，指导道德实践之教科也。盖小学校所投各科，莫不有关于德育，然各科均有特定之目的，对于德育可谓有间接之关系。惟修身科则直接以陶冶性操育成品性为目的，是即修身科之特色，亦所以居诸教科之首也。小学校之修身，应择道德中之极卑近、极切实而足以使儿童实践者授之，决非与以高尚之伦理知识也。何则？国民教育上道德实践教育之目的，不在授以高尚之伦理，深远之道德，乃在与使知卑近而切实之人道要义，为诚实忠良之国民，以进于社会道德之生活者也。""修身科涵养生徒德性，指导道德实践为要旨。"所以，"修身一科，必备下列涵养德性之条件，乃不失本科性质：一、养成识别善恶之知识，授以行为之标准，及运用原理原则以判断道德。二、养成好善恶恶之感情，与以道德生活上之趣味。三、

---

① 耿配. 徐特立师范教育思想及其当代价值研究 [D]. 南充：西华师范大学，2017.
② 武衡，谈天明，戴永增. 徐特立文存（第三卷）[M]. 广州：广东教育出版社，1995：136.
③ 梁堂华，吴克明. 师德楷模徐特立 [M]. 太原：山西人民出版社，2018：97.

养成从善去恶之意志，方法、知识之收得及诸作法之修炼。"他还具体阐析了小学各年级修身科教材编写原则与教授方法。①

中华人民共和国成立前后，正是急需加强思想政治教育的时候，徐特立就此问题发表了一系列文章、批语和讲话，给予系统而深入的论述。1946年秋，在一次讲述伦理道德问题时，徐特立指出："一般教育问题，总是把伦理教育提到第一位。"并指出："经济是道德的基础，道德伦理是社会关系，社会关系建立在生产关系上。当时社会合理的社会关系就是道德，当时合理的行为、习惯就成为当时的规范。因而，在人类东西方的阶级社会时代，任何时期的道德既是训人又是律己，这是道德的基本问题。"他还谈道："道德、能力、思想都是政治教育，在学校要放在第一位。学校要讲道德和能力。"指明了修身在诸教科中的重要性，明确提出以德育为首。②

事实上，徐特立不仅在思想观念上深知修身"居诸教科之首"，而且在行动上具有不居功、不为名、虚怀若谷的自谦品质，不谋私、不图利、艰苦奋斗的廉洁品行，不争权、不要官、甘当伯乐的博大情怀，不唯书、不唯上、坚持真理的务实态度，不结帮、不拉派、光明正大的磊落作风等，这些正是徐特立赢得"当今一圣人"（朱德题词）美誉的内在人格根据，也是他获得事业成功，成为"人民之光，我党之荣"的外在魅力所在。诚如周世钊所言：徐特立"那种革命第一、工作第一、他人第一的崇高品质，他那种好学不厌、诲人不倦，为革命的教育事业贡献出毕生力量的伟大精神，他那种勤勤恳恳、艰苦朴素、穷且益坚、老而弥笃，为了革命和教育，敢于和一切黑暗势力与艰危环境奋斗到底的英雄豪迈气概，都永远是我们全国人民，特别是一切教育工作者的伟大师表与光辉典范"。③曹瑛赋诗称道："平凡伟大马列真，一代师表启后昆。道德文章垂万世，堪称革命一完人。"④应该说，这方面的例子很多，这里仅举"独辟名山业，慈祥号外婆"的徐特立关爱学生的事迹，足见徐特立是教书育人的典范。

作为一代杰出的人民教育家，徐特立对学生的关爱有口皆碑，尤其让学生感受到徐特立亲人般的温暖。据说，湖南省立第一女子师范学校的学生为徐特立起了这样一个徽号，叫作"徐家外婆"，甚至当着他人的面也这样称呼他。其实，这个称谓是有由来的。因为徐特立对学生生活的关怀是无微不至的：天气变冷变热叫他们加减衣服；经常在一起吃饭，关心他们的饥饱；寝室挡风的窗子没有关好、学生的被子没有盖好，徐特立查寝时，一定会叫人帮他们关好、盖好。过去，湖南省立第一女子师范学校的校长多是女的，但学生都很难见校长的面，更

---

① 梁堂华，吴克明. 师德楷模徐特立 [M]. 太原：山西人民出版社，2018：98.
② 梁堂华，吴克明. 师德楷模徐特立 [M]. 太原：山西人民出版社，2018：99.
③ 湖南省长沙师范学校. 怀念徐特立同志 [M]. 长沙：湖南人民出版社，1979：142.
④ 湖南省长沙师范学校. 怀念徐特立同志 [M]. 长沙：湖南人民出版社，1979：218.

不敢进校长的房，徐特立则常常叫学生到校长室谈话。学生觉得他慈祥亲切，像自己的外婆，因而"外婆"或"徐家外婆"的名号就这样在全校叫开了。①

二、教师人格观：经师和人师两者合一

徐特立培养教师，着眼于经师和人师合一。1951年，他在《各科教学法讲座》中科学地指出："教师是有两种人格的，一种是'经师'，一种是人师，人师就是教行为，就是怎样做人的问题。经师是教学问的，……我们的教学是要采取人师和经师二者合一的，每个教科学知识的人，他就是一个模范人物，同时也是一个有学问的人。"1959年，他和青年学生谈投考师范时，更言简意赅地指出："教书不仅是传授知识，更重要的是教人，教育后一代成为具有共产主义思想品质的人。"这些论述高度概括了徐特立对人民教师的基本要求。他自己在师范教育中也正是这样做的。②

为了教育师范生怎样做好教师，他不但按"经师"的要求，认真搞好教学工作，而且处处以"人师"的要求规范自己，坚持以身作则，为人师表，成为令人崇敬的"身教主义者"。无论是在长沙还是在苏区，他既当师范学校的校长，又当教员，又种菜，又做饭，又扫地，又摇铃，还亲自动手维修校具，什么都干。他的嘉言懿行也影响了学生，起到了潜移默化的作用。同时，他对学生十分热爱，一直以慈母般的情怀，教养兼施，特别对贫苦学生更是关怀备至。他自己说过："我平日最喜欢贫苦学生。"如在长沙师范时，他破格录取了一个退伍兵和一个铁匠做学生，并给予经济上的帮助；他的学生田汉刻苦好学，但家里困难，无钱买书，徐特立给他送书，为他购置蚊帐。平时徐特立还到学生宿舍查夜，及时发现和解决学生的问题，有时还与学生同寝室睡觉，督促学生按时休息。

作为"人师"，尤其重要的是关心学生全面发展。在这方面，徐特立堪称光辉榜样，并在教育方法上有自己的独到之处。为了有效地引导学生全面发展，他在湖南省立第一女子师范学校当校长时，创造性地运用诗教方法，针对学生在思想、学习、生活中出现的优良行为或存在的问题，在办公室前的黑板上写诗进行赞扬或批评。某天有学生嫌菜不好，在厨房打破了一些碗，徐特立便在黑板上写诗："我愿诸生青出蓝，人财物力莫摧残。昨宵到底缘何事，打破厨房碗一篮？"某次查夜时，发现有的学生半夜还在打毛衣，他怕这样下去会影响学生健康，又写诗："昨夜已经三更天，厕所偷光把衣编。爱人要紧我同意，不爱自己我首

---

① 湖南省长沙师范学校. 怀念徐特立同志 [M]. 长沙：湖南人民出版社，1979：152.
② 李立荣. 徐特立师范教育实践及其思想浅议——纪念徐特立诞辰110周年 [J]. 长沙水电师院学报（社会科学版），1987（1）：123-128.

急。"学生看了这些诗，无不为之感动，深受教益。①

总之，徐特立多次强调人民教师肩负"教书与育人"的双重职责。他认为"教学采取经师与人师的结合，每一个教师不单是教科学知识，他本身也要为人师表，有好的德行同时还是一个有知识的人。"只有这样，学生才会真心尊敬教师。②

三、师生关系论：民主平等与教学相长

教师与学生之间的关系，是学校中最基本的一种人际关系，这对关系也是基于"教"与"学"双边活动而形成的社会关系。其社会性质受一定教育的社会性质所制约，而教育的性质又决定于制约教育的那种社会关系的性质。徐特立所探究的主要是人民民主主义的师生关系。③

（一）倡导建立民主平等的师生关系

徐特立认为，封建社会是专制社会。封建教育旨在训练"顺民""奴仆"，这种师生关系是统治与被统治的关系，教师对学生的压制，学生处于被动状态，实是培养奴隶的需要；新民主主义教育是反帝、反封建的革命教育，其目的是造就国民。所以，须要实行"教学民主"，师生关系也就不能不是新型的同志关系。这种同志式的师生关系的特点是：

1. 相互平等的关系

徐特立说："我们的基本的学生是劳动大众自己和劳动大众的子弟。这种学生就和过去的统治阶级的学生不同。虽然劳动大众今天掌握了政权，但他们和过去的统治阶级不同。他们的统治是对反革命及帝国主义的统治。这种学生和先生的关系是同志的关系"。因此，教师和学生一切都是相互平等的关系。用中国的老话来说，叫作"教学半""教学相长"，在教和学当中，教师和学生都能得到利益，都获得进步。④

2. 相互学习的关系

传统观念中，学生向教师学习为天经地义之事，至于教师向学生学习，道理上似乎明白，但是实际中往往被人忽视。针对这种情况，徐特立援引古例，说明教师也有向学生学习的必要。昔日孔子择师而说"三人行，必有我师焉"，这不是孔子故意谦虚，实际上每一个个体都有自身所长，也都有其所短，择善而从，

---

① 李立荣. 徐特立师范教育实践及其思想浅议——纪念徐特立诞辰110周年 [J]. 长沙水电师院学报（社会科学版），1987（1）：123-128.
② 耿配. 徐特立师范教育思想及其当代价值研究 [D]. 南充：西华师范大学，2017.
③ 陈桂生. 徐特立研究：从人师到人民教育家 [M]. 上海：华东师范大学出版社，2012：174.
④ 湖南省长沙师范学校. 徐特立文集 [M]. 长沙：湖南人民出版社，1980：495.

则人尽师也。古人谓"耕当问奴,织当问婢",无知的奴婢却比耕者、织者有他们的专长,而非有知识的奴隶主所能及。因而谈到耕、织问题时,古人可以说:"奴婢我师也。"唐代韩愈,文起八代之衰,连他也认为"弟子不必不如师,师不必贤于弟子。闻道有先后,术业有专攻"。所以真正有学问的人没有不虚心学习的。

所引虽属古人的有识之见,徐特立却是比较讲究分寸,认为"学生的智能不一概在教师之下,教师也不定在学生之上。某一级的知识或某一专门的知识,可以有弟子不必不如师,师不必贤于弟子的地方;同时,高级的东西不能尽量消灭低级的形式或原质,而低级的东西已早装着高级的萌芽"。① 这从认识论上说明:(1)学生可能在"某一级的知识"或"某一专门的知识"方面值得教师学习;(2)学生中的某种经验、常识、知识、零碎的科学知识,虽粗浅,也可能有一定价值。

3. 相互批评的关系

当时在师生关系中,教师对学生的批评与指责过多。为了矫正时弊,徐特立着力提倡学生对教师的批评,其中还包括学生对教师的反批评。以师范生的教育实习(一般学校的实习亦如此)而论,"实习就是到实际工作中去工作,它与到社会中去工作不同的就是有教师作指导和实习批评。这种批评能够把书本上得来的教条主义加以改变"。教育上没有这种批评,过去教的东西就需要经过长期的工作摸索才能了解,所以实习批评就可把摸索的时间缩短,把教育教学工作效能提高。故不称为"实习"而称为"实习批评",以区别于一般的工作。实习批评,既指教师对学生学习的批评,尤提倡学生对教师批评的反批评。"我们实习批评时,不独要批评实习者之错误,还要批评批评者之错误。"②

在徐特立看来,学生对教师的批评是从被动受教育到主动学习转变的基本环节,是教育影响内化的必要环节。③

师生关系从民主平等到相互学习、再到相互批评,是新型师生关系的内涵逐步深化的过程。因为民主平等关系的基本要求是师生之间在"人"上的互相尊重。这种相互尊重的关系有积极的尊重与消极的尊重两种可能;相互学习则把一般的民主平等关系提升为积极的相互帮助的关系;相互批评又使一般的相互学习成为更加有效、更加真实的相互学习的关系。尤其是学生对教师的批评触及了传统师生关系中最神圣的教条——师道尊严,所以师生相互批评是区别新旧师生关

---

① 吉多智,李国光,戴永增. 徐特立教育学[M]. 广州:广东人民出版社,1990:220.
② 徐特立. 教育讲座[M]//湖南省长沙师范学校. 徐特立文集. 长沙:湖南人民出版社,1980:409.
③ 陈桂生. 徐特立研究:从人师到人民教育家[M]. 上海:华东师范大学出版社,2012:176.

系的最根本的标志。

既然是师生之间的相互批评,容许甚至鼓励学生批评教师,实际上也就增大了教师批评学生的权利。所以,这种师生关系能创造良好的教育氛围。

需要注意的是,教师和学生在教育过程中所处的角色地位毕竟有别,所以师生之间的民主平等的关系,不意味着彼此没有区别,其区别在于:一方面,教师是领导者,学生是被领导者;另一方面,教师是公仆,学生是主人。①

(二) 建立新型师生关系的条件

徐特立关于建立新型师生关系的条件的表述中,也有着他自己的观点:

1. 教师不仅是"经师",还应是"人师"

师生的相互关系,首先就要谈教师的人格问题。因为教师是领导者,所以不能不谈教师的人格。"教师是有两种人格的:一种是'经师'(因为中国过去教经书中的知识的称经师,现在是教科学知识。为了容易记,所以仍袭用这个名称),一种是人师","人师就是教行为,就是怎样做人的问题。经师是教学问的,就是说除了学问以外,学生的品质、学生的作风、学生的生活、学生的习惯,他是不管的;人师则是这些东西他都管","我们的教学是要采取人师和经师二者合一的。每个教科学知识的人,他就是一个模范人物,同时也是个有学问的人"。②

他所谓"经师"与"人师",并不单纯是相应于课堂教学与学生课外生活两种活动的教师人格规定。在他看来,教师在课堂教学过程中,既是"经师",亦应是"人师";反之,教师作为学生课外生活的指导者,既是"人师",也该是"经师"。且在课外生活中相机传授的科学知识比课内传授的科学知识更有贴近学生生活的优点:"专抱书本去教育和学习是有问题的。因为从书本上得到的东西,多半是一般的东西;要和学生生活结合,就使一般的知识变成具体的知识",所以学生的学习虽不必单靠书本,教师则应掌握比日常授课所需更多的知识。因为学生的生活问题,有教员指导其解决,在师生共同讨论问题时,就能给学生以知识,并把当时学来的知识用来指导学生当时的行动。"用这样的方法来教学生是'经师'又是'人师'。"③

2. 教师应以"教育家的风度"对待学生

教师个人的品行与学问固然对学生有影响,除此以外,教师对学生的态度问题对师生关系重有直接影响,因此,"教员要有教育家的风度、要有热爱的心

---

① 陈桂生. 徐特立研究:从人师到人民教育家 [M]. 上海:华东师范大学出版社,2012:177.
② 徐特立. 各科教学法讲座 [M] //湖南省长沙师范学校. 徐特立文集. 长沙:湖南人民出版社,1980:494-495.
③ 吉多智,李国光,戴永增. 徐特立教育学 [M]. 广州:广东人民出版社,1990:154.

情,对学生要有很大的感染力,要有伟大的气魄"。总之,在学校中一切设施和行动,都要有浓厚的教育空气,然后才能培养学生成长和发展,教师要做"园丁",不要做"樵夫"。

3. 建立学生民主管理制度

新型师生关系的形成,尤其是学生主人翁思想的培养,不仅有赖于教师个人修养和对学生的态度,更需建立学生民主管理制度。

学生民主管理的关键问题,首先在于尊重学生组织的独立性,并使学生组织真正成为学生自己的组织:"学生会应是自治组织、学习组织,我们有时却把它当成统治工具,学生把它看做是多了一个约束自己的机关","学生会应为学生服务,不应顺着学生会的系统布置行政任务。因为这样做会影响学生会的独立性;学生会的干部往往也想着支配、统治一些人。如胶东分校有个学生,因没能当干部、不能达到支配、统治的目的而不满"。[①] 对这种倾向也该纠正与正确引导。

关于在学生活动中运用"民主自觉,集体自觉"原理问题,他认定实行"民主自觉、集体自觉"的各种办法的优点在于:"(1)(由于)发扬民主,启发了学生(的)积极性与自觉性;(2)学生在主观上认为学校里一切都是主动的,不是被动的。"

按照徐特立的说法,通过发扬民主"把学校翻了个身"。即:(1)从前教师是主人,学生是奴仆;现在学生是主人,先生是公仆。(2)从前教师主动,学生被动;现在学生主动,教师被动。(3)学校里主人不是校长,而是全体学生。但这不意味着可以放松领导责任,听凭学生放任自流,而更需加强领导。

4. 尊重教师的民主权利

要使教师以民主的态度对待学生,学校行政以至整个社会应以民主态度对待教师。"我们要求教师对学生民主,而我们负责教育领导责任者对于教师也需是民主态度。"我们的民主补课是整个社会的需要。尤其是与人民有直接关系的干部,如乡长、村长、小学教师,更特别需要;不然就不能由封建社会的人民的老爷变成人民的勤务员。这就是说,要使学生成为学校中的主人,首先要使教师成为学校中名副其实的主人。为此,学校和社会要信任教师,并使他们"有职有权"。[②]

四、教学方法观:将理论与实践相结合

理论与实践相结合,是马克思主义的学风,也是徐特立办师范教育的一个重

---

①② 吉多智,李国光,戴永增. 徐特立教育学 [M]. 广州:广东人民出版社,1990:333—334.

要特点。首先，徐特立办师范一贯注重文化基础知识的教学。1920年8月他在法国勤工俭学时，还给长沙师范写信提出："科目注重算术、几何（平面）、理科、国文。"中华人民共和国成立后，他对师范学校加强基础知识教学更加重视。有一次他来长沙师范视察，在与一位教师研究师范教学工作时，非常明确地说："告诉你吧，要紧的是学生的基础知识，要在学生的基础知识上下功夫。"这种见解非常符合师范教育的实际，因为师范教育是培养中小学教师的，而中小学教育都是基础教育，师范生如果没有广博而牢固的基础知识，就很难成为合格教师。①

其次，徐特立在师范教育中还十分重视教育科学的教学。他自己先后在周南女校师范部和湖南省立第一师范学校担任过教育科学和各科教学法教员，并精心编写了教育学和各科教学法等讲义，阐述了他的教育思想和教学方法。在江西苏区安排各级师范教育时，他始终把教育科学列为重要内容。而且中华人民共和国成立后他还多次讲过教育科学的重要，并撰写过不少教育科学的著作与论文，还勉励师范生要学好教育科学。徐特立认为，一个教师除了具备本专业的知识，还应该"钻研教育科学"。他说："学习不能只钻研课本，把知识在实践中运用起来才能丰富它。你们如果在教育科学中能解决实际问题，有创造，就是专家了。专研科学不容易，要用心才行。"1959年6月，徐特立在接见报考师范的高中毕业生时，又指出："一个懂得教育学、心理学、教学法的教师，教起书来总要比较好些。"②

当然，为使师范教育能够把理论与实践相结合，徐特立在重视基础知识、教育科学教学的同时，还十分重视教育实习工作。他在长沙办师范教育时就创造了"实习批评会"的经验。他在湖南省立第一师范学校担任过实习主任，以及在江西苏区办师范教育时，学生学习期间安排三分之一的时间实习，并继续推广"实习批评会"。尤其使人深受启发的是，1950年他在《教育讲座》中总结了把教育课教学与教育实习有机地结合的经验，指出："我一生搞教育，办师范学校，不到实习批评不教教育功课。教教育课本在实习中和实习后，学生也变为对书本的批评者，这样就能够养成学生的创造性和独立学习的能力。"根据徐特立的学生和战友熊瑾玎回忆，徐特立教教育课，"每次所编的讲义，都不是完全根据陈规来的，而是由每班在实习中互相观摩、互相批判、互相研究所得出来的经验和结论。他把这些经验和结论，重新编入下一次或下一班讲义之内，所以他编出来的讲义，不是现成的，而是一次又一次地推陈致新，讲起来很有趣味。"这条先进经验，对于改革我国当前师范院校教育理论教学脱离实际的状况，是何等重要啊！③

---

①③ 李立荣. 徐特立师范教育实践及其思想浅议——纪念徐特立诞辰110周年［J］. 长沙水电师院学报（社会科学版），1987（1）：123-128.

② 中央教育科学研究所. 徐特立教育文集［M］. 北京：人民教育出版社，1979：295.

五、职业之素养：教师素质的基本要求

徐特立认为，师范学校的主要任务是培养教师，而要为社会输送合格的受人欢迎的师资，应按教师应有素质进行培养。其对师范生应有的素质主要提出以下几个方面。①

(一) 要懂得和研究教育科学

掌握和研究教育科学，对师范院校的学生来说是十分重要的。只有这样，才能按照教育的规律办事，科学育人。因此，徐特立特别强调要"懂得教育学、心理学"，"这样教起书来总要比较好些。"② 他号召师范生及教师"钻研教育科学，学习不能只学课本，把知识在实践中运用起来，才能丰富它。你们如果在教育中能解决实际问题，有创造，就是专家了。"

(二) 要热爱自己的教育对象

热爱是最好的老师，只有热爱自己的学生，才能教好学生。在这一点上，徐特立是我们的光辉榜样，当时学生称他为"徐家外婆"。他说应"看看青少年就高兴"，"我平日最喜欢贫苦学生，我在长沙师范当校长，收了一个打铁的学生，姓黎名州，毕业后在浏阳高等小学校当教员，极能耐苦。又收了退伍兵，姓寗名奕，进学校时，只能够写信，读一年书，就有点明白样子，如今当了小学教员二三年。"能否做到这一点，对于一名教师来说是很重要的。师范学校应将此作为职业道德及基本素质对学生进行教育和培养。

(三) 既教书又育人

教师是学生心灵的开拓者和塑造者。教师的责任不仅在于向学生传授科学文化知识，还要对他们进行思想教育。徐特立多年从事教育工作，不仅教书，而且教人，要求学生德才兼备，他提出教师"不仅是传授知识，更重要的是教人"。"办学校忽视培养的方向，这样的教育是失败的。"实践表明，教师坚守教书育人的理念是正确的，可以说徐特立是我们学习的楷模。

(四) 要为人师长

教师是学生的表率。教师的思想、品德、行为、习惯以至一言一行都会对学生产生很大的影响，起着潜移默化的作用。徐特立一再强调"做教育工作的人，一般总是先进分子"，"自身要有高尚的共产主义道德修养"。正因如此，他主张"学师范，做人民教师的人，他的思想品质的好坏也就格外显得重要"。徐特立

---

① 刘建德. 徐特立的师范教育思想及其现实意义 [J]. 延安大学学报（社会科学版），1987（2）：80-84.

② 中央教育科学研究所. 徐特立教育文集 [M]. 北京：人民教育出版社，1979：295.

在一生的教育生涯中,就是这样实践的,用他崇高的道德品质和模范行为去熏陶青年一代。

(五)要努力钻研业务

要教好学生,教师自身必须有坚实而渊博的知识,以己昏昏、使人昭昭是不行的。徐特立十分强调专研业务。他认为知识是层出不穷、不断更新的,也是无止境的。"某级学校可以学到毕业,学习却没有毕业,做到老学到老。只有进了棺材才算毕业。"只有这样,才能做一名合格的受人爱戴的教师。徐特立自己正是勤奋好学,一直保持到晚年,常常是手不释卷,不论白天晚间一有空就看书。[①]

徐特立说:"我一生'以教书为职业,教育为事业'。"他的一生为师范教育倾注了心血。客观地说,徐特立不仅是一位经验丰富的师范教育实践家,也是一位系统的师范教育理论家。他提出比较完整的师范教育思想体系,从师范教育的地位、任务、作用、内容、教学过程到师范教育的办学形式,以及对教师、师范生的职业要求,对师范教育的科学研究等,他都有深刻的论述。他认为师范教育是教育之首,对国家人才培养、文化科学教育事业发展、经济建设和社会进步具有重大作用。他认为:"学校之责任,无更大于师范学校者,山地、平原、矿业地、工业地及农业地无不被其影响,且其影响又深入于人民之生活及行为,故师范学校实人民之学校。"[②] 师范教育任务在于培养德才兼备、身体健康的教师。在教育内容方面,提出师范教育要把思想品质教育放在首位,注重教师人格和职业道德的培养,注重教育学、心理学、教学法的学习,注重教学实习和师范教育科学的研究。在教学过程方面,强调教学过程的辩证法,注重理论联系实际和实地考察。在办学形式方面,主张师范教育需要多形式办学,不要强求"整齐合一"。在对教师人格要求方面,他提出"人师"和"经师"合一、教书育人、为人师表。在师范教育研究方面,他指出加强师范教育的科学研究,认为只有加强这方面的研究和实践,才能办好师范教育,办好师范学校。我们可以看到,徐特立对师范教育问题的见解和主张,无论在当时还是现在,都不失为真知灼见,特别是对当下大力发展师范教育有着重要的参考意义。

拓展阅读

[1] 湖南省长沙师范学校. 怀念徐特立同志 [M]. 长沙:湖南人民出版社,1979.

---

① 刘建德. 徐特立的师范教育思想及其现实意义 [J]. 延安大学学报(社会科学版),1987(2):80-84.

② 吉多智,李国光,戴永增. 徐特立教育学 [M]. 广州:广东人民出版社,1990:282.

[2] 吉多智,李国光,戴永增.徐特立教育学[M].广州:广东人民出版社,1990.
[3] 吴紫彦,吴重光.徐特立师范教育思想[M].广州:广东教育出版社,1994.
[4] 涂光辉.徐特立基础教育实践与理论[M].长沙:湖南人民出版社,1998.
[5] 戴永增,肖传京,郭建平.徐特立教育论语[M].北京:人民教育出版社,1999.
[6] 戴永增.群众本位——教育之光:徐特立教育思想体系浅说[M].西安:三秦出版社,2002.
[7] 江来登,孙光贵.徐特立人生轨迹及教育思想发展研究[M].长沙:湖南人民出版社,2009.
[8] 邓江祁.徐特立研究文集[M].长沙:湖南人民出版社,2011.
[9] 陈桂生.徐特立研究:从人师到人民教育家[M].上海:华东师范大学出版社,2012.

第二章
雷沛鸿师范教育思想

雷沛鸿（1888—1976年），汉族，字宾南，中国现代教育史上一位杰出的教育改革家和教育思想家。雷沛鸿出生于商人家庭，长辈见多识广，家庭氛围较为宽松，思想包容度比较大。雷沛鸿少时接受家庭氛围的熏陶，饱读诗书，具有较强的自我认知，这为后来致力于教育事业打下了良好的基础。当时中国陷入混沌之中，推翻旧制度的呼声愈演愈烈，作为知识青年，雷沛鸿思考着自己需要做些什么，来拯救正处于苦难中的中国。1906年，雷沛鸿考入两广初级简易师范科，正值青春年少，又博学多才，满腔热血，看到中国民众正在水深火热之中，深感悲痛。经过不断地剖析现实，他深刻地认识到当时中国落后的根本原因——教育，民众思想太贫乏、太落后，只有中国民众的思想进步了，中国各方面才能逐渐好转，因而必须探索出一套完善的民族教育体系，才能挽救中国。① 当时，正值孙中山领导的民族民主革命潮流渐涨，他置身于政治学术风气浓烈的广州，如饥似渴地阅读国内外各种书籍，如《革命军》《猛回头》《警世钟》及卢梭的《民约论》、亚当·斯密的《国富论》等，并从封建文化与资本主义文化的对比中，痛感自己民族的落后，逐步燃烧起救国救民的革命热情，决心"为人民争自由平等，为人民争人权，为民众开辟生活大道"。② 1906年，他到香港并参加孙中山领导的同盟会，成为一名有组织的革命党人，投身于资产阶级民主革命运动。同年返回南宁发展同盟会会员，建立南宁同盟会支部。后又满腔热忱地参加1910年新军起义和1911年黄花岗起义。辛亥革命后，他满腔义愤，决意远涉重洋，寻求救国救民的真谛。

---

① 陈时见. 教育大众化的开创性探索：雷沛鸿的教育活动述评 [J]. 东疆学刊，1997（2）：29-33.
② 韦善美，马清和. 雷沛鸿文集（下册）[M]. 南宁：广西教育出版社，1990（1）：476.

案 例

百余年的中国近现代史是中华民族受尽凌辱的历史,也是中国仁人志士寻找救国救民之道的历史。雷沛鸿就是这些志士仁人中的一位优秀的知识分子,试图通过教育事业,培养出既具有专业技术知识,又具有强烈的爱国心和社会责任感的知识分子,拯救、治理灾难深重的中国。自1921年留学回国至1949年,雷沛鸿一生的黄金岁月都贡献于中国的教育事业。他曾在暨南大学、中央大学(今南京大学)、江苏教育学院、浙江大学、中山大学等高校执教,还利用他在广西担任省政府委员兼教育厅厅长职务之际,对广西的地理、人文、经济和文化进行实地调查,于1933年开办广西普及国民基础教育研究院,创设广西教育研究所,在广西全省范围内开展国民基础教育普及运动。后于1936年春制定《广西国民中学办法大纲》《广西国民中学组织规程》《广西国民中学设立标准》,提出国民学制,对当时的中等教育进行改造。同时,致力于高等教育的改造,建立国民大学——西江学院,从而完成了"国民基础学校—国民高中—国民大学"这一完整的国民体系的构建。这一有计划、有目的、有组织、有实践的民族教育体系是雷沛鸿对中国现代教育改造的尝试,是中国教育从盲目抄袭模仿外国学制到建立适应本地社会环境、地理环境、经济文化建设,连接初、中、高等教育的民族教育体系的实验。这是中国现代教育史上唯一从全省范围内构建教育体制的实践①。

雷沛鸿的一生都在致力于中国教育。当时英美教育体系比较完善,他多次留学英美,不断探索走教育救国救民的真理之路,因为他想要为中国创建一个"富有生长性和普遍性"的民族教育体系,为了"国民身心之发展"付出了辛勤的劳动②。雷沛鸿为民众教育思想、师范教育思想而奋斗终生,提出颇多实际措施,为中国教育事业作出巨大贡献。他曾任广西教育厅厅长,创办广西普及国民基础教育研究院和西江学院,出任广西省立第一中学(今南宁二中和南宁三中)的首任校长,曾任广西大学校长和广西教育科学研究所所长,在任期间提出多项教育方针,努力完善教育体系。他出版多部著作,如《英宪精义》《英国成人教育》《丹麦成人教育》《国民基础教育论丛》《广西地方文化研究一得》等,促进了广西教育事业的发展,在全国都产生了影响,为中国教育思想和实践留下了宝贵的财富。

雷沛鸿的主要经历见表2-1。

---

① 郭齐家. 雷沛鸿:从整体上探索中国教育出路的先行者 [J]. 中国教育学刊, 1993 (3): 39-41.
② 陈时见. 教育大众化的开创性探索:雷沛鸿的教育活动述评 [J]. 东疆学刊, 1997 (2): 29-33.

表 2-1　雷沛鸿的主要经历

时间	主要经历
1888 年	出生于广西横州市横州镇小岭村，后迁往广西南宁市津头村
1904 年	考入两广初级简易师范科，后转入两广高等工业学堂修化学
1906 年	在香港加入中国同盟会，长期从事国民革命宣传工作
1911 年 2 月	在桂林任中国同盟会广西支部机关《南风报》编辑
1911 年 4 月	参加黄花岗起义
1911 年 10 月	南昌起义爆发时，回南宁争取陆荣廷响应起义
1913 年	考取公费生赴英留学
1914—1918 年	第一次世界大战期间赴美，先后在密歇根大学、欧柏林大学和哈佛大学专攻政治、经济、教育和法律，获得欧柏林大学文学学士学位和哈佛大学哲学硕士学位
1921 年以后	历任广西公署教育科科长、广东甲种工业学校校长、上海法政大学经济系主任
1927 年	任广西政府委员兼教育厅厅长
1933 年	第三次出任广西省教育厅厅长
1938 年春	到徐州第五战区总动员委员会任青年训练班主任
1938 年 7 月	第四次出任广西省教育厅厅长
1940 年 8 月	任广西大学校长
1941 年	任广西教育科学研究所所长
1944 年	在广西百色创办西江学院
1949 年后	历任中国致公党中央常委、致公党广西壮族自治区委员会主任委员、全国政协委员、自治区政协副主席、自治区侨联主席等职
1967 年	2 月 21 日南宁病逝，享年 79 岁

一、理论之基础：民族教育体系的内涵

雷沛鸿长期致力于建立完善的教育体制。立足于本民族，为找到适合中国发展教育的道路，他借鉴英美教育思想，因地制宜，结合中国教育发展规律，逐渐地探索出一条适合中国国情的教育路线，同时形成了自己独特的教育理论。具体表现在对民族教育体系内涵的理解上面，他的民族教育体系理论内涵大致包括五

个方面：生长性、普遍性、继承性、现代性、民族性①。

第一，生长性。即把教育看成是与个人、社会、民族的存在相始终的一个发展过程，是个人、社会、民族活动不可分割的一个方面的表现。雷沛鸿认为，教育的特性首先是它的生长性，"世界自有人类，便有教育"，"教育是人类社会所有最古的一件事业"。第二，普遍性。即把教育普及中华民族内不分阶级、职业、男女、民族、贫富、远近的一切同胞；同时，要把教育从书本知识和课堂讲授的狭隘范围内扩大到整个社会教育。雷沛鸿认为，"教育与人发生密切不可分开的关系，教育是学习做人的教育。"②"教育的要求只是有书本和知识，这实在是一件极大的错误"，因而他一再说明"教育>学校"，"学校<教育"，"学校之外还有教育"③，"唯有其普遍性，教育再不能成为特殊利益。"④ 第三，继承性。马克思曾经指出："人们自己创造自己的历史，但是他们并不是随心所欲的创造，并不是在他们自己选定的条件下创造，而是在直接碰到的、既定的、从过去承继下来的条件下创造。"民族教育体系的理论，正是雷沛鸿在批判继承中国传统文化与教育制度、西方资本主义教育制度并结合当时中国与广西社会特点基础上的创造。第四，现代性。即教育不能因循守旧，必须在批判继承的基础上进行创新，跟上时代的形式，达到现代化的先进性。雷沛鸿总结了过去时代的教育制度，认为过去的教育的缺陷是教育与政治分离，与经济分离、支离破碎，脱离现实。雷沛鸿说："唯有现代性，我们的教育再不能一味钻研古典，穷年矻矻，反之，必须与时代并进而具有现代化的精神。"第五，民族性。即把教育理解为民族有意识的行为的重要部分，建立适合中华民族的特点，为振兴中华民族的目标服务的教育体系。雷沛鸿认为，教育本身就是"有意识的民族行为"，这种有意识的民族行为主要表现在三种民族运动上："其一是民族解放运动，其二是民族统一运动，其三是民族建国运动。"教育活动本身是服务于上述目的的，并成为上述三大运动不可分割的组成部分的民族的有意识行为，"所以在中华民族构成的进程中，它需要一种教育如国民基础教育者，然后才能为中华民国创造新国民，使大家在它的四境以内同做有战斗力量的国民，因此之故，我们所实施的教育历程，便是民族的历程。"⑤

雷沛鸿也说过："理论是理论，事实是事实，因为在理论没有实现之前，不过是一种理想。"⑥ 因而他不仅在中国教育史上第一次构建了完善的民族教育体

---

① 钱宗范.雷沛鸿民族教育体系理论研究［J］.右江民族师专学报，1997（4）：56-61.
② 韦善美，马清和.雷沛鸿文集（上）［M］.南宁：广西教育出版社，1989：89.
③ 韦善美，马清和.雷沛鸿文集（上）［M］.南宁：广西教育出版社，1989：46.
④ 韦善美，马清和.雷沛鸿文集（上）［M］.南宁：广西教育出版社，1989：70.
⑤ 韦善美，潘启富.雷沛鸿文选［M］.桂林：广西师范大学出版社，1998：209-212.
⑥ 陈友松，马清和.雷沛鸿教育论著选［M］.北京：人民出版社，1992：59.

系，同时付出一生致力于教育实践的改造。

（一）推行普及国民基础教育运动

20世纪30年代初，雷沛鸿出任广西教育厅厅长后，立即宣布教育的施政方针为"教育大众化"。他认为国家贫弱的根本原因是人民没有知识、没有觉悟，以致精神不振。只有普及国民基础教育，开通民智，提高科技文化素质，才能从根本上拯救民族国家。他明确指出："国民基础教育是一种有意识的民族行为，以求改进中华民族的整个民族生活。"雷沛鸿从中国是一个穷国、广西是一个穷省的实际出发，采取了灵活多样的措施①：

第一，从社会改造的全局着眼，把儿童教育与成人教育熔为一炉、学校教育与社会教育统为一体。在村（街）设国民基础学校，在乡（镇）设中心国民基础学校，县城设表证（正）中心国民基础学校。国民基础学校既举办定式的儿童教育，又举办非定式的成人教育，把儿童教育与成人教育都纳入普及国民基础教育的范围，使儿童教育与成人教育并进，学校教育与社会教育合流。

第二，根据经济的实际情况，对不同对象施以不同年限的国民教育。规定18岁以上的文盲要强迫接受六个月的国民基础教育，13岁至18岁要强迫接受一年的基础教育，6岁至12岁儿童要强迫接受两年的基础教育。经济条件好的地区，儿童可接受四年或六年的基础教育。学校经费由县、乡、村三级负责。

第三，实行"一所三用""一人三长"的组织管理体制。国民基础学校既是教育机关，又是基层政权机关，还是群众组织处所。校长集乡（村）长、民团队长和教师于一身。

第四，除要扫除文盲外，还要扫除政治盲和经济盲。雷沛鸿明确提出"以爱国教育为灵魂、以生产教育为骨干"。在雷沛鸿的主持下，广西推行普及国民基础教育运动成效颇丰。1935年共设学校22066所，学生1567421人。到1939年，国民基础学校建立达95%以上，儿童和成人普及率分别达83%、79%以上。② 这在20世纪上半叶的中国，尤其在经济落后的广西，无疑是巨大的贡献。

（二）大力推行成人教育实践

雷沛鸿在实施大众化教育方针时，提及儿童教育，同时儿童教育与成人教育相结合。雷沛鸿对"成人教育"这一思想观点并不是随意对待的，而是多次留学英美，学习、参考并结合实际，设计出了中国独有的实施方案③。

在我国近代著名教育家当中，雷沛鸿是较早系统论述成人教育问题，并在大学里讲授"成人教育""比较成人教育"课程的教育家，也是我国第一个在全省

---

① 陈时见. 教育大众化的开创性探索：雷沛鸿的教育活动述评 [J]. 东疆学刊, 1997 (2)：29-33.
② 韦善美, 马清和. 雷沛鸿文集（下）[M]. 南宁：广西教育出版社, 1990：89.
③ 何红玲. 雷沛鸿成人教育思想的基本特征 [J]. 成人教育, 2002 (Z1)：3-5.

范围内有组织、有计划地推广成人教育运动的教育家。他积极研究成人教育，写下了《英国成人教育运动之起源与发展》《北欧的成人教育》《成人教育的哲理研究》《丹麦成人教育》《成人教育概观》等许多专门论述成人教育问题的论文，并著有《成人教育丛论》一书。他积极宣传成人教育，曾在江苏民众教育学院讲授"英国成人教育""比较成人教育"等课程，为我国成人教育理念的广泛传播及成人教育理论的学科化发展作出了开拓性的贡献。他还积极开展成人教育实践工作。1938年，他极力建议广西省政府将1939年规定为"广西省成人教育年"，动员社会各方面力量，在全省范围内大规模普及成人教育。

雷沛鸿认为，儿童教育固然重要，但成人已有了社会经验和独立的生活能力，一经教育，提高其民族意识、主人翁觉悟，便可为国分忧，为抗战救亡出力，并能适应当前多方面的急需。他曾赴西欧，尤其是丹麦考察成人教育后认为，国家要繁荣就不能不搞成人教育。在雷沛鸿的支持下，广西成人教育开展得有声有色，成人学习热情非常高涨。据记载，1934年全省已有成人学生13万，此后逐年增加。到1937年，入学成人已达581万，已受教育及在学人数达总人数的68%，到1941年则达88%，基本扫除了文盲。他还先后在多所大学讲授成人教育课程，对教育影响甚大。他不愧为我国现代成人教育的先驱。

雷沛鸿成人教育思想的基本特征可以归纳为五个方面：注重成人教育的速效性与重要性；注重成人教育的中国化与大众化；注重成人教育的科学化与法治化；注重成人教育的实用性与多样化；注重成人教育的主体性与互动性[①]。

案 例

雷沛鸿对丹麦成人教育的初步了解，是在留学美国期间。其主要方式，是通过阅读教育类报章杂志。正是这次接触，使雷沛鸿大受感动，并萌生了立志为中国劳苦大众的教育事业而奋斗终生的宏愿。雷沛鸿对丹麦成人教育的深入了解和研究，是在赴丹麦教育考察之后。1927年，雷沛鸿因筹办广西大学，而有机会赴丹麦、瑞典、挪威、芬兰等欧洲各国进行教育考察。在欧洲半年多的时间内，雷沛鸿重点考察了丹麦的庶民高等学校与补习教育，还对公共演讲和公立图书馆运动进行了广泛考察。此番考察回国后，雷沛鸿分别在《教育杂志》《教育与民众》《成人教育丛论》中，发文介绍了丹麦的成人教育制度。除了撰文介绍外，雷沛鸿还通过在江苏省立民众教育院开设的"比较成人教育"课程，系统讲授了丹麦的成人教育。这在国内确属首创之举，雷沛鸿也因此被称为"中国的格龙维"[②]。

---

① 陈时见. 教育大众化的开创性探索：雷沛鸿的教育活动述评 [J]. 东疆学刊，1997（2）：29-33.
② 喻本伐，方玉芬. "中国的格龙维"：雷沛鸿 [J]. 教育研究与实验，2010（2）：66-69.

(三) 首次创办国民中学制度

雷沛鸿首次对教育制度作出大胆尝试，这也是针对上述国民基础教育政策的反思，重在改变中学教育即升学教育的单一格局，试图创办国民中学教育制度，并提出一系列具有前瞻性创造性的措施。

雷沛鸿敢于冲破以升学为唯一目的的"三三制"普通中学一统天下的局面，创设国民中学制度。20 世纪 30 年代的广西，贫穷落后，不少县办不起中学，更不能像其他省那样把普通中学、职业中学、师范学校分立并设。同时，由于推行普及国民基础教育，大批小学毕业生要求进入中学，而当时以升学为目的的中学数量少，升学者不多。因此，雷沛鸿根据广西实际情况和社会需求，创立国民中学这样一种新型学校，旨在桥接国民基础教育，适应地方建设的需要，培养基层建设人才，提高国民文化，并改变升学教育的单一格局①。他说："国民中学教育制度是为教育改造的要求而产生，又是为社会改造要求而产生，是紧随国民基础教育运动之后，在中等教育层次中从事教育改造。"② 根据雷沛鸿所设计的方案，国民中学的目标在于培养继承和创造民族文化的健全新国民、基层组织的骨干力量和其他公务人员。国民中学以县立或数县并立为原则。课程上除开设文化课之外，还开设实用性课程，如政治训练、社会服务、农业概论、法律知识等，使学生接触实际，接触社会。雷沛鸿还注重不断完善国民中学制度，举办培训国民中学教师的多种研究班。到 1942 年建有大约 80 所国民中学。国民中学从广西实际情况出发，桥接国民基础教育，使那些贫困学生有机会接受中学教育，为地方培养中初级建设人才，对于提高广西的文化水平无疑起了重要作用。此外，它是不同于普通中学的一种新型学校，具有鲜明的特色，为中等教育的改革拓展了新的思路。教育家林砺儒对国民中学就曾作过这样的评价："中国的中等教育徘徊四十年，从国民中学看到了活路。"

(四) 探索实施建立国民大学教育

雷沛鸿为完善民族教育体系，也为贯穿整个教育思想，在创办国民中学制度后，又实施建立"国民大学制度"。国民大学，是民族教育体系中的最高层次。雷沛鸿为了改造和发展大学教育，建立完备的国民教育体系，在烽火连天的抗日战争年代，克服重重困难，在百色创建了西江学院，他在创办西江学院的过程中提出了许多有远见卓识的办学主张③。

雷沛鸿明确提出，新型大学的社会责任是：第一，侧重高深学术之研究，培

---

① 陈时见. 教育大众化的开创性探索：雷沛鸿的教育活动述评 [J]. 东疆学刊，1997 (4)：29-33.
② 韦善美，马清和. 雷沛鸿文集 (下) [M]. 南宁：广西教育出版社，1990：417.
③ 李德韩. 论雷沛鸿教育思想及其实践 [J]. 广西师范大学学报 (哲学社会科学版)，1991 (3)：31-36.

养学术专门人才;第二,培养地方建设乃至国家建设的专门人才;第三,传播智慧于民间,以改善民众生活。为此,雷沛鸿设想把西江学院逐步办成一所多层次的、多学科的、综合性的新型大学,成为一所发展西江流域文化,重新创造中华文明的最高学院。

雷沛鸿强调:"举凡学术研究,人才培养,均以正德利用厚生,造福大众、化民成俗为鹄的。所有专门人才,均为民众服务,故大学当以传播智慧于民间,以改善民众生活为归宿。"[①] 他对西江学院师生说,随时随地要贯彻我们不忘老百姓的主张,与民众结合,为民众服务。

雷沛鸿积极主张活跃学术思想,提倡实事求是的学风。他认为,对不同的学术派别要一视同仁,只有这样,才能追求真理,才有科学教育,才有科学发明。雷沛鸿在任西江学院院长时,大力提倡实事求是的学风。他说:"实事求是是中国人做人做事的一种经验。""要做到实事求是,固然要从实际出发去思想,但是运用什么方法去思想呢?我说是科学方法。""'实'就是科学的事实,'是'就是科学真理。运用科学的实验方法、观察方法、统计方法等,去实事求是地实践,求取科学真理……面对现实,不向现实妥协,认识现实,不为现实蒙蔽,随时随地,脚踏实地,躬行实践,根据事实,运用科学方法,追求科学真理",这就是实事求是的科学态度。

从上述分析中可以看到,雷沛鸿提出的民族教育体系是一个远大而宏伟的教育改革和社会改造蓝图,是实现"有教无类""一视同仁"的教育理想,进而实现"教育为公、学术为公、天下为公"的社会理想的实施方案。具体体现了雷沛鸿的教育思想和教育主张,反映了他的实事求是、从实际出发的科学态度以及勇于与旧的传统教育决裂的创造精神。雷沛鸿为改变广西省教育现状,制定了许多切合实际的教育方针,但是在实际的实施过程中,还是需要专业的人才推进各项工作,这样教育水平才能真正的提高。雷沛鸿也深知"教师"具有关键作用,还十分明确地提出了"师范教育本为国民教育之母"的思想。要建立和完善民族教育体系,缺少"教育"与"教师"这一环,怎么能行呢?如同没有根基的房屋,怎么经历风吹雨打呢?因此,雷沛鸿开始钻研、宣传扩大师资队伍,对师资队伍提出要求,为完善教师队伍耗费心力,形成了自己的师范教育思想。

二、师范重要性:国民基础教育之关键

教育是培养人的一种社会活动,教师是从事教育工作的劳动者。历史早已证明,致天下兴衰在人才,成天下之才在教化,行教化之业在教师。教师培养人的

---

① 韦善美,马清和.雷沛鸿文集(上)[M].南宁:广西教育出版社,1990:8

作用不可小觑。那么，作为培养教师的师范教育则更应值得注意①。

为强调师范教育的重要性，提高国民对师范教育的认识程度，雷沛鸿在1930年撰写的《就辛亥革命地意义审察中国地教育问题》一文中，从"民主政治""民主教育""教育机会均等"等思想出发，大量引证了德国在资产阶级革命时代对教育和教师极为重视的观点，明确指出："师范教育本为国民教育之母"②的思想。他在创办和推行国民基础教育时，强调"师范教育为国民基础教育成败的关键"③，把师资的培养看成是教育的"治本"措施。他在许多演讲和论文中，也多次把"培养优良教师"看成是教育上的"急切问题"。如在《普及民众教育的几个技术问题》中说："大凡教育上多有一种新措施，师资问题随之惹起。例如，在二十三年左右，各省因为要实施学校教育之故，都努力于设立各种师范学校。于是，简易师范也、师范传习所也、师范讲习所也、初级师范也、优级师范也，遂风起云涌，盛极一时。嗣后，新教育事业，职业教育，又如乡村教育，各省在未能行此类教育之前，无先不注意于培养师资。"④而普及国民基础教育最关键的是培养小学师资。他认为，"惟励行教育普及的第一步，须优先注意造就良善之小学师资。倘使良善之小学师资缺乏，实予普及教育以一打击，试一观广西教育现状，即可证此言不谬。广西教育在今日距普及尚远，小学校在今日尤未能成为活泼泼的教育机关，是可以不必深讳。此何以故，由于缺乏良善小学师资故。然则欲谋改善，非积极改良及推广师范教育不可。按师范学校，就原则而言，以造就小学教师作一本位。苟师范现状不改良，良善之小学师资，必难以产生；师范教育不推广，小学师资的来源必短。"⑤可以说，师范教育决定着教育普及、教育改革等一切问题。

三、改师范制度：做到治标与治本结合

雷沛鸿已经对师范教育有了进一步的认识，同时采取一系列教育方针的改革，与之相对应的师范教育措施也要进行革新，使教育方针与师范教育方针相配合，尽量完善教育系统，为改善教育现状做进一步努力。雷沛鸿创造性地提出一系列措施。他认为办好教育，要全面规范师范教育；要"治标与治本"结合，长短培训结合；师范生要有扎实的专业素养，重视师资队伍的培养（分级分类）；重视教育实习，办好附属实验学校。关于如何办好师范教育，雷沛鸿花了

---

① 刘兆伟，赵伟. 论雷沛鸿师范教育改革思想与其现实意义 [J]. 辽宁高等教育研究，1998（4）：39-43.

② 韦善美，马清和. 雷沛鸿文集（上册）[M]. 南宁：广西教育出版社，1990：85.

③ 韦善美，马清和. 雷沛鸿文集（上册）[M]. 南宁：广西教育出版社，1990：198.

④ 韦善美，马清和. 雷沛鸿文集（上册）[M]. 南宁：广西教育出版社，1990：56.

⑤ 韦善美，马清和. 雷沛鸿文集（续编）[M]. 南宁：广西教育出版社，1993：415.

不少心血，既有亲身实践，也有理论阐述，具体包括以下几个方面①：

(一) 改革师范教育，全面规划师范教育

雷沛鸿1934年提出的《广西全省中等教育改革方案并说明书》从十一个方面反映了他的教育改革思想，其中第七部分关于师范教育的意见，较集中地反映了他的改革师范教育的主张。他说："师范教育制度，在吾省中，以至在吾国中，屡次更易，但似乎自兴办以迄今日，尚未能寻出适当办法。间尝推求其故，而得到如下断论：

(1)《孟子》有言："人之患在好为人师"，今代师范学校正中此病。诚以师范制度之输入，似乎纯为养成师资之师资；而此项师资，每在毕业之后，只欲入学校教学生，而不欲入社会教民众。故一代传一代，一代又不如一代。于是科学与生产技术之能传至民间者至仅，遑言改善民众生活？(2) 师范制度，自输入后，一项即为外国教育形式以至外国学校传统思想之媒介。于是谬种流传，充其量不过使曾受教育者自成为一特殊阶级，而别异悬绝于其民。(3) 自为风气，复自成派别，于是，由师范制度所产生之学校，对于民族生活，几乎尽成为游离体。其结果是：中华民族，现代学校地离心运动之故，或因教育普及，转失去统一性及黏合力。"②

上述三个方面都是师范教育制度弊端所在，必须加以改造。他主张："以普及国民基础教育为中心思想，使师范制度能有机会以亲近民众。""以国民基础教育研究所有研究实验为师范教育之学术思想地源泉。""以师范教育为工具，依之，即期有所以造成有觉悟又有母的之教育制度。"③

雷沛鸿的这些论述，既指明了当时师范教育制度之弊端，又提出了改变师范教育的主张。从中可以看出他十分强调师范教育要与社会生活相联系，师范学校培养的教师要接触民众，成为文化知识、科学技术的传播者；主张在学习、引进外国教育制度（含师范教育制度）时不能生吞活剥、照抄照搬，而是要结合中国实际，以实验研究为源泉，有利于民族的统一与结合，以建立理想的师范教育制度。

雷沛鸿进行师范教育制度改革时，十分注意师范教育的规划，以求与基础教育之发展配套进行。1934年雷沛鸿主持制定了《广西省立国民基础师范学校办理通则》，"通则"第一条就明确规定："国民基础师范学校实行分区设立"。1938年7月，他又主持制定了基础教育师资培养方案，对全省的师范学校作出了"通盘策划"，将广西省分为7个师范区，每区设省立师范学校一所，按规划

---

① 郭道明. 雷沛鸿师范教育思想初探 [J]. 广西师范大学学报（哲学社会科学版），1996 (2)：72-76.

②③ 韦善美，马清和. 雷沛鸿教育文集（下册）[M]. 南宁：广西教育出版社，1989：320-321.

已设立了桂林、崇山、田西、天保4所师范，其余3所限期完成。为了解决小学师资之不足，雷沛鸿还根据他对国外师范教育的考察认为："各国小学教师，乃有几乎用女教师之趋势。"他撰写了《请推广女子师范教育草案》，提出了筹办女子师范学校的规划，除了办好梧州第一女子师范学校、桂林第二女子师范学校，他还主张分别在南宁、柳州、龙州、百色分设第三、第四、第五、第六女子师范学校。这与民主革命先驱孙中山先生大声疾呼的"欲四万万人皆得受教育必倚重师范，此师范学校所宜急办者也；而女子师范尤为重要"① 的思想是一致的。

在雷沛鸿的推动下，1939—1940年，广西省的师范教育得到了较好的发展。"计有省立师范4所，附设基础教育师资训练之中学15所，县立基础教育师资训练班2所，艺术师资训练班及慈幼院附设幼稚师范班各1所，合共23所，各种师范班2班，其中高中师资班5班，国中后期师范科1班，幼稚师范班及艺术师资训练班各2班，基础教育师资训练班32班。"② 师范教育具有一定规模，在一定程度上缓解了基础教育发展对师资的急需。

（二）治标与治本结合，长短培训结合

雷沛鸿认为，师范教育办得如何，是国民基础教育成败之关键，要解决这一关键问题，需要从实际出发，既要考虑需要，又要考虑可能，分清轻重缓急，将治标与治本结合起来。所谓"治标"就是要调整现任教师（包括改进人事管理，举行教员检定，调训现代教员）；所谓"治本"就是要加紧培养师资，办好师范教育。

按照雷沛鸿的意见，办好师范，培养师资，不能靠单一的形式，只办好正规的师范学校，而要多种形式，长短结合。师范教育主要包括未来教师的培养和在职教师的培训提高，前者指各类师范学校通过较长时期的培养来实现，而后者主要通过短期培训来完成。有的采取一年制的培训班；亦可利用寒暑假进行为期1~2个月的讲习班，短者亦可一周的培训。比如，成人教育的师资，均由各县政府集中施行为期一周的训练，训练内容有：抗战建国纲领；成人教育须知；民众组织与训练；抗战宣传大纲；抗战歌曲；精神讲话；广西建设纲领；防空防毒；民众如何抗战等等③。教学方法采取讲座与讨论结合，每晚讨论2小时。这种重应用、求实效的做法，为解决成教师资之不足发挥了积极的作用，收到了良好的效果。

---

① 吴定初. 中国师范教育简论［M］. 成都：四川教育出版社，1990：28.
② 韦善美，马清和. 雷沛鸿教育文集（下册）［M］. 南宁：广西人民教育出版社，1989：274.
③ 吴定初. 中国师范教育简论［M］. 成都：四川教育出版社，1990：107.

(三) 强调师范生应学有专长，应实行分级分类培养

雷沛鸿以"闻道有先后，术业有专攻"为据，主张"不知者应该受知者教"，他认为教育是一种专门事业，教师要经过师范的专门教育，他反对不经过师范专业训练的人去担任教师。他说："夫以未经师范训练之中学毕业生充任小学教师，已非良策，况余子乎！长此不改，其不至吾尽天下苍生者几何！"

师资的培养宜分级分类进行。幼稚师范学校主要培养幼稚园师资，简易师范学校主要培养小学低年级师资，基础师范学校主要培养小学教师，师范专科学校主要培养中等学校师资。师资培养不仅要分级，而且要分类培养。他认为基础教育师资应由基础师范学校负责培养，职业教育的师资应由职业师范学校培养，成人教育的师资应由基础师范教育负责培养。不仅如此，他还主张针对不同的学科，举办讲习班以提高专业教师的水平，为此先后举办过"艺术师资训练班""职业教育师资讲习班""中学国文教员讲习班"等等，都收到良好的效果。

(四) 重视教育实习，办好附属实验学校

雷沛鸿把办好师范学校附属实验学校，加强教育实习活动，看作培养优质师资的重要环节。雷沛鸿在考察瑞典教育后，撰写了《瑞典教育制度概观》，在谈到师资培养时，有一重要论断，他说："凡师范学院，高级或初级均设有实习小学，所以使将来的教师人人有实地练习的机会。"[①] 他将附属实验学校看作培养师范生的实习基地，认为对师范生实践能力的培养、做到学用结合是十分有意义的，否则就会纯理论性学习，学了不能用。他指出"中国师范学校通病大率所授者纯为通论、原理等抽象过甚，把捉不易，大率学生不能彻底领会，以致一出校门，困难问题立即横卧于前，求之所习书册亦不得一完全解决方法，怎能不愤事耶"，"师范课程宜注意应用方面"。他还尖锐指出，开展教育实习是师范教育成功或失败之大关键，"师范学校苟漠视实习，则其价值将等于零。"他反对将教育实习仅仅理解为师范生毕业前夕的"试教"，主张将教育实习贯穿于师范教育的全过程。他说："自今以后，宜将授课与实习时间均匀分配，务令学生除上课外，由参观学校，而参加教授，而实地试教，积数年间之经验，一旦出而就职，必能驾轻就熟，不致茫无头绪矣。"[②] 至于师范生实习指导教师的选任，其要求也是很高的。他说："今后师范学校，既趋重于知识和技能交相为用，应令各师范学校招聘却又教授经验者，充任附小主任暨各科教师职务，以便兼任实习指导。"

四、教师之修养：重视教师的品德修养

雷沛鸿重视师范教育，对师范教育的每一环节都制定完善的施政方针，不仅

---

① 韦善美，马清和. 雷沛鸿教育文集（上册）[M]. 南宁：广西人民教育出版社，1989：374.
② 吴定初. 中国师范教育简论[M]. 成都：四川教育出版社，1990：417.

对壮大师资队伍、培养专业师范人才等方面耗费心力，对教师个人思想品德修养也提出具体要求。另外，除学生家长外，教师与学生关系比较紧密。学生学习的过程中，不仅学习专业文化知识，更要学习正确的价值观，因此教师的品德修养尤为重要，不管是专业知识还是人生态度上，都要对学生起到积极的作用，潜移默化地引导学生，真正地做到"润物细无声"。

雷沛鸿重视师范教育，与他重视教师在教育中重要作用的思想分不开，他认为"教师是儿童的向导——儿童的带路人"，因此，他十分注意教师的品德修养。他在国民基础教育研究院一次朝会的演讲中，谈到一个优良的教师至少应该具备以下条件①：

（1）有多年丰富的经验；
（2）有平易近人的外表；
（3）有富于创造的力量；
（4）有良好的教学方法；
（5）有感动儿童的人格；
（6）有维持秩序的本领；
（7）有一种接受他人贡献的虚心，或者说有接受良言箴规的态度；
（8）有和学生打成一片的精神；
（9）有一种继续求进步的兴趣；
（10）有社会的群像，彼此都能营群居生活。

另外，他主持制定的《广西省国立基础师范学校办理通则》第四条明确要求，师范生除了具有教育之知识和能力，必须具备以下品德修养：

（1）有为国家为民族牺牲之热烈情绪；
（2）有吃苦耐劳服务民众之决心；
（3）有忠信笃敬兼守法之精神；
（4）有研究整理发明创造之能力；
（5）有贯穿到底不屈不挠之毅力。②

雷沛鸿经常鼓励师范生，应有"追求进步的欲望"，"必须时常不断地去修省自己，不断批评自己，尤其在理想——精神方面。"③ 他希望师范生要树立理想和正确的人生观，他认为"没有理想、没有正确的人生观的人们，不知何所谓而生，亦不知何所谓而死，浑浑噩噩虚度此生"。④ 他要求师范生到民众中去"切实和民众打成一片，才能做民众的导师"，如果"不能了解民众生活之所需

---

① 郭道明. 雷沛鸿师范教育思想初探 [J]. 广西师范大学学报，1996（2）：72-76.
② 广西省政府. 广西省现行法规汇编 [Z]. 广西省政府秘书处，1936（1）：239.
③ 吴定初. 中国师范教育简论 [M]. 成都：四川教育出版社，1990：417.
④ 韦善美，马清和. 雷沛鸿文集（下册）[M]. 南宁：广西教育出版社，1989：20.

要,就是不能做民众的导师"。

五、师生之关系:互教共学与良师益友

雷沛鸿在阐述师范教育时,面面俱到,不仅制定师范教育具体方针、教师品德修养要求,还提到师生关系。雷沛鸿认为,教师和学生之间,既是相互学习的关系,又是良师益友①。

第一,师生是互教共学的关系。师生互教共学是雷沛鸿着力倡导的一种新型师生关系。他认为教师与学生之间是相互教相互学的,"以教学做合一的理论,辅导教师做自动的学生,学生做自动的教师。"② 教师与学生是可以相互转换的,教师可以成为学生,学生亦可当教师,即所谓:"工匠做成教师——师傅;教师做成工匠——工师。"③ 这样,师生相互学习,相互促进,共同提高,共同进步,也体现了师生间的民主平等。对相互学习的师生关系,雷沛鸿更多地称为互教共学。它既是一种教学方法,也体现出师生相互学习的关系。雷沛鸿"提倡互教共学,使识字者教不识字者,有知识者教无知识者,有技能者教无技能者,进步者教落后者。养成彼此共学,彼此互教,大家以做为学、行以求知、做到老、学到老地学问风气"。④ 互教共学体现了能者为师、相互为师的精神。在互教共学中,大家来做学生,大家来做教师。有专门学问的、有专门技能的、有专门知识的人们,一齐奉献出来教人。以身为教,以家为教,教一人、教全家。人人如此做,大家参加这个互教共学运动,全体社会成员都可以在这一运动中求得知识、学问和技能。凡是参加的人员,既是教师又是学生,每个人都有着教师和学生的双重身份。在互教共学中,没有始终把知识技能传授给他人的教师,也没有永远吸取他人知识的学生。每个人都既是知识技能的传授者,同时又是获取者。教师和学生是合而为一的,在这一问题上你可能是教师,在其他问题上你又变成了学生。大家互为教师、互为学生,就会形成民主平等、相互学习的师生关系。

第二,师生关系又亦如良师益友。雷沛鸿非常注意在学校培养良好的师生关系。他认为师生之间应该是朋友关系,"学校的校长导师,随时随地都是学生的良师,又是他们的益友。"⑤ 教师不应是学生高高在上的主宰者,而应是他们生活中的亲密朋友。教师视学生为益友,学生从内心敬佩教师,教师对学生的影响力才能得到充分的发挥。师生既是益友,那么教师关心学生就是必然的。在雷沛鸿看来,教师不仅在校内应该关心学生,而且对离校的学生也应同样给予关心帮

---

① 瀚青. 论雷沛鸿的师道观 [J]. 华东师范大学学报(教育科学版),1998(2):82-88.
② 韦善美,马清和. 雷沛鸿文集(续编)[M]. 南宁:广西教育出版社,1993:546.
③ 韦善美,马清和. 雷沛鸿文集(下册)[M]. 南宁:广西教育出版社,1990:403.
④ 韦善美,马清和. 雷沛鸿文集(下册)[M]. 南宁:广西教育出版社,1990:544.
⑤ 韦善美,马清和. 雷沛鸿文集(下册)[M]. 南宁:广西教育出版社,1990:404.

助。对休学的学生,既已离开学校,一般认为就与教师完全脱离了关系,可以相视如路人,但雷沛鸿的国民中学却对他们进行教育,务使他们在离校之后不虚度光阴、自暴自弃、不堪造就。对毕业离校的学生,"必予以职业教育上之所谓'继续指导',其在就业时所遭遇地问题,如服务问题、乐业问题、在职进修问题等,仍然一概以教育方法处理之。"① 由此可见,雷沛鸿的教师关心是绝然不同的,体现出教师强烈的事业心和责任感。

应该说,雷沛鸿的诸多教育创举,不仅全面考虑,又与实际密切联系。雷沛鸿的这些教育方针在最大限度上得到了实施,不仅提高了当时广西的教育水平,即使对现在的教育事业也具有借鉴意义。雷沛鸿的教育方针取得如此成就,与他对教育事业的积极探索分不开,他将教育方针与当时广西的政治经济相结合、与民众生活相结合,既有理论实践,又有借鉴和创造。

总体而言,雷沛鸿是一位热诚的爱国主义者,著名的教育家,是中国现代史上有影响的教育革新家。他认为,"教育为建国大业之根本要图""教育的最大功能是创造",他以开拓创新的精神和坚韧不拔的毅力,普及国民基础教育,创建国民中学,创办西江学院,为建设适合中国国情、广西省情、中国化、大众化的国民教育体系和民族教育体系进行了卓有成效的探索。他在教育方面的思想和原则②,对于师范教育具有重要意义。

第一,教育与政治经济相结合。雷沛鸿在研究和实地考察欧美各国政治、经济、文化、教育之后,认定发展教育是改造社会、振兴民族的一项根本大计。他说:"今后革命建国,必须多方用力,而教育为建国大业之根本要图。"③他认为"教育不能脱离政治,政治不能舍去教育""教育发展尚赖社会政治经济力量之推动,而又能助成政治经济等建设的成功",它们相辅相成、相得益彰。由此,他把"教育与政治相结合,教育与经济相结合"确定为国民基础教育的主旨,把爱国教育与生产教育确定为国民教育的核心内容,即"以爱国教育为灵魂、以生产教育为骨干"。并且早在1933年就提出,"深维世变日亟,惟有排除万难,力谋基础教育之普及,始能树立建设地方、复兴中国之基础。"可见,他从事教育一开始就是遵循"教育与政治相结合"这一原则的。在国家大厦将倾,救国救亡成为时代最强音之际,雷沛鸿以各种力所能及的方式进行救国救亡的爱国教育活动,不仅把讲台作为救亡的宣传台,而且积极参加和支持学生的爱国行动。在当时情况下,爱国教育实践正是雷沛鸿所遵循的"教育与政治相结合"的具体体现。至于生产教育,雷沛鸿认为,"国民所有生产力的大小实以他们所

---

① ③ 韦善美,马清和. 雷沛鸿文集(上册)[M]. 南宁:广西教育出版社,1989:89.
② 陈时见. 教育大众化的开创性探索:雷沛鸿教育活动述评[J]. 东疆学刊,1997(2):29-33.

有读书识字的程度高低为正比例，又以技术能力的强弱为正比例。"① 因此，在普及教育中不仅强调文化基础知识教育，还要提倡技术教育，要"指引全省有志青年重回田间去、商店去和工厂去"，"走学问与劳动合作"的道路。在这一原则指导下，不仅在实验中心区设有包括科学馆、林场、植物园、畜牧场、农场、实验工厂等门类齐全的生产实验场所，还在各乡镇村街国民基础学校也普遍设立小农场、小工场，以便在劳动中学习生产知识和技术。雷沛鸿在师范教育改革实践中，也是一贯注重教育与政治经济相结合，始终遵循"以爱国教育为灵魂、以生产教育为骨干"的思想。这表明他试图通过师范教育去拯救民族国家危亡的同时，又倡导学习先进科学技术，养成产生劳动的习惯，进而促进物质文明，改善国民生活。

第二，教育与民众生活相结合。雷沛鸿继承先哲"有教无类"的思想，提出"教育为公"的主张。他说，"教育是人民的权利而非人民的义务，强迫而又免费的实施是政府的义务而非政府的权利。"② 他要求"教育事业不要成为政治上的装饰品及经济上的奢侈品，而应成为人类社会所有一件普通的平凡事业"。因此，"人人都应受教育，不论贫富，不论贵贱，不论性别，不论老少。"教育既要生根于民众生活，又要服务于人民大众，所以他说，"为图谋国中之最大多数人的最大幸福，农村教育不可不次第举办；为提高全国民众的普遍智力，义务教育不可不定期实施。"教育只有扎根于民众，为劳苦大众而办，为大众服务，才能发挥整个民众的力量，实现教育大众化。他推行的国民基础教育运动，始终扎根于民众生活之中，即使是创办西江学院亦是如此。正如他在《我的自白》中指出的，"举凡学术研究，人才培养，均以正德利用厚生，造福大众，化民成俗。所有专门人才，均为民众服务。故大学当以传播智慧于民间，以改善民生生活为归宿。"雷沛鸿所以念念不忘人民大众，整个教育实践都注重教育与民众生活相结合，其远期目的就是要实现"教育为公、学术为公、天下为公"的社会理想。

第三，借鉴与创造相结合。雷沛鸿的教育成就，也是他坚持从本国本地社会实际出发，在学习借鉴他人先进教育经验的基础上，探索创造民族教育改造的新型蓝图的结果。雷沛鸿强调指出："我们所努力的教育改造动向，尽管有崇高的理想，远大的企图，却不能不以实事求是的态度出之。一切从实际出发，从根本做起，而卑之无甚高论"。③ 所以他认为，从实际出发是一切教育改造的根本途径。他曾五次到英、美、苏、德、北欧以及南洋等许多国家和地区考察教育，对

---

① 韦善美，马清和. 雷沛鸿文集（上册）[M]. 南宁：广西教育出版社，1989：90.
② 韦善美，马清和. 雷沛鸿文集（下册）[M]. 南宁：广西教育出版社，1990：68.
③ 韦善美，马清和. 雷沛鸿文集（下册）[M]. 南宁：广西教育出版社，1990：99.

国外的教育比较熟悉，但他并没有照搬外国，而是"以客观事实为张本，从实际问题出发"，创造性地处理面临的实际问题。他分析当时中国的教育状况，指出：其一是太过于形式化，专工表面敷衍，对社会实际需要无多大帮助，对广大民众生活尤其漠视；其二是一味盲目抄袭外国，未能面对现实作适当国情的变更而发挥教育的创造功能。这种教育不可能造就有用人才，只能培养出一些"书生""高等游民"。他针对中国是个穷国，广西是个穷省的实际状况，认为不能抄"老办法""洋办法"，而就实际许可的条件，逐渐建立起一个新式的民族教育体系。这一体系既不是中国传统式的，也不是日本式、美国式的，而是适合中国、广西经济建设、政治建设、社会教育与学校教育合流。为适应广西地方建设的需要，侧重专科教育和预科教育，并力图办成一所多功能的国民大学。可见，他建立的民族教育新体系，既融入了中外教育的先进经验，又从实际出发进行了创造性探索。

第四，理论与实践相结合。雷沛鸿曾多次指出："中国人的科举思想很严重，以为读书就是教育，教育就是学校。"这是"学而优则仕"的传统观念。普通学校"一味偏重于升学准备"，因而"中等教育迁就大学教育，大学教育控制中等教育"，不能真正发挥教育的功能。为此，他大胆提出革新教育的总体设想，创建民族教育新体系，但在创办新教育之前，都必须经过认真科学的试验，在实践中取得成功的经验，再示范推广。这一优良的作风在他任江苏教育学院教授兼研究实验部主任就开始了。他亲自领导开辟了许多实验区、馆、校，并带领师生一起实践，把实践中得来的经验成果写成文字资料和印成专集供大家参考。在广西，当他制定的国民基础教育计划获批付诸实施时，首先成立国民基础教育研究院。研究院下设实验区，进行实验。研究院还聘请各种理论流派的专家担任教学与指导工作。雷沛鸿也与研究人员一起亲自搞调查，搜集资料，确定实施方案和办法，编写教材印发报刊。因此，一方面研究院为全省后来教育改革的实施作出样板示范，另一方面研究院成为全省开展教育改革时的参谋部。该院后来改为广西教育研究所，以求"由实验探究理论，用理论指导实践"。

雷沛鸿一生致力于教育事业，将理论与实践贯穿始终，推动了我国教育事业的进步，在最大限度上完善了民族教育体系，他在师范教育研究领域勇于追求真理的探索精神在全国产生了积极影响，为中国师范教育思想和实践留下了宝贵的财富。

拓展阅读

[1] 韦善美，马清和. 雷沛鸿文集（上册）[M]. 南宁：广西教育出版社，1989.
[2] 韦善美，马清和. 雷沛鸿文集（下册）[M]. 南宁：广西教育出版社，1990.
[3] 韦善美，潘启富. 雷沛鸿文选 [M]. 桂林：广西师范大学出版社，1998.

[4] 胡德海. 雷沛鸿与中国现代教育［M］. 兰州：甘肃教育出版社，2001.

[5] 曹天忠. 教育与社会改造：雷沛鸿与近代广西教育及社会［M］. 天津：天津古籍出版社，2004.

[6] 谢文庆，牛淑琴. 砥柱南天敷教化的雷沛鸿［M］. 太原：山西人民出版社，2020.

[7] 肖全民. 教育家办学典范研究——以雷沛鸿为例［M］. 北京：教育科学出版社，2020.

[8] 郭道明. 雷沛鸿师范教育思想初探［J］. 广西师范大学学报（哲学社会科学版），1996（6）：72-76.

[9] 陈时见. 教育大众化的开创性探索：雷沛鸿教育活动述评［J］. 东疆学刊，1997（2）：29-33.

[10] 钱宗范. 雷沛鸿民族教育体系理论研究［J］. 右江民族师专学报，1997（4）：56-61.

[11] 刘兆伟，赵伟. 论雷沛鸿师范教育改革思想与其现实意义［J］. 辽宁高等教育研究，1998（4）：39-43.

第三章
郭秉文师范教育思想

郭秉文（1880—1969年），字鸿声，原籍江苏江浦（今南京浦口），生于江苏青浦（今上海青浦），著名教育家，中国现代高等教育事业的先驱。郭秉文是当时国际舞台上最为活跃的中国教育家，20世纪20年代，他连续三次作为中国首席代表出席世界教育会议，并连续三次被推举为世界教育会议副主席兼亚洲地区主席。郭秉文是中国现代大学的开创人，他主持的国立东南大学，被教育界称为"中国第一所现代国立高等大学"，成为中国最早的现代意义上的大学。

1880年郭秉文出生于江苏青浦，1896年毕业于上海清心书院，1908年赴美留学，1914年获哥伦比亚大学教育学博士学位。1915年，应江谦校长之聘，任南京高等师范学校教务长。1918年3月21日，江谦因病休养，由郭秉文代理校长。1919年9月1日，教育部正式委任郭秉文为校长。1920年4月，郭秉文提出建立东南大学的建议，随即组织"筹议请改本校为东南大学委员会"。同时决定自1920年暑期正式招收女生，开放"女禁"。1921年9月，东南大学正式成立，实际上南京高等师范学校、东南大学是双轨制运行，郭秉文同时兼两校校长。1921年东南大学成立后，郭秉文开始积极推动两校的合并，决定南京高等师范学校自1921年起不再招生，其学生全部毕业后即并入东南大学。同年，南京高等师范学校商科扩充改组并迁址上海，成立东南大学分设上海商科大学（今上海财经大学）。1923年3月，郭秉文以中国首席代表身份参加第一次世界教育会议，被推选为世界教育会议副主席兼亚洲地区主席，之后连任两届。1923年6月，南京高等师范学校正式并入东大。1924年，郭秉文奉派为保管美国庚款华籍董事之一，组织中华教育文化基金董事会。1925年1月，段祺瑞执政的北洋政府于国务会议上通过免除郭秉文东南大学校长决议。1925年2月，东南大学校董会举行会议，否认教育部易长之令，请郭秉文照旧任职，先请赴国外考察教育。1926年5月，郭秉文与门罗在纽约创立"华美协进社"，任首任社长。1931年郭秉文受孔祥熙之邀回国，出任国民政府工商部国际贸易局局长。1941

年 3 月，郭秉文任国民政府财政部常务次长，兼中央贸易协会主任。1945 年抗战胜利，郭秉文任联合国善后救济总署副署长兼秘书长。1947 年，郭秉文退休留居美国。1957 年，郭秉文与恒慕义及曹文彦、鲍幼玉等人以私人力量在美组织华府中美文化协会，举办学术活动，从事中美文化交流活动，并应邀担任"中华民国在美教育文化事业顾问委员会"主任委员。1969 年 8 月 29 日，郭秉文在美国逝世。

郭秉文始终秉持"学者治校，学术自由，学生自治"的办学思想，将西方教育理念与中国传统文化有机结合，确立了东南大学"止于至善"的校训，提出了"通才与专才平衡""人文与科学平衡""师资与设备平衡""国内与国际平衡"的"四个平衡"教育理念，凝练了"学术并重"的办学思想，明确了训育、智育、体育"三育并举"的育人方针，形成了"服务社会"的办学特色，建立了"民主治校"的管理模式，构建了完整的教育思想体系。

一、师范教育理念：倡导"寓师范于大学"

郭秉文作为哥伦比亚大学师范学院毕业的博士，其深受通才教育理念的影响。他指出，中国的高等教育制度还很不完善，需要进行很大的变革，"幼稚而需改良处"众多，尤其存在"合格教员选择之难"的严重问题。由此，他立足于中国社会实际的需要，效仿哥伦比亚大学的师范教育体制，对南京高等师范学校进行改革，提出"寓师范于大学"的教育思想，建立综合性的大学，培养出真正合格的师资队伍，从而将南京高等师范学校发展为综合性大学——东南大学。

郭秉文认为，中国的高等教育制度有很多需要进行改革的方面，但最大的发展障碍就是师资队伍的遴选。而选择合格的教师，就需要建立综合性大学来培养师资队伍，"寓师范于大学"便是最好的方式。于是在 1921 年，郭秉文将"寓师范于大学"的教育思想付诸实践，东南大学应运而生。通过雄厚的师资和良好的学风，造就出色的人才，为社会服务，吸引优秀的学生到学校中接受培育，使学生可以获得全面的发展，成为"平正通达"的建设性人才，这种人才"都能为社会所重视，不曾发生过就业问题，而且多能成功立业，彬彬称盛"[①]。这一教育实践打破了民国以来的办学体制，通过创办综合性大学，打通学科间的界限，培养多方面的人才，推动了我国高校的转型和高等教育的发展。

郭秉文主张"寓师范于大学"，将南京高等师范学校改为东南大学，并保留了南京高等师范学校原来的师范专业，使"通才不会知识空疏，专才的知识面也不致狭隘"，达到通才与专才的平衡。东南大学成为当时唯一的一所设立师范

---

① 冒荣. 至平至善鸿声东南——东南大学校长郭秉文 [M]. 济南：山东教育出版社，2004：13.

专业的综合性大学，轰动一时，在国际上引起极大关注。经过实践证明，师范院校与综合性大学并不冲突，可以在综合性大学里开设师范教育专业或设置教育院系，二者相得益彰。

郭秉文认为，中国师范学校培养出的学生，知识面相对狭窄，而中等及以上学校需要基础知识宽厚和掌握交叉学科知识的教师，这就凸显了中国师范教育的一大困境。所以他指出，单一性的师范学校很难保证师资的力量，只有综合性大学才能培养出知识全面、水平高超的师资力量，"寓师范于大学"是培养高质量师资队伍的最好方式。为此，郭秉文在南京高等师范学校的改革过程中，便以母校哥伦比亚大学的模式来塑造南京高等师范学校，将南京高等师范学校改造成为综合性大学。通过综合性大学，实行通才教育，打破学科间的限制，培养更多的高质量人才。针对南京高等师范学校的实际办学，郭秉文改革和细化学校的学科部，将数学理化部合并成文理部，并下设了历史系、物理系、国文系、英文系、数学系、哲学系、地学系和化学系8个系，加之新设的文理专修科，加上原有的7个学科，此时学校设置有8科8系。南京高等师范学校所设置的农业、工业、商业等专修科看似与学校教育目的相去甚远，但是这为日后成为综合性大学奠定了基础。

不仅如此，郭秉文还创造性地实施"选课制"，以满足宽口径地培养师范生综合素质的目的。民国初年，各高校普遍实行"学年制"，学生必须按照学校的规定，修完必修课程方可毕业。南京高等师范学校起初也采用"学年制"，但"往往有性之不近者，亦须随班，听讲兴趣既无，成效自难"。后来采用选课制。

选课制是当时美国大学学术的一个重要特征，郭秉文在美留学期间就深受其影响。学校的学生可以根据自己的兴趣爱好来选修课程，而不用被强制选一些不感兴趣的课程。因此，他在南京高等师范学校时，悉任学生自选，又要求选科须经指导员同意，变更时得由科教授会通过，这些均是对美国大学选课制的借鉴和改进，后来发展到东南大学时期已臻成熟，每个科系都有选修和必修课。此外，当时南京高等师范学校云集了许多著名专家学者，他们开办了许多新颖的课程，学生们根据自己的兴趣，选择不同的课程，既能把兴趣转化为学业，又能和众多大家进行学习交流。这从整体上提高了南京高等师范学校的教学水平，符合南京高等师范学校的办学宗旨和发展理念。

二、师范教育队伍：来源多样与广延名师

对于教师的培养，要放眼国际，紧跟时代潮流，师资来源要多样，师资队伍建设要注重引进国外的专家学者。郭秉文认为教师是师范院校中最重要的组成部分，正如："所谓大学者，非谓有大楼之谓也，有大师之谓也。"在当时的中国，想找到足够数量的称职教师是很难的，这也成为中国教育现代化的一大障碍。郭

秉文不仅在思想上认清中国教育存在的问题，还及时采取措施解决师资匮乏与师资质量不高的问题。

基于此，郭秉文认为真正做到"寓师范于大学"，利用大学培养出高素质的教师队伍，必然要求大学具备优良的师资力量。郭秉文早年留学美国时，就被美国高校强大的师资力量所震撼。当时哥伦比亚大学云集了一大批著名的学者，不但提高了教学质量，而且其在教育、科研领域创造了许多成绩，使得大学声名远播。鉴于此，郭秉文在任职南京高等师范学校期间，广觅专才，邀请其到南京任教。在受聘南京高等师范学校期间，郭秉文向国内外广延名师，聘请一流的专家学者、教授到校任教。当然这在当时中国教育界是很常见的，但是郭秉文的不同之处在于，他所聘请的名师，绝大部分都是留美学生，这与其曾在美留学和多次出国考察有关。1918 年，经郭秉文的努力，由数百名留美学生组成的"中国科学社"迁到南京高等师范学校。此后又陆续有优秀的人才被聘请到南京高等师范学校任教。南京高等师范学校一时俊逸云集，声名远播，大有"孔雀东南飞"之势。在南京高等师范学校的 220 余名教师中，就有 140 多人是留学出身的，可见比例之大。在一些理工、农学等学科中，这一比例更大，其中有些科系的教师全是留学归来的学者。留学人才构成了南京高等师范学校与东南大学师资队伍的主体，极大地充实了学校的教育质量，这也是区别于当时其他高校的一大特色。

师资力量是一所大学得以发展的重要基础。郭秉文也强调"办学之道首在广延名师"，聘请优秀的师资是办学的第一要务，并为此作出不懈努力。郭秉文出国留学，多次出席国际教育会议，还成立中国科学社，担任过中国留美学生联合会会长，在教育界占有重要地位和重大影响力。通过不懈努力，他凭借自己的威望吸引一些留学生来到南京高等师范学校任教，不断扩大国际化的师资力量。而且，郭秉文诚邀海外名师，礼贤下士，依靠自己的人格魅力也吸引了很多国外教授来华访学或任职，充实了师资队伍，使很多学科都配有优秀的专家学者，如文科的刘伯明、理科的竺可桢，以及陶行知、陈鹤琴等教育泰斗等。他邀请国外的教育专家前来东南大学讲学、任教，如杜威、泰戈尔等，很大程度上解决了师资匮乏与师资质量不高的问题，培养了教育思想先进的师资队伍，优化师资结构，提高教育质量，增强高等教育的国际化，为东南大学成为世界一流大学奠定坚实的基础，也推动了中国高等教育的现代化与国际化。

郭秉文认为师范生要具备两种修养："一是教材教法的精研，一是器识抱负的培养。"[①] 高等师范院校主要是为了培养优秀教师，作为合格的人民教师不仅仅要持资格证上岗，掌握基础的教育学等教育理论知识和扎实的专业学科知识，

[①] 周洪宇，陈竞蓉. 艰难的改革家：中国现代教育改革先驱郭秉文［J］. 高等教育研究，2014, 35 (10)：79-89.

还要有一定的科学研究能力。郭秉文认为师范生在毕业后肩负着教书育人,为国家培养栋梁之才的责任,所以,对师范生的培养更加严格,在知识学习技能掌握等方面的要求更苛刻,以便日后成为人民教师的师范生不会误人子弟,能成为优秀的教师,为教育事业作出贡献。[①]

三、师范教育原则:学术自由与学生自治

郭秉文接任南京高等师范学校校长后,借鉴美国大学管理模式,倡行学者治校、学术自由、学生自治,促进了学校管理体制的制度化与民主化,贯彻了以民主为中心的治校原则。

首先他倡导学者治校。郭秉文1918年任代理校长后,高等师范学校校务实行责任制与评议制并行,既确立校长总理一切校务之责,又规定了凡学校大政方针必须交校务委员会议决的制度规范。全校或者部科计划、部科增减、经济预算、课程编制、招生与毕业等事项是校务会议的议事范围。校务会议相当于学校的立法机构,经由校长批准的决议交由学校行政部门付诸实施。学校成立各种常设或临时的专门委员会,将学校的各种事务交由教职员自行办理。校董会制、校长制与"三会制"并存是经过完善的学校治理模式,校董会决定学校大政方针,校长总事校务,教授会议负责研究及学科建设事宜和全校教学,评议会议审议学校重大事宜,行政委员会统辖学校行政事宜,各委员会各司其职。

其次他提倡学术自由。他认为学校为教育和学术的神圣殿堂,主张办学独立,应独立于党派,不应与任何党派发生纠葛,实现大学的自治。他倡导"学校是培养人才、振兴科学之地,是教育、学术性机构,非学者不能担当此重任","学者不干预政治","学者不党"等。自治和独立也意味着包容的胸怀。共产党在当时的南京被当局视为异端,国民党也处于地下状态,然而,南京高等师范学校及之后的东南大学却能够兼容持有各种主张的师生,包括三民主义、人文主义、自由主义、改良主义、国粹主义、国家主义、共产主义、无政府主义等各种思潮汇于一堂,成为自由思想的堡垒。

他还重视培养学生的独立人格和自治素养,倡导学生自治的"自动主义"。自动主义对于在校学生而言是指生活上的自立、自理,学习上的自学和自力研究,各种文化、体育、学术等活动上的自行组织和主办。学校评议会中专门设立了学生自治委员会,取代北洋政府时期以来一直设立的学监处,聘请深受学生敬仰的陶行知教授和刘伯明教授为主任委员指导学生自治会的工作,以之推动"自动主义"的实行。

[①] 贾春平,张胤. 郭秉文的师范教育思想及启示[J]. 东南大学学报(哲学社会科学版),2019,21(S1):134-136.

四、师范教育实践：多科并举与学术并重

郭秉文吸收杜威的实用主义教育观，主张以社会需要为依据设置招生科目和课程，大学的学科设置上不能只局限于师范教育的课程。一所学校既要有人文学科，又要有科学学科，实现多科并举；既要设置文化理论课，又要设置专业实践课，使得理论和实践相结合。郭秉文认为，"学术"是由"学"科与"术"科构成的；"学"重的是学理，"术"重的是应用；"学"是基本，"术"是枝干；"学"包括文、理、法等，"术"包括农、工、商等。① 所以，东南大学实行"多科并举，学术并重"的教育思想，学科开设丰富，课程设置也多样。既有文科又有理科，既有农、工、商、教育等专业课程，又有满足不同学生兴趣需求的选修课程。这样，培养的学生可以将理论与实践相结合，接受系统化、专业化、多样化的教育知识，更好地适应社会发展的需要，实现通才与专才兼备的人才培养目标。

"多科并举、学术并重"的师范教育思想在学科的设置和课程的开设方面体现得尤为明显。在南京高等师范学校建立之初，"为改良国文和理化的教法，分别设国文和理化两部，同时开设国文专修科，鉴于教育一科之缺乏专才，添设教育专修科"。② 在原来文科和理科的基础上，根据实际需要，新增教育学科，来培养专门的人才。郭秉文执校期间，东南大学从1915年只有国文、理化两部和国文专修科，逐步扩展到6科（文、理、农、工、商、教）31系。③ 东南大学在学科开设上，不仅继承原有的南京高等师范学校的优势课程，而且在其基础上进一步拓展。文理科、教育等专业学科很齐全，其中不乏一些高等教育之鼻祖的学科，如第一个物理系、航空系等。这样一来，东南大学不可避免地出现学科太多，学生不知如何选择的问题。针对这一问题，在1919年的校务会议上，学校通过了《改良课程案》，正式实施选科制，废除学年制，以避免学生选科的盲目性。东南大学在选科制学规中明确了必修课与选修课的要求，学生可以在本专业中选修相关课程，也可以根据自己的兴趣爱好任意选修课程。修满本专业的必修课和选修课学分即可达到毕业要求。

如此一来，东南大学"多科并举、学术并重"，既有通识教育又有专业教育，既有理论学习又有实践应用有利于培养社会所需的人才，提高学生学习的积极性，为学生提供一定的选择空间，体现以学生为本的教育理念，从而有利于实

---

① 王悦芳. 郭秉文"平衡"教育发展观论析［J］. 江苏高教，2012（1）：146-149.
② 南大百年实录编辑组：南大百年实录（上卷）·中央大学史料选（1902—1949）［M］. 南京：南京大学出版社，2002：56.
③ 耿有权. 平衡创新：郭秉文办学治校思想精髓［J］. 东南大学学报（哲学社会科学版），2013，15（S1）：142-145.

现"通才"与"专才"相结合的培养目标。东南大学的学科结构突破了师范学校的框架,体现多科并举、学术并重的师范教育思想,形成了寓师范教育、基础教育和实科教育于一体的崭新格局。

上述分析表明,从中国近现代师范教育思想史来看,南京高等师范学校和东南大学的发展有着独特的意义。蔡元培是教育民主化和近代教育变革的重要人物,其在北京大学的民主化改革,有领先风气与铸造典范的意义。郭秉文的教育思想与实践和蔡元培的办学思想相比,也丝毫不会逊色。在南京高等师范学校和东南大学鼎盛时期,从学科结构的角度来看,是当时中国的翘楚,同时期的北京大学只设文理科和法科两科,中山大学设文理、法、农三科。从师资力量和物质设施角度来看,也是首屈一指的。而这一切,几乎处处可见郭秉文这位杰出校长的付出与努力。

总的来说,在师范教育方面,郭秉文认为师范生不仅要具备普通大学生应具备的基本素质,更要重视教材教法的精研和器识抱负的秉持。在郭秉文看来,一所学科单一的师范院校难以培养出高素质的教师,而一所学科专业齐全的综合性大学,可为学生提供更广阔的学习和发展空间。因此,郭秉文认为要培养高质量的教师,必须将高等师范学校并入综合大学,将师范教育放在综合大学教育的大背景下,使学生获得更全面的发展。因此,通过效仿哥伦比亚大学兼办师范学院的办学模式,提出"寓师范于大学"的观点。同时他认为,凡中等以上的教师,必须有宽厚的基础知识,并且应该是双料的学士、硕士和博士。在一个单科性的师范院校里,是很难从根本上提高师资的质量,而在综合性的大学里学科齐备,各科知识互补,才是造就师资的理想场所。郭秉文指出,"师范学院办在大学里,教师的来源不必局限于师范院校。"优秀的大学毕业生,经过一番教育理论的训练,定可成为卓越的师资。

拓展阅读

[1] 石猛. 宏通中西 砥柱东南 郭秉文高等教育理念与实践研究 [M]. 济南:济南出版社,2010.

[2] 东南大学高等教育研究. 郭秉文与东南大学 [M]. 南京:东南大学出版社,2011.

[3] 王悦芳. 蔡元培、郭秉文办学思想与实践的比较研究 [M]. 芜湖:安徽师范大学出版社,2012.

[4] 耿有权. 郭秉文教育思想研究 [M]. 南京:东南大学出版社,2014.

[5] 刘骥. 郭秉文——教育家政治家改革先驱 [M]. 上海:上海远东出版社,2015.

[6] 郭秉文. 郭秉文教育文集 [M]. 南京:东南大学出版社,2018.

[7] 周洪宇,李永. 郭秉文画传 [M]. 济南:山东教育出版社,2019.

[8] 王悦芳. 郭秉文"平衡"教育发展观论析 [J]. 江苏高教,2012(1):146-149.

[9] 耿有权. 平衡创新:郭秉文办学治校思想精髓 [J]. 东南大学学报(哲学社会科学版),2013,(S1):142-145.

[10] 贾春平,张胤. 郭秉文的师范教育思想及启示 [J]. 东南大学学报(哲学社会科学版),2019(S1):134-136.

第四章
李建勋师范教育思想

李建勋（1884—1976 年），字湘宸，直隶清丰县（今属河南省）人。曾于北京师范班就读，并于 1908 年毕业后东渡日本，开启了留学生涯。1911 年，李建勋回国参加辛亥革命，次年又前往日本求学。1915 年学完归国，并出任直隶省视学。1917 年，公费赴美留学，在哥伦比亚大学师范学院学习，主要研究学务调查、教育统计和教育行政等。1918 年，获教育学学士学位，次年获教育学硕士学位。1920 年，学成回国，受聘于北京高等师范学校，出任教育研究科主任和教育学科教授，后又出任校长一职。1923 年，李建勋辞去校长一职，去哥伦比亚大学继续学习深造，1925 年获得博士学位，他的论文《美国民治下的省教育行政》，是第一部由中国留学生以科学的方法分析研究教育行政问题的专著。1925 年，回国后受聘于北京师范大学校（今北京师范大学），先后做过该校的教育系系主任和教育学院院长。1932 年，他出任北平师范大学（今北京师范大学）教育研究所主任导师。1937 年，抗日战争全面爆发后，北平师范大学内迁并组建成立了西北联合大学。抗战胜利后，北平师范大学回迁，先复名为北平师范学院，次年复名为北平师范大学。1947 年，教育部任命李建勋为西北师范学院院长，李建勋坚辞不就，随后他出任北平师范大学的讲座教授。中华人民共和国成立后，国内局势稳定，李建勋出任平原文化委员，负责教育方面工作，并任教于平原师范学院。1954 年出任天津师范学院副院长，工作至 1958 年退休。1976 年李建勋病逝。

李建勋毕生致力于中国教育事业，曾与陈宝泉、周学章一起被称为河北省教育界的"三杰"，又与陶行知一起首倡教育行政研究而赢得"南陶北李"之赞誉。作为我国近代知名教育家，他长期从事高等师范教育理论和实践工作，并在此过程中形成了丰富的高等师范教育思想。特别是在高师教育改革方面，李建勋秉持"学与术并重"的改革理念，明确提出了高师院校独立设置、专业课程与专门课程兼顾、理论教学与参观实习统一、研究能力与教学能力并重等改革主张，对当前我国高等师范教育的改革与发展具有重要的借鉴意义。

一、师范教育地位：独立设置与学术自由

李建勋主张高等师范院校应独立设置。1922年颁布的"学校系统改革案"主张取消高等师范教育制度并得到了许多人的支持，李建勋力排众议，极力支持师范院校不仅要提高程度而且还应独立设置。他主张按照人口、交通、文化、经济因素，高等师范学校应分地区匀设，以适应中等学校的需要①。随着对日本以及欧美国家学制的模仿，师范学校所定的修业标准较英、美、德、法各国水平较低，加之实行"六三三"学制，高师毕业生比高中毕业生在修业年限上仅多三年，在学历与学识上都不能胜任中学教师的职责。因此，李建勋主张提高高师程度改为大学，延长修业年限为六年。在他看来，高等师范大学应按照中等教育发展的实际要求培养教育专门人才，要考虑学科知识的深浅，考虑该学科对于中学教育的价值以及学科教育教学的方法，从而适应专业化的需求。1942年，李建勋在《吾国高级师资训练之待决问题》一文中更为明确地主张高师应独立设置。他认为，普通大学的教育学院或者教育系无法承担训练庞大中学师资的重任，把师资培养附于普通大学内，虽然解决了经费、人才、设备等问题，但是其他根本问题诸如教师所要具备的教师素养"儒家气节、专业精神"等仍未解决。李建勋认为这种信仰、努力与态度只有在独具这种气息的师大环境中方可养成。同时师范院校还有自身独特的教材与教法，能够适应专业化的发展。

大学是学术的殿堂，是教师和学生自由地探究学问、追求真理的共同精神家园。② 学术自由包括教的自由和学的自由，还包括学者为追求真理而有权利把他的研究引向任何方向的自由。③ 李建勋认为大学是研究高深学术的场所，是造就专才的教育机构，学术通过研究得以进步，真理通过讨论更加明达。自秦汉以后实行君主专制、愚民政策、焚书坑儒、独尊儒术以及八股取士，我国的学术水平大大落后于西方国家。"欲救中国，非提倡学术不可，提倡学术，非有研究及讨论自由不可。"学术自由、思想独立是大学的生命，这一原则贯彻实行得好，大学教育就繁荣昌盛，否则就衰萎。

李建勋主张通过教育立法保证高校的学术自由。他在《关于教育行政之五大问题》的演讲中，首先提到的就是教育法律问题。④ 他对教育立法十分关注，每遇机会，便与同人草拟宪法教育专章建议案。他主张将教育法律列入宪法以保证教育法律的长久性、权威性。在1923年制宪建议案中、1930年制新约法教育专章草案中以及立法院宪法草案委员会所拟宪法教育专章的提案中，他均强调通

---

① 麻星甫. 师范群英光耀中华（第2卷）[M]. 西安：陕西人民教育出版社，1992：59.
② 谢俊. 大学的学术自由及其限度 [M]. 重庆：重庆大学出版社，2012：2.
③ 喻岳青，谢维和. 20世纪的中国高等教育 [M]. 北京：高等教育出版社，2009：64.
④ 阎国华. 河北教育史 [M]. 石家庄：河北教育出版社，2003：309.

过法律保障高校的学术自由。"为了保证知识的准确和正确，学者的活动必须只服从真理的标准，而不受任何外界压力，如教会、国家或经济利益的影响。"李建勋倡导国家要保障高校的学术自由，各级教育行政当局在用人上应消除党派的成见，放弃权势野心，竭尽全力营造自由的学术氛围。他极不愿意看到因为行政上的用人不当、作风失宜使高校"往往变成党派斗争的权势角逐之场所"。李建勋在《中国今后高等教育应循之途径》一文中提到"党派退出学校"，政党"却不可在学校公开或者暗中进行活动"，教师不应该利用教育工作来参与政治活动图个人利益，或者做任何自私自利的宣传。但他并没有否定教授和学生作为国家公民依然可自由参加党派活动的权利。学术自由是大学的灵魂，唯有充分享有学术自主权、富有浓厚学术氛围的大学，才能真正找回大学的真谛，大学才能成为社会改革发展的中心。

二、高师培养目标：高师的三大培养目标

李建勋认为，高等师范教育是培养全国师范学校和中学师资的主要阵地，中等学校的教师是教育者，而不是教书匠。他认为教育者"不但要有高深的学问和精熟的技能，而且要有伟大人格和高尚的修养"。① 教师是一种漫长而艰苦的职业，"非对之有充分信仰，有牺牲精神，有专业训练，兼有恒心毅力者，不能胜任。"② 李建勋明确指出教师应具备的条件包括健全人格、职业道德、专业精神、专业知识以及科学头脑。

李建勋认为，明确的教育目标是教育事业成功的根本，教育目标切实而正确，则事半功倍，否则事倍功半。他指出了高等师范院校三大培养目标：一是训练中等学校师资；二是培植教育行政人员；三是养成教育学术专才。③ 这为我国师范教育人才培养指明了发展方向。李建勋一直为完善高师三大培养目标不断努力。他在北平师范大学研究所开学典礼上讲到，研所是为训练教育专门人才及研究教育问题而设的。所谓教育专门人才，主要包括教育行政专门人才和教育实验专门人才。教育行政是教育发展的重要条件，在教育系统中处于主要地位。要想发挥教育行政统领全局的作用，必须聘用专业人才，这种专业人才需受过专门的教育训练。李建勋主张学习美国各高校，单独设置教育行政专业，开发训练行政人员的专门科目。培养教育行政专业人才，促进教育行政专业化，有利于科学而高效地进行教育行政管理，解决"中国教育的材料非常繁多，但是未曾整理，这都是因为教育行政人员未曾受过专门训练"④ 的时弊。

---

① 麻星甫. 师范群英光耀中华（第2卷）[M]. 西安：陕西人民教育出版社，1992：59.
② 许椿生. 李建勋教育论著选 [M]. 北京：人民教育出版社，1993：96.
③ 许椿生. 李建勋教育论著选 [M]. 北京：人民教育出版社，1993：271.
④ 许椿生. 李建勋教育论著选 [M]. 北京：人民教育出版社，1993：175.

在关于师范教育培养目标的一些认识上，李建勋与陶行知是基本一致的，他亦认为教育行政人员应当作为师范教育培养目标之一。为此，他比较了师范院校的培养目标。按照《师范学院规程》第一条规定，师范学院主要的目标是培养师资，"师范学院以遵照中华民国教育宗旨及其实施方针，养成中等学校之健全师资为目的。"较之北平师范大学"训练中等学校师资、培植教育行政人员、养成教育学术专才"的目的，这是存在缺陷的。培养中等学校教员及其各级教育行政机关工作人员的教育任务，是师范学院设置的目的，因此，这些培养任务同样需要师范学院来担当。第二届高级师范教育会议期间，将师范学院设置的目标增加了"研究教育学术"的条款，但仍然未能顾及对教育行政人员的培养。

针对督学、科长、局长等教育行政人员是否需要师范专门类训练的问题，李建勋认为，从事教育行政工作人员，必须具有相当训练才得以胜任，仅凭借经验是不可行的。教育行政也是一种师范类专门事业，参考美国经验，设专门课程来训练局长、督学等教育行政人员，实属必要。并在《师范院校规程》中明示，即："师范学院以遵照中华民国教育宗旨及其实施方针，训练中等学校健全师资，培植教育行政人员，及养成教育学术专才为目的。"

案 例

李建勋对北师大的教育学术研究非常重视，他严格把握毕业生的论文关，以此作为学生能否如期毕业的条件之一，并杜绝徇私舞弊。四川某权要的女儿毕业于教育系，因其未按规定提交论文，不予颁发毕业证书。时隔多年，她父亲一再托情希望为她女儿领得证书，李建勋依然坚持教育学术原则，并未因此而有所通融，最终仍未发给毕业证书。[①]

三、注重高师德育：德育六条与导师制度

德育是高等学校教育教学的重要组成部分，德育工作在高等教育工作中有着特殊的意义与地位。李建勋认为"物质和道德平行进步者，其国日昌，道德较物质知识进步稍缓者，其国可立，物质知识进步而道德反退化者，其国必危"。道德是巩固国基、造福人类的要素之一。因此，他十分重视高校学生的德育问题。他认为大学是培养高等人才的教育，大学生的年龄虽然已经达到成熟时期，但是他们阅历尚浅、血气方刚，情感大于理智，因而需要进行道德教育。

国民政府时期，为了巩固政府统治的基础，在大学建立和完善了一系列训育的法律法规及制度，以达到通过政治教化实现思想上的统一。李建勋对国民政府大学训育作了研究与批评，他说："训育之意义，就狭义言似为教育之一部分，

---

① 王淑芳，王晓明. 北师大逸事［C］. 辽宁：辽海出版社，1998. 35.

就广义言应为教育之全体。"他认为实施德育的目的是使学生拥有健全的人格、强健的体魄、专业的精神,具有广博的知识技能与科学精神。李建勋认为有六条德育原则应切实注意和遵守:以身作则,重视教师的人格魅力,发挥教师的榜样、熏陶作用;注重自动精神,提倡学生自信、自治、自育、自卫以及理性的启迪;注重由做而学,在实践中自然养成;注重训教结合,注重知识传授与德育培养相结合;根据大学生心理发展特点,坚持积极指导原则;注重集体训练,培养学生爱国之情。这些原则对当时大学德育工作影响深远,对改革和完善中国当前大学道德教育也有一定的启示。

1936年4月28日,教育部颁布《专科以上学校特种教育纲要的训令》:"在尽可能范围内推行导师制度。各校如无特殊障碍或者重大困难,应酌行导师制,……据以指导其课业与修养。"李建勋认为实行德育的基本途径是采用导师制,但他认为导师制因存在人选、任务、时间、经费等问题,导致实际操作上的困难。他在《专科以上学校训育问题》中对导师的资格提出了明确要求,"理想的导师,除专门学识外,应具有健全人格、职业道德、专业精神、科学头脑及领导能力"。"然遍观各大学教授中具备此条件者,实不多觏"。为解决上述问题以顺利实施导师制,李建勋提出了一些具体措施:

第一,政府要提高导师地位,尊重导师。利用假期把导师集中到固定地点共同研讨教育问题,使导师在这一过程中产生价值感与自尊感,并提高专业知识的能力和水平。

第二,完善进修制度。教育部要与高等学校合作,组织高等教育促进会,研究学术、德育等问题,增强对青少年研究的兴趣,提高专业精神。

第三,保证师生有足够的接触时间。教师在与学生的交流中可以不断提高自身的心理素质,用健康的心理去影响学生,用良好的师德去塑造学生心灵。学生在教师的引导下,学会尊重、学会理解、学会宽容,产生积极的道德认识,养成良好的行为习惯。

第四,保证活动经费。李建勋认为导师制的实施需要经费的支持,"经费是一切事业之本,教育自不能例外。"李建勋看到经费的缺少使许多教育活动(减少导师授课钟点、远足旅行、团体谈话、校舍的建筑、图书的购置等)难以实施,这就失去导师制存在的意义。他主张学校应该切实做出预算,使导师制不因经费不足而降低其效率,使其空有其壳,不行其责。

四、师生能力标准:教师人格与研究能力

从教师观来看,李建勋强调教育是一清高事业,从事教育行业要始终如一,不见异思迁。因此,教师要养成独特的专业精神,对教育要有崇高的敬业精神,对学业要有勤奋的进取精神,对育人要有诲人不倦的乐业精神;教师专业知识包

括"专科学力"和"教育知识",前者指所习专业课,后者指教育理论课,前者使教师学有所长,后者使教师通晓教育原理、教学方法。"两者兼备,始为全才",才能承担各科的教育教学任务。

李建勋认为教师健全人格应重视以下三点:第一,保持儒家气节。教师是社会先进思想的传承者和传播者,引领社会风尚,传播精神文明。因此,教师要有"至大至刚,以直养而无害,则塞于天地之间"的浩然之气。个人立身处世要有"富贵不能淫,贫贱不能移,威武不能屈"的大丈夫气概。第二,热爱国家与民族。教师是一种为国家谋利在先、为个人谋幸福在后的职业,承担着维护国家发展、促进民族文化繁荣的使命,对民族和国家若无"浓厚的爱情(成仁成义精神)",自然不能称职。第三,强健的身体。教师是一种长期而艰苦的职业,没有健康的身体就不能胜任其工作。李建勋强调教师要有强健的体魄,既可承担繁杂的工作,在国家危机时也能够身先士卒,做学生的表率。

李建勋主张教师应具备科学的头脑,具有一定的领导能力。所谓科学的头脑就是以科学的态度和方法处理一切事物。首先,教师要以事实为依据,不轻信,不盲从,不武断;其次,要用分析的方法处理一些问题,从而审思明辨;再次,要摒弃偏见,不为感情所左右;最后,要寻求真理,重视证据。李建勋指出,教师不仅担负着教育学生的责任,作为社会知识分子,还肩负着引领社会发展的重任。因此,教师要具备领导能力,这是成为优良教师的基本条件。

李建勋肯定了职业道德的重要性。他认为除知识与技能外,职业道德也是维持并促进某一职业发展必不可少的因素。他主张教师要学会正确处理自身与学生、业务、同事之间的关系,应热爱学生、严谨治学、与同事团结合作。教师要爱岗敬业,积极参与学校民主管理,坚持依法执教。教师时刻要保持谦和的态度,注重礼仪,以身作则,为人师表。

从学生观来看,李建勋非常重视学生研究能力的培养,以造就学术专才。1931年,李建勋建议在北平师范大学增设"论文研究"学科。他提倡减少教授授课时间,由三个教授指导学生,每周两小时,培养学生独立研究教育学术的能力。要求教师严把论文关,以此作为学生能否如期毕业的标准,借此强调学术研究的重要。同时,重视高等师范院校师资培养。李建勋认为教育是建国三大要素之一,"欲建其国者,必先建其教,欲建其教者,必先建其师"[①]。教育是国家的立国之本,师资是教育发展的重要条件,是一个国家文化能否兴旺发达的重要因素。"得其道,则国以富强,失其道,则国家衰弱。"[②] 他肯定了教师在教育中具有举足轻重的地位,因而国家要重视师范学校的建设,要注重师资的培养。

[①] 许椿生. 李建勋教育论著选 [M]. 北京:人民教育出版社,1993:326.
[②] 许椿生. 李建勋教育论著选 [M]. 北京:人民教育出版社,1993:12.

五、高师教育经费：倡导教育经费多样化

李建勋很重视高校教育经费问题。他认为教育是一国的命脉，国家负责办理教育有两个重要的因素：一是人才，另一个就是经费。教育没有人才是办不成的，但是光有人才，没有经费也是办不起来的，所以教育经费是发展教育的主要原动力。李建勋在《对立法院宪法草案委员会所拟宪法草案内教育专章之批评》一文中说到，民国时期教育经费方面存在两个弊端：一是教育经费数量太少，满足不了实际的需要；二是受政潮的影响，经常被挪用积欠，致使大学"经费拮据以致办学者敷衍迁就效果莫举"。可见，教育经费对大学发展具有重要作用。

经费不足是中国教育失败的主要原因之一。经费拮据影响了中国高等教育的发展。政府不能保障教育经费充足，教员生活无保障，导致大学教员大量流失，量的缺少直接导致质的降低，教学效率自受影响。另外，教育机会均等是民主国家的教育原则，因为贫困而失去学业，是人生的一大不幸。因此，为了使贫困而有才的学生能够接受教育，学校要增加教育经费，设立免费及公费学额。但免费及公费名额的设置不应列入学校的正常开支以内，以免影响学校正常工作的开展。教育经费是教育事业顺利进行的保障，经费不足导致教师队伍不稳定，限制了学生受教育的权利，造成了学校设施的不完善，降低了教学质量，影响了大学的正常发展。

为了解决上述问题，李建勋主张：首先，政府要在观念上重视经费对教育发展的作用，要把教育与国家其他事业等量齐观。其次，国家、省、县要视情况分别负担相关部分教育经费。再次，李建勋主张通过建立教育基金、增加教育税或者其他税项等多样化手段保证教育经费的充足。最后，国家保障教育经费的独立，根据实际需要拨发教育经费，向民众公开教育经费的用途，以获得民众的支持，未经核准不能擅自挪用教育经费。[①]

观照现实，当前我国的高等师范教育整体发展状况良好，同时也面临诸多新挑战。从某程度来说，李建勋高度重视高师教育地位，充分尊重教师的养成规律、贯彻实施"学与术并重"思想，以及积极应对高师教育新挑战、改革完善教师培养方案，不断提高教师"学与术"能力的高师改革思想，对于今天高师改革与发展仍然具有重大的借鉴价值。

拓展阅读

[1] 许椿生. 李建勋教育论著选 [M]. 北京：人民教育出版社，1993.

---

① 瀚青，侯焕玲. 李建勋高等教育思想简论 [J]. 河北师范大学学报（教育科学版），2016，18（3）：23-26.

[2] 张彬，唐晓明. 李建勋的高等师范教育思想[J]. 高等师范教育研究，2003（3）：62-65+6.

[3] 王慧，薛彦华. 李建勋师范教育思想初探[C]//中国地方教育史志研究会. 纪念《教育史研究》创刊二十周年论文集——中国教育思想史与人物研究. 2009：1009-1013.

[4] 陈玥. 李建勋高等师范教育思想探析[J]. 当代教育与文化，2010（6）：79-81.

[5] 吴涛. 集权化·民主化·专业化——李建勋教育行政学思想探析[J]. 青岛大学师范学院学报，2012（3）：5-9.

[6] 瀚青，侯焕玲. 李建勋高等教育思想简论[J]. 河北师范大学学报（教育科学版），2016（3）：23-26.

[7] 陈贵民. 李建勋"学与术并重"的高师教育改革思想探微[J]. 教育文化论坛，2018（1）：80-83.

[8] 黄梦娇. 李建勋教育管理思想及其启示研究[D]. 南京：南京师范大学，2019.

第五章
张雪门师范教育思想

张雪门（1891—1973年），浙江宁波人，我国现代著名的学前教育专家，一生六十年献身于幼教事业。20世纪三四十年代，我国学前教育界曾有"南陈北张"（"南"指的是陈鹤琴、"北"指的是张雪门）之说。张雪门在青年时期就对幼儿教育发生兴趣，通过到沪宁一带参观，以及目睹当时一些日本式的蒙养园或教会办的幼儿园对幼儿的不良影响，深感痛心，遂立志投身幼教。1912年，张雪门出任鄞县私立星荫学校首任校长。1918年，他与几位志趣相投者创立了星荫幼稚园，并任园长。自宁波"五口通商"后，外国人通过教会势力，先后在宁波城乡办了不少幼儿园和中小学，然而星荫幼稚园是宁波历史上第一所由中国人自己创办的幼儿园。1924年，张雪门离开宁波来到北京，在北京大学研究教育。1928年，孔德学校开办了幼儿师范，邀请张雪门主事。他受"骑马者应从马背上学"的启示，采取半日授课半日实习的措施。实习场所除孔德幼师办的幼儿园外，还借了一个蒙养园。不久张雪门又创了艺文幼稚园，作为实习场所。1930年秋，张雪门应北平香山慈幼院院长熊希龄之聘，编辑幼儿师范丛书，并在香山见心斋开办北平幼稚师范学校，任校长。

1931年"九·一八"事变后，张雪门的思想有了较大变化，认识到中国社会的半殖民地半封建性质，同时认识到今日之幼童就是未来的主人翁。此时他开始了幼儿园行为课程的研究。1932年，应北平民间大学、中国大学、天津女子师范学院之邀，讲授"幼稚教育"。1934年，张雪门聘请陶行知的学生戴自俺到幼师任教。由戴自俺带领三年级师范生与北大农学院合作，在北平阜城门外罗道庄开办了"乡村教育实验区"。1944年，幼师迁重庆，在张雪门的领导下，进行儿童福利制度的试验。为适应抗战时期的需要，他规定教育方面的重点在加强幼儿的民族意识和爱国观点，培养幼儿吃苦耐劳的习惯等。同时他组织了师范生辅导委员会，拟定保育员训练规程和幼儿园办法，招收战时儿童保育院毕业女生进行保育员训练，积极准备进行儿童福利制度的推广。在他的推动下，当时重庆附近各地均成立了作为试验机构的幼儿园,仅重庆一地即成立了4所幼儿园。抗战胜利后,张雪门于1946年1月返回北平,北平市幼教界曾专门为他举行了欢迎会。其时,帝王庙校址已改为女三中,他为幼师校址问题终日奔波,却到处碰壁。此时适值台湾民政处电邀他赴台办理儿童保育院,他便于1946年7月中旬前往台湾主持台北北投儿童保育院,任院长。以后就一直在台湾从事幼儿教育的著述。张雪门与教育家陶行知交往颇深,在他的幼儿教育实践和《幼稚园行为课程》等著作中,贯穿了陶行知的"生活即教育"的思想。1952年,张雪门因眼疾加重不得不离开他工作了七年之久的育幼院,但在离开育幼院后仍然热心参加幼教工作。1960年他突患脑病,半身不遂,在眼睛几乎失明、手脚失灵、耳朵失聪的情况下,他仍然以顽强的意志克服了种种困难,陆续写下了《幼稚教育》《幼稚园课程活动中心》《幼稚园行为课程》等十几本专著,为幼儿教育理论的建设作出了重要的贡献。张雪门一生先后撰写了幼儿教育方面的论著200多万字,这是他为后人留下的一份十分珍贵的精神遗产。

一、幼师教育理念:民族改造与行动中心

教育理念是关于"教育的应然状态"的判断,是渗透了人们对教育的价值取向或价值倾向的"好教育"观念。教育理念对于教育实践具有引导定向的意义,有什么样的理念就会有什么样的实践活动。张雪门的幼儿师范教育理念是其对当时幼儿师范教育的一种应然状态的判断,是对幼儿师范教育的一种信念和态度。张雪门的幼儿师范教育理念主要包括以下两个方面:

(一) 民族改造

张雪门关于幼儿师范教育的一个重要理念就是民族改造。他说:"我们根据中国社会的现状谋未来民族的改造,同时并想适合儿童的心身谋社会的建设。"他认为,要想彻底改革中国社会"贫、弱、愚、私"的病态,使其走上光明大道,在教育上就要"培养国民生产的习惯与兴趣,团结的能力,客观的态度,自动的精神,并唤起民族的意识及反帝国主义的情结。""张雪门认为,教育是进行民族改造最有效的途径之一,民族改造正是通过改造教育而实现的。他的这一理念是由当时的社会背景所决定的,是张雪门认同教育救国道路的必然结果。他说:"改造教育,是一种革命的工作。"而革命工作不仅有破坏,更需要的是建设,正是通过一点点的建设,才能推动教育的改革,进而进行民族改造。张雪门在《幼稚教育新论》一书中提到当时幼儿园的派别有"以改革中华民族为目标的幼稚教育"这一派,认为这是因应时代趋势做教育标准所形成的现象。

在具体实践中,张雪门在师范教育的设备上主张使用国货,在课程上应用本国已有的材料教学,在活动方面则以团体、客观、自动、劳动为中心,其目的皆是以改造中华民族的教育为目标。张雪门认为,幼儿教育就是教师带领幼儿来做

民族改造的工作。因为"教师是儿童活动中的把舵者，要使儿童跟着他的趋向而进行；未达目的前，不要改变宗旨"。在师范教育中，张雪门认为，加强师范生的民族意识是民族改造的关键。只有未来的教师有民族意识，他才能够将这种意识传递给儿童，来壮大中国民族改造的队伍。

张雪门关于民族改造的幼儿师范教育理念在其课程论思想中显得尤其明显。关于师范教育的课程安排，他曾提出以下四条建议："第一，须铲除我民族的劣根性；第二，须唤起我民族的自信心；第三，须培养我民族'劳动'与'客观'的习惯和兴趣；第四，须锻炼我民族为求全国之自由平等而向帝国主义做努力奋斗的决心和实力。"[①] 这是张雪门对幼儿师范教育的民族改造这一理念的最好诠释。张雪门在广西开展幼儿师范教育实践时所制定的幼儿师范课程里加入了政治教育内容，他希望通过这一方式推行民族教育，这在当时是很有创见的，因为在当时教育部颁布的幼儿师范课程标准里没有政治教育这一科。张雪门希望政治教育达成的目标包括：对本省政治有清楚的认识及信仰；对国际政治、经济、外交、军事有正确的了解；有继续参加本省政治活动的兴趣及相当的技能。政治教育的内容主要包括：一是习作，包括剪报、壁报、时事讨论、调查、观察、参加街民大会、纪念周；二是研讨，包括国内及国际之政治经济、本省政治。

张雪门认为师范生不能死读书，而要了解社会，了解国家的政治，因为死记硬背"不能适合环境需要，解决实际问题"。为了让师范生的视野更加开阔，张雪门在广西幼儿师范学校的课程里加入了百年史的课程，目的是让学生了解"中国如何从大国降到此殖民地"。张雪门在四川开展保育员训练工作时，其拟定的课程目标除了中国近百年史，还加入了"精神谈话"，他希望学生能认识到国家的局势，也能知道自己的责任和对幼儿教师这一职业有正确的信念，因为"今后的教师当是民族改造的先锋"，为的是将来培养出来的幼儿要"合于国家民族将来的需要"。

张雪门到台湾以后，在其著作和演讲中多次提到要肃清日本人的奴化政策，培养中国下一代主人翁；不仅要消除日本人留下的影响，同时也要认识自己是中国人，为中华民族的生存而努力。

张雪门幼儿师范教育思想中的民族改造理念强调师范教育应该同民族的前途和国家的命运紧密地联系在一起，该理念表明张雪门正确地认识到了师范教育不仅具有促进师范生发展的功能，而且具有促进国家进步、民族昌盛的巨大作用。

（二）行动中心

行动中心是张雪门师范教育思想的又一个重要理念。这里的"行动"指的

---

① 王春燕，邵玉婵."生活·经验·行动"：张雪门的儿童观与教育观[J]. 北京教育学院学报，2023（6）：16-24.

是师范生应该在具体的生活环境中学习，将生活作为教育的中心。他说："多方设法使学生与生活环境事事物物相接触，从已知推及未知，因而有所发现和改造。"

张雪门指出，"会骑马的人是从马背上学会的，离开了马背，尽管念一辈子的骑马术，如果跨上马去，还是会从马背上翻下来。那么，专从书本讨经验的人，无论对教材或教法的研究下过多深的功夫，一旦实际与儿童对面，那几十双小眼睛，就可以使你'丧魂落魄'、'手足无措'了。这不但教学上的技术上如是，便是指挥测验、体格检查、编造预决算、拜访家庭、辅导社会建设等一切的一切，在平时想象中都觉得最简单最容易，但一和事实相接触，正不知有多少困难。要想克服这些教学上教师业务上以及行政处理社会辅导上种种的困难，没有别的，只有一条路，那就是实地实习！"实习也就是实际的行动。张雪门认为这种行动必须是有价值的，而有价值的行动要具备以下四点，即"有目的，有计划，有实行，有评价"①。

张雪门关于行动中心的幼儿师范教育理念主要表现在其关于"做学教合一"和"实习"的思想中。

张雪门将陶行知的"教学做合一"思想，在幼儿师范教育中演化为"做学教合一"思想。他认为，"教学做合一"是一体的三面，并不是三件可以单独分开而能存在的东西，一个人做一个活动，对事说是做，对己说是学，对人说是教。"就教师的角色而言，教师正在做的就是在教，而学生就是在学，而对教师来说，做就是学，同时也是教，即做学教合一。""教师能在做上教，拿做来教，做的就是教的，那才是真正的教。学生能在做上学，拿做来学，做的就是学的，那才是真正的学。"在这一理念下，张雪门将"做"的重要性充分显露。所以，张雪门幼儿师范教育思想最重要的特点可以说就是强调"做"，强调"实践"。在北平幼师，张雪门设立了供学生实习的中心幼儿园。为了让学生有更完整的实习环境和机会，他还在北平东城、西城设立了四个平民幼儿园，让师范生能从行政工作至教学活动全程参与，这样融学习于活动的教学方法，从北平幼师一直延伸到台北育幼院的幼儿园训练工作。

行为课程理论是张雪门教育思想中最重要的部分。在张雪门的早期思想中将课程理解为经验，他在《幼稚园的研究》中说："课程是什么？课程是经验，是人类的经验。用最经济的手段，按有组织的调制，用各种的方法，以引起孩子的反应和活动。"他强调"幼稚生对于自然界和人世界没有分明的界限，他看宇宙间的一切的一切，都是整个儿的"。所以他认为在编制课程的时候不能完全将自然和社会割裂开来，这不符合幼儿的实际。另外他认为"幼儿园的课程，须根

---

① 穆晓敏. 张雪门的幼稚师范课程：内容及启示 [J]. 课程教育研究，2017（52）：166-167.

据儿童自己的直接经验",也就是要根据幼儿已有的生活经验,根据幼儿的兴趣和需要编制课程。

二、幼师教育实习:主张系统组织的实习

张雪门非常注重幼儿师范教育中的实习工作,他对当时幼儿师范教育中实习的弊端进行了尖锐的批评,指出"正在实习和指导实习的人,除了教科书以外,对设备上的布置,学生测验和编制,课程的组织,教材的选择,儿童一切活动的指导,家长的联络以及各种教学设施,业务支配和行政的处理都疏忽过去"。在他看来,当时幼儿师范教育中实习最常见的缺陷就是走马观花的参观和没有目的、检讨的试教,这种只具有形式不具有内容的实习是不可能培养出合格的幼儿教育师资的。张雪门的实习思想是其幼儿师范教育思想的精髓之一,而实习在本质上就是师范生的"行动"①。

因而张雪门在幼儿师资的培养中,特别重视教育实习在幼儿教师职前教育中的作用,提出了"有系统组织的实习"的理论。他的实习理论对解决我国当前学前专业教育实习中存在的问题、深化幼儿教师职前教育研究和实践也具有积极的借鉴意义。具体来说,张雪门认为,幼儿师范学校要开展"有系统组织的实习",必须符合以下条件,即"第一须有步骤,第二须有范围,第三须有相当的时间,第四更须有适合的导师与方法"。

(一) 实习的步骤与内容

张雪门指出实习的步骤大体可分为参观、见习、试教及辅导四个环节。

第一是参观。参观的对象为"建筑、教具、工具、材料等设备,师生的仪表、态度与兴趣,对幼稚生习惯积极消极之处置,工作、游戏、文学等教学过程以及整个的设计";地点是先参观中心幼稚园,然后范围扩大,不仅要参观各种类型的幼儿园,还要参观小学、婴儿托儿所及其他社会教育机构。

第二是见习。见习的地点是中心幼儿园或附属幼儿园,见习的主要内容分为两部分,"一部分是幼稚园行政和事务的见习;另一部分是教导见习。"

第三是试教。场所是幼师生自己创办的平民幼儿园,试教的内容是所在园的宣传、招生、编班、选材、环境的创设、经费的来源与开支以及教师、保育员、园长等方面的工作。

第四是辅导。辅导的内容比较广泛,在纵的方面是关于儿童的保教、与家长的沟通技巧、家园共育、亲子教育等;在横的方面注重与社会的联系,辅导的形式包括社区调研、卫生站、辅导会、导生班。

由上可知,张雪门幼儿师范教育实习的场所不仅包括幼儿园、还延伸到婴儿

---

① 贾艳红. 张雪门幼儿师范教育思想研究 [D]. 徐州:江苏师范大学,2011.

保育院、小学等，幼儿师范教育实习的内容比较广泛，不仅涉及幼儿园保教知识、招生、编班、行政管理以及缝纫、炊事等工作，还会扩展到婴儿保育、小学生的教育教学工作。实习步骤安排由易到难并紧密相连。

（二）实习的范围

为使幼师生获得丰富的知识，张雪门认为实习范围应有四种单位，即中心幼儿园、平民幼儿园、婴儿保教园和小学。

中心幼儿园是由幼儿师范设立的，这里的幼儿教师，既是幼儿的教师，同时也是幼师生的老师。幼师生通过在中心幼儿园的实习，可以奠定从事幼儿教育事业的基础。平民幼儿园是幼师生利用课余时间和闲置资源创办的免费幼儿园，其中的一切工作都由幼师生独立承担，是幼师生第二学年实习的主要场所。幼师生通过建园、招生、宣传、编班、经费筹集及支出等工作的实践，可以提高独立从事幼儿园各项工作的能力。婴儿保教园和小学是为了向下和向上扩充幼师生的知识面，更好地开展幼儿的保教工作及幼小衔接工作做好准备。

从张雪门的实习范围思想可以看出，他为幼师生的实习建立了稳定的实习基地，而且实习基地的种类比较全面，不仅仅在幼儿园，还把实习基地扩大到婴儿保教园、小学及一些社会机构；同时实习基地安排还具有一定的层次性，以中心幼儿园和平民幼儿园为基础，再向小学、婴儿保教园进一步扩展。

（三）实习的时间

张雪门强调应保证幼师生有充足的实习时间，实习时间应提前到第一学年开始，并连续地分散在幼师生培养的全部过程之中。其具体规定是：第一学年主要是参观和见习，平均每周实习为9学时，分三次进行。第一学期是参观，先参观与本校理念一致的中心幼儿园，以利于保证师范生形成正确观念，然后才观看各类型的幼儿园，使师范生开阔眼界，进一步坚定和充实已经形成的基本观念；第二学期是见习，平均每周有三个上午到实习基地熟悉各项保教与管理活动，使幼师生形成对幼儿保教工作的基本观念，掌握基本的教学能力。

第二学年的实习任务是试教，时间为一学年。张雪门将试教安排在每天下午，各组按照分配到指定的幼儿园自己去开展工作，上午仍照常在幼儿师范上课。

第三学年的实习任务是辅导，时间也是一学年。辅导由三年级的师范生全权负责，以幼儿园为主要基地，向下延伸到托儿所、婴儿保育院，向上延伸到小学，并进一步展开儿童福利工作，把奉献深入到社会中去帮助民众。

（四）实习的导师与方法

张雪门的幼儿师范教育实习理论从实习步骤到实习时间都制订了详细的计划，同时他还强调应该由广泛的人来担任幼师生的实习导师。实习导师以幼儿师范校教师和幼儿园教师为主，社会上其他工作人员为辅。实习导师要进行全程指导，在不同的实习阶段，实习指导教师的作用与采用的指导方法不同。

参观主要是培养幼师生对幼儿园的基本观念，此时实习导师以幼儿师范学校的教师为主、幼儿园的教师为辅；见习比参观又深入了一步，使幼师生为进入教学一线做准备，实习导师以幼儿师范学校和幼儿园的教师为主，以实习主任和担任教育科学指导的教师为辅；试教是给幼师生独立从事幼儿园各种工作的机会，担任实习的导师退居于顾问地位，但幼儿师范校的实习导师和幼儿园教师不时去参观他们，发挥其指导和监督的作用；辅导由三年级的幼师生全权负责，指导教师只在必要时给予指导和帮助，张雪门要求幼师生不仅要了解幼儿的发展情况，更要进一步扩大自己的知识面，从幼儿园走向社会，所以辅导这时期幼师生的实习导师还有护士、社会工作者、会计等。①

可以说，学前教育专业是一个应用性、实践性很强的专业。这个专业的毕业生一旦进入幼儿园，应该是来之能战的。近年来，幼儿园一线教师的学历层次明显提高，但是其专业能力，以及与幼儿园教师的专业成长有关的其他专业素养并没有明显的提升，究其原因，最重要的就是理论与实际脱节，单纯重理论研究，忽视了实际能力的培养。张雪门的幼儿师范教育思想有机地把理论与实践结合在一起，使得师范教育不再是纸上谈兵，对当今高校学前教育专业学生的培养依然具有一定的启示。

客观地说，张雪门作为学前界的泰斗级人物，自青年时期对幼儿教育产生兴趣，毕生投身于幼教事业，著述无数，对我国乃至东南亚地区的幼儿师范教育产生了非常深远的影响。张雪门对行为课程的提倡，可谓开时代之先。特别是他的行为课程，与同时期的陈鹤琴的活动课程、陶行知的生活课程，都有一个共同点，即内容均来源于儿童的生活环境（社会的、自然的），涵盖领域则包括了健康、社会、艺术、科学等方方面面。张雪门这一时期的幼儿师范教育思想，就是"从生活中来到生活中去"，他认为"幼童一定先有了直接经验，然后才可以补充想象"。另外"铲除我民族的劣根性，唤起我民族的自信心"，这大概就是张雪门作为一个教育家真正的抱负。他在抗日战争时期，根据当时的需要，提出要培养幼儿民族意识和爱国观点以及吃苦耐劳的习惯等，他为了幼教事业一生奔波忙碌，即便晚年身患重病也依旧心系幼儿教育。张雪门不为名利，热爱幼教事业，热爱儿童，为幼教事业鞠躬尽瘁的献身精神和他注重实践以及严谨的治学态度都非常值得我们学习。

---

① 王淑宁. 张雪门的幼稚师范实习理论及其对学前专业教育实习的启示［J］. 内蒙古师范大学学报（教育科学版），2012，25（2）：16-19.

拓展阅读

[1] 喻琴，喻本伐. 张雪门幼儿教育论著选读 [M]. 武汉：长江少年儿童出版社，2010.

[2] 张雪门. 幼稚园教材研究 [M]. 北京：商务印书馆，2014.

[3] 方晨瑶. 张雪门幼儿园行为课程及时代价值 [M]. 南京：南京师范大学出版社，2018.

[4] 王任梅. 一代幼教宗师张雪门 [M]. 太原：山西人民出版社，2018.

[5] 王春燕，于冬青. 张雪门与幼稚园行为课程 [M]. 长春：东北师范大学出版社，2020.

[6] 李莉，于开莲. 张雪门教育实习思想对当前幼儿教师职前培养的启示 [J]. 学前教育研究，2009（12）：45-48.

[7] 朱良. 张雪门的幼稚师范实习理论及其启示 [J]. 学前教育研究，2004（5）：52-54.

[8] 贾艳红. 张雪门幼儿师范教育思想研究 [D]. 徐州：江苏师范大学，2011.

[9] 王淑宁. 张雪门的幼稚师范实习理论及其对学前专业教育实习的启示 [J]. 内蒙古师范大学学报（教育科学版），2012（2）：16-19.

[10] 张亚军，孙诚，陈琪. 张雪门幼教实习思想的当代价值 [J]. 陕西学前师范学院学报，2017（7）：5-9.

[11] 穆晓敏. 张雪门的幼稚师范课程：内容及启示 [J]. 课程教育研究，2017（52）：166-167.

[12] 叶婷. 张雪门幼稚园行为课程研究述评 [J]. 课程教育研究，2018（23）：17.

第六章
廖世承师范教育思想

廖世承（1892—1970年），字茂如，生于上海嘉定县。1908年，廖世承考入邮传部高等实业学堂中学部。1912年考入北京清华学校高等科，1915年廖世承赴美国布朗大学学习，专攻教育学、心理学，获硕士、博士学位。1919年回国，任南京高等师范学校教育科教授，兼任附中主任，组织心理测验的实验和道尔顿制的实验，参与创建心理实验室。同年8月，南京高等师范学校聘任其为教育科教授，主要教授"中学教育"和"教育心理学"等新课程，并得到学生的高度认同。1920年，他参与学校心理学实验室创建工作，并率先通过智力测验法对学生进行心理测验，后与陈鹤琴合著我国最早的智力测验著作《智力测验法》。1924年，廖世承编撰出版了《教育心理学》，为这门学科中国最早的教科书。同年，他在实验的基础上，撰写出《东南大学附中道尔顿制实验报告》，比较了道尔顿制与班级教学制的优劣，并得出根据中国具体条件很难实行道尔顿制的结论。1925年，廖世承与陈鹤琴合编了《测验概要》，该书对推广教育测验和心理测验起了一定的作用，是一本测验的最简便的用书，廖世承把当时只用于个人的中小学测验发展为用于团体，并丰富了测验内容，被称为"廖氏之团体测验"。1927年3月，廖世承离开南京，来到上海新创办的光华大学，任该校教育系主任、附中主任兼大学副校长。1931年，他力辞副校长职，集中精力办光华附中。廖世承在光华附中任上，聘请的教职员不少人是有名的学者和教授，他们既有学术专长，又有教学经验，对光华的发展起到了决定性的作用。这使光华附中在上海各中学中名列前茅，曾列入甲等中学。抗战时期，及至上海沦陷后，光华附中被迫停止办学。1938年，国民党抗战军兴，教育部为培养中学师资，配合抗战建国国策，筹设独立师范学院，由高等教育司推荐，聘请廖世承为筹委会主任，廖世承欣然赴任。同年10月，国立师范学院正式成立，廖世承出任院长。该院设在几乎与外界隔绝的湖南安化县兰田镇，廖世承带领大家艰苦创业，毅然办起一所师范学院。任职期间，他不仅积极兴修校舍，扩充教学设备，增添图书资料，还不遗余力邀集当时全国有名的专家教授来院任教，如汪伯明、高觉敷、郭一岑、朱有光、钱基博、钱锺书、马宗霍、黄子道、宗子威、刘佛年等国内知名学者，使该校成为抗日战争期间全国影响较大的大学之一。其间，他对中国师范教育进行了系列研究，采用历史性的方法对我国师范教育发生和发展做了较为系统性考察，在怎样办好师范教育问题上提出了较为系统的主张。1947年，廖世承辞去国立师范学院院长之职，再任上海光华大学副校长，兼任附中主任，后代理校长之职。1951年秋，光华大学、大夏大学等院校合并成立华东师范大学，廖世承任副校长。1956年起，他先后任上海第一师范学院院长、上海师范学院院长等职。1970年10月20日廖世承逝世，享年78岁。

廖世承长期致力于我国高等师范教育事业。中华人民共和国成立后，他又先后参与了华东师范大学、上海第一师范学院和上海师范学院的创建工作，并担任主要领导职务。长期的高等师范教育实践以及勇于探索的精神，使他对如何办好高等师范教育提出了许多真知灼见，形成了颇有见地的高等师范教育思想。

一、师范教育作用：教育理论与实际教育

廖世承认为抗战、建立新中国均离不开教育，而在各类教育中，师范教育尤其重要。他说："教育方面最重要的，当然是师范教育，没有良好的师资，各级教育，都不会上轨道。"这是由师范教育的特殊性所决定的。因此，他提出师范学院应既是实验的中心，也应为教育指导的中心。只有这样，师范学院在教育的地位，自然增高，教育的专业训练，也无人敢忽视了，学术也能得到普及。

（一）师范教育有开风气之功用

教育具有"化民成俗"的功能，而师范教育担负着培养师资的重任，在这方面的作用更为突出，所以廖世承说："转移风气的责任，在学校，在教师。"具体表现如下：

第一，师范教育可以引导世人重视教育。"师范学院的第一种使命，在树立共同的普遍的教育信念。"廖世承认为通过严格的师范训练可以培养出德才兼备的师范生，他们踏入社会，便会成为敬业乐群的好教师。一方面，这些师范生和教师的敬业精神可以于无形中感化世人；另一方面，他们可以深入民众，耐心讲解，起宣传教育的重要作用，以唤醒世人对教育的重视，从而改变社会上不重视教育的不良习气。

第二，师范教育可倡"修习实用"之风。廖世承指出，不仅过去学校培养出来的学生是"批评别人，头头是道，自己做起事来，到处碰壁"的书呆子，就是出洋归来的留学生也大都喜欢大而无当的问题，对于抗战建国所面临的现实问题，反不予理会。要改变这一危险陋习，必须从师范教育做起。只有先培养出崇尚实用之教师，方可造就重视实践之学生，社会上才可逐渐形成"修习实用"

的风尚。

第三，师范教育可倡导教育的亲民之风。廖世承深深感到当时的教育界关门办学，严重脱离中国实际，以至知识分子远离民众生活，对民力的伟大、民生的疾苦没有深切了解。廖世承指出欲改变这一现象，必须培养师范生的同情与纯爱，培养他们亲民的精神。只有这样，他们才有勇气、有魄力把贵族的学校变成民众的学校，教育才可真正成为亲民的教育。

由此可见，师范教育对于提高公民素质，倡导社会新风的确有很大贡献，廖世承把开风气看作师范教育的一项特殊功用是很有见地的。

(二) 师范学院是倡导实验的中心

20世纪20年代，教育实验之风在中国大地上悄然兴起，廖世承提出为确保实验的可信度，一方面要依据科学方法搞实验，另一方面要慎重选择实验的实施者和实施机构。他主张"局部的问题，可由各校自行尝试；重要的问题，须有政府主持，指定学校试验。而各种实验的中心工作，必须由师范学校来负担"，原因有三："第一、因师范学院为研究教育学术的中心。师范学院的师生对于一些前沿学术成果能迅速吸收、运用。第二、因师范学院与中小学保持密切的联系。师范生不仅可通过专业课学习了解儿童、青年之个性，还可以通过实习进行实地观察。第三，训练有素的师范生毕业之后，服务于社会，可将实际问题及时反馈于母校，以供专家讨论，进而促进教育理论与实践的有效结合。"这三方面的优势使得高等师范院校就教育实验而言，无论是在理论基础还是在具体实施上都具有其他机构所无法取代的权威性。所以，廖世承首推高等师范学校为教育实验工作的中心是有一定科学依据的。事实证明，以国立师范学院为代表的几所著名高等师范院校在教育实验方面都成绩卓著。

(三) 师范学院是教育指导的中心

廖世承早年留学美国，对西方高等学府与社会教育的高度结合深表赞赏。相比之下，他认为中国在这方面尚存不足。他指出，过去从事高等教育的人往往看不起社会教育，以为注意民众的文化，既有损大学的尊严，又降低学术的地位，却不知一般民众的文化水准愈提高，一国的学术程度愈易发展。所以欲学术普遍，必须发展社会教育。而师范学院对社会教育的发展有推波助澜作用，尤其是在民族生死存亡的时刻，所以廖世承指出："师院不独应为实验的中心，且应为教育指导的中心。"主要表现在以下三方面：

其一，"师范学院应与区内教育行政机关密切联系，并为该区中等教育之大本营。"充分利用自身的师资力量、学术成果、实践经验积极从事社会教育，并结合该区实际，为提高民智、普及文化、培养社会中坚分子作贡献。

其二，"师范学院除着重学科训练外，并须注意专业训练。最有效之专业训练，在实地练习。"师范生可就自己的专业，深入到相应的部门中去实地练习。不仅可以获得实际经验，还可服务社会。如学教育者，可实地试验教学方法，练习行政组织；学生物者，可帮助农人改良种子，消除害虫。其效果远胜于空谈学理。

其三，"师范学院应辅导大学中其他学院学生及一般民众，了解教育问题，了解教育的价值。"世人不重视教育，多半源于根本就不了解教育。所以"师院可利用讲演，出版，展览，指导等方法使一般知识分子及民众对于教育工作，有更清晰的观念，对于学校行政，学校卫生，课程编制，图书馆，体育场等，有更清楚的认识"。这样，公民获得教育的真义之后，对教育的态度自会不同于从前，推行国民教育的阻力便会减小，教育气象就会焕然一新了。

总之，就高师教育与社会教育的关系而言，宏观上，高师立足于理论的高度，从社会需要出发来调适、规划社会教育的发展方向；微观上，可以为其提供合格师资，扫除人们对教育的种种误解，确保社会教育顺利进行。因此，高等师范院校是有能力担当教育指导中心这一重任的。综上所述，廖世承是在对师范教育特殊性深刻分析的基础上，提出"教育方面最重要的，当然是师范教育"这一命题，它无疑是正确的，对于人们正确认识师范教育，改变非议师范教育的观念起了积极作用。

二、师范教育设置：师范学院须独立设置

廖世承不仅重视师范教育，而且明确主张师范学院要独立设置。这一思想的提出与"六三三"学制密切相关。

1922年11月1日，"学校系统改革草案"即"六三三"学制颁布，对师范教育的设置问题作了很大变更。随即全国掀起一股师范与中学合并，高师并入大学的风潮。结果除北京师范大学之外，其余五所高师均一变而为综合大学中的一个院系。高师教育的独立性几乎丧失殆尽，进入一个缓慢发展时期，以至抗战爆发，师荒现象十分严峻。对此，教育界人士褒贬不一。廖世承从实际出发进行了辩证的分析，认为师院附设于大学利少弊多。"经费较省，其利一也，师资易求，其利二也。"由于附设，师范学院的分系专门科目可以在其他学院同性质的学系选修，这样，师范生在专修科目方面容易求得师资，而学校亦可一师多用，节约开支。除此二利之外，附设在其他方面却积弊甚多。

第一，"年限不同，待遇各易（异），师范学院学生与大学其他学院学生，互相歧视。"社会上素有看不起师范生的倾向，往往把大学看作最高教育机关，师范学院次之。再者，大多师范生因家境贫寒，奔公费待遇而来。因此，其他学系的学生多瞧不起师范生，极不利于校内团结。

第二，"师院与文理学院之设系虽同，而主旨不一，例如大学有西洋文学

系，师院则有英语系，英语系不应以西洋文学为研究对象，应以英语的基本训练为首要。今欲两系教授，互相兼任，自难望其，舍自己之田而耕人之田"①。的确，两院由于培养目标迥异，自然对师资之要求均各有侧重，一须有博古通今的学识，以期有所发明创造，一须有优良的教学方法，能为人师表。如果仅因师资、资金之便利，而让全国六分之五的高师附设于大学，使其师范性淹没殆尽，是极为不妥的。

第三，"大学校长，对于师范，类多不感兴趣，欲其以身作则，积极倡导，难望有成。"大多数大学校长皆非出身师范，对师范教育之特殊性知之甚少，因此，依靠他们来科学管理师范院系是不大可能的。

第四，"师范训练严格，不若大学教育之较为自由，方针既异，设施为难。"师范生担负培养下一代之重任，人格、学业上都须有更为严格的训练，而在气氛自由的综合大学中，不免受其渲染，不利于成长。

为了纠正上述种种弊端，改变当时高师教育严重萎缩的现状，廖世承明确提出，师范学院必须独立设置。这在当时有振聋发聩的作用。1938年，他不顾个人安危，只身来到大后方，于湖南蓝田创设了我国第一所国立师范学院，夺高师独立设置之先声，为促进我国高师的重新崛起作出了积极贡献。时至今日，独立设置依然是我国高师的主要办学形式，这个事实进一步证明廖世承关于独立设置师范学院的思想是符合我国高师发展实际状况的。

三、师范学校师资：理想教师的四条标准

办好一所师范学院与办好其他学校一样，最重要的是师资。廖世承说："一个学校的最后成功，就靠着教师，无论宗旨怎样明定，课程怎样有系统，训育怎样研究有素，要是教师不得人，成功还是没有把握。"这是因为：首先，就学校管理而言，"校长一个人的力量，究属有限，方案的执行，还须靠托全体教师。"其次，就教导学生而言，教师对学生品性的塑造有着潜移默化的作用，"有身心健全之教师，而后有身心健全之儿童。"再次，就教学质量而言，教师是根本保障，名师出高徒正是最有力的说明。据此，廖世承强调要慎选师资。

他认为："师范学院之理想教授，须学识宏通，而且富有教学经验，具有教育热诚。"在《怎样可收到非常时期教育的实效》一文中，他还提出了理想教师的四条标准：第一，有专门的知识，肯继续研究。第二，对职业有明确认识，并有浓厚的兴趣。知道教师的使命，不在教书，在教育整个青年；不在追求物质的报酬，在得到精神上的快乐。第三，对于民族复兴，具有坚决的信心，深知各教师在本位上的努力，为推进教育效率的先决条件。第四，对同事须和衷共济，对

---

① 张振助. 廖世承高等师范教育思想初探 [J]. 高等师范教育研究，1996（2）：46-51.

校长须一心爱戴。要求教师不仅要有渊博的专业知识和浓厚的职业兴趣，而且应该有强烈的民族责任感和良好的协作精神。

廖世承还认识到，理想的教师固然好，但在现实中，不易求得，更多的教师是学有所专。因此，他提出了用其所长的主张。"学识渊博殚心研究者，可聘为研究所及高年级教授"，"有相当专门学问，富有教学经验而熟悉中等学校各科情形者，可聘为实习导师"，"教学能胜任愉快而能勤慎负责者，可聘为教授工具学科或低年级之教师"。这样，"学生工具教育得有基础，而专门学问亦有师承，再加以优良之实习指导，出而为人师，自不致有覆悚之虞矣。"

从这一思想出发，廖世承在办国立师范学院时，一方面力聘名流，邀集当时全国著名学者钱基博、钱锺书、孟宪承等到校任教；另一方面注重学科基础建设，结合实际，聘任一些有一技之长的教师担任教职。正是这支质量一流、结构合理的师资队伍，使国立师范学院如日中天，成绩辉煌。如在全国历届高校学生毕业竞试及毕业论文竞试中，成绩优异；第一届数学系虽只有三四个学生，但在第二年的全国数学竞赛中，竟一举夺魁，均分、个人均获第一，成为抗战时期一所最有影响力的高等师范学院。

在对教师作用做深刻剖析的基础上，廖世承提出了科学可行的择师观，并运用于办学实践，充分体现了他作为一名管理者的战略眼光和务实精神，对我们今天办学仍具借鉴意义。

四、师范学院使命：专业训练与师范训练

师范生不同于普通大学生，肩负着培养祖国下一代的重任，在学业、品性诸方面均有特殊要求。因此，廖世承在办学过程中特别注重专业训练与师范训练，提出培养学生应严格要求、严格训练，使他们"不单是要知识好、方法好，而且要有专业道德——有责任心、忍耐心、仁爱心、真诚、坦白、乐观、谦虚、公正诸美德。"主要内容如下：

（一）树立牢固的专业思想

教师专业思想牢固与否会直接影响到教师队伍的稳定和办学质量的高低，所以廖世承非常注意培养师范生的敬业精神，鼓励他们要忠诚于祖国的教育大业。对青年、师范生当中一些看不起教师职业的错误想法循循善诱，予以引导。他指出："在旧社会中，反动统治者根本不重视教育，教师的生活没有保障，因之一般青年都不愿当教师，这是可以理解的。"但在新社会，党和政府高度重视教育，师范教育的地位亦明显提高。"教育是改造旧社会，建设新社会的有力工具。教育的好坏，关系到整个社会主义建设，所以教师工作的影响非常深远。"教师这一职业是崇高而伟大的。

身教胜于言教，廖世承矢志不渝，从教五十余年，为祖国的教育大业默默奉

献。他的敬业精神感召着许多有志青年,在他诞辰一百年之际,许多学生对此深深缅怀,有感于老院长对自己的终身启迪。

(二) 砥砺高尚的人格,磨炼坚强的意志

廖世承认为,师范生是祖国的未来、民族的希望,他们的人格高尚与否、意志坚定与否,直接关系到国家的前途和民族的命运,在特殊的战争年代尤其如此。所以廖世承提出必须对师范生加强人格与意志的训练。

人格是多方面的,人格方面最要注意的是气节,是风骨,是能"见利思义,见危授命"。气节的砥砺"半由于个人的学养,半由于社会的制裁"。而现在"砥砺人格,尚未成为风气。转移风气的责任,在学校,在教师。教师能崇尚气节,砥砺廉隅,学生自能感化于无形。学生受了感化,便能转移社会的风气"。据此,对师范生加强人格训练,意义深远,不仅可以影响学生,还可以改变整个社会风气。

与人格紧密相连的便是意志,师范生不仅要有高尚的人格,还须有坚强的意志,"意志的锻炼,有时要胜于体格的锻炼。"廖世承语重心长地告诫师范生,要勇于打破"怕"字关,磨炼坚强的意志,但"不怕并不是胆大妄为,怕和谨慎小心有别,所以古人说'胆欲大而心欲细'。胆大心细的人,就是意志坚强的人"。

人格与意志是国民素质的核心,亦是国家精神、民族气节的集中表现。师范生将来为人师表,他们的人格和意志对青年学生以至整个社会风气都能产生很大影响。所以廖世承重视加强师范生的人格、意志训练是很有道理的。

(三) 既要注重专科训练,又要重视专业训练

所谓专科训练,即是学习某一门具体学科的知识,如中文、数学等;所谓专业训练,即是学习教育学和心理学知识。廖世承认为,为了把高师学生培养成为"文质双修,学术兼重之中学教师",高等师范学院必须专业、专科训练兼顾,任何偏重一方的做法都是错误的。过去教育学院只重视专业训练,而忽视专科训练,文理学院则又适得其反,结果毕业生皆不能胜任教学。因此,正确的做法是:"专科训练科目外,还有专业训练科目、教学实习和教材教法研究。一方面使学生明了教育的内容,中等学校的使命,儿童和青年的心理,一方面使学生知道学科的性质,选材和教学的方法。这样施教的时候,便不致茫然无所措手了。"

廖世承还指出,基于大学旨在造就专门人才,而师院旨在造就专科教员,所以两者的专科训练应各有侧重。第一,专门人才重在学术本身的研究;专科教员重在陶冶儿童和青年价值的知识。第二,因中学教员重在教学,故师范学院在注重专科训练的同时,还须兼顾共同训练科目。第三,师范学院应培养学生强烈的

求知欲望、继续钻研的精神，并掌握治学的方法和工具，以适应学术进步。

由此可见，师范学院不仅要专业、专科训练并重，而且在从事专科训练时，还须兼顾完成教育、学术两重使命。这些见解，是廖世承长期从事高师教育实践经验的总结，对我们今天办好社会主义高等师范学校也有积极意义。

(四) 加强体育训练

廖世承非常注重对师范生进行体育训练。他认为，一方面，体育是德育、智育的物质基础，"健全的精神，寓于健全的身体之中。青年应先有健康的身体，而后有活泼的精神，而后能持久的讨探高深学问"。另一方面，师范生是未来的施教主体，不仅他们的身体素质与教学质量密切相关，而且他们是否具有良好的运动习惯会在很大程度上习染青年学生，"有身心健全之教师，而后有身心健全之儿童"。

因而，廖世承不仅在办学过程中坚持"体育第一、德育行二、智育第三"的宗旨，还制订科学、可行的体训计划，创造条件，积极开展各种体育活动。廖世承的这一举措不仅对纠正当时教育界存在的重智、轻德、轻体的不良倾向作出了积极贡献，而且对我们今天在办学过程中如何处理好"三育"关系也有可资借鉴之处。

(五) 提倡艺术训练

廖世承积极倡导要对师范生进行艺术训练，加强闲暇教育，培养他们良好的才艺。他认为这样做好处有二：第一，师范生可以借此调节身心，陶冶性情，以期更有效地工作、学习；第二，师范生可以通过自身的影响，通过宣传、教育来带动民众进行健康的娱乐，以扭转歪风，树立良好的娱乐风尚。

为了给师范生以适当的闲暇教育，国立师范学院根据学生特长，利用课余时间组织了歌咏队、国乐队、话剧团等活动小组。另外，廖世承还支持学生自行办报，《飞丝周刊》《新星半月刊》等办得有声有色。当"三青团"横加干涉时，他义正辞严，为学生的正当娱乐挺身辩护。

(六) 强调团体生活训练

廖世承认为，为使师范生具有良好的社交能力，应该对他们进行团体生活的训练，其中最重要的是纪律。纪律的养成，须按照规章制度从各方面严格要求，不得迁就。其次是礼貌教育。礼貌是表示尊敬他人的意思，表示自己的言语行动，当处处不妨碍他人。国立师范学院规定学生须向教师、同学敬礼，以示尊敬、友爱。再次是课外活动，通过形式多样的课外活动，培养学生的团结精神和应变能力。

综上所述，廖世承从六个方面论述了师范教育的内容，这些真知灼见是他长期思考、探索、实践的总结，经历了历史的考验，值得我们研究、借鉴。

廖世承从事高等师范教育长达三十余年，长期的教育实践，使他清醒地认识到师范教育对于整个教育事业，乃至整个社会发展所起的积极作用，明确提出"教育方面最重要的，当然是师范教育"。他主张师范学院要独立设置，在坚持师范性的同时，要加强学术性，要挑选"学识宏通，而且富有教学经验，具有教育热诚"的教授担任师范学院的教师，必须加强学生的师范训练，等等。廖世承的这些思想，不仅对旧中国高师教育的发展作出了积极贡献，而且对于我们今天如何办好社会主义高等师范教育也提供了有益的启示。廖世承不愧为我国高师教育的卓越先驱。

拓展阅读

[1] 杜成宪. 大夏教育文存（廖世承卷）[M]. 上海：华东师范大学出版社，2018.

[2] 汤涛. 廖世承校长与光华大学 [M]. 上海：上海书店出版社，2018.

[3] 孔春辉. 廖世承在国立师范学院的办学思想及实践研究 [D]. 长沙：湖南师范大学，2006.

[4] 张振助. 廖世承高等师范教育思想初探 [J]. 高等师范教育研究，1996（2）：46-51.

[5] 孔春辉. 廖世承创办国立师范学院的因由及其经过 [J]. 长沙：湖南师范大学教育科学学报，2006（2）：49-52.

[6] 刘普，王琨. 论廖世承的师范教育思想 [J]. 河北大学成人教育学院学报，2006（3）：80-81.

[7] 顾金玲. 解构与创新——廖世承师范教育思想探究 [J]. 华中师范大学研究生学报，2011（1）：125-128.

[8] 汤才伯. 廖世承师范教育理论与实践研究 [J]. 现代基础教育研究，2013（4）：64-75.

[9] 洪芳. 师范教育的使命：廖世承的理念、实践及其启示 [J]. 苏州大学学报（教育科学版），2017（3）：106-112.

第七章
陈鹤琴师范教育思想

陈鹤琴（1892—1982年），浙江上虞人，中国著名儿童教育家、儿家心理学家、教授、南京师范学院（今南京师范大学）院长。1892年陈鹤琴生于浙江省上虞县百官镇，1900年入私塾学习旧学。1906年考入美北浸礼会开设的杭州蕙兰中学。1912年在北京清华学校学习。1911年春，考入上海圣约翰大学。1911年秋，考入北京清华学堂高等科，在校期间创办校役补习夜校和城府村义务小学。1914年夏，清华毕业，考取"庚款"留学美国，同船者有陶行知。曾打算学医，经反复思考，决心学习教育。抵美后，就读于约翰斯·霍普金斯大学。1917年夏，在约翰斯·霍普金斯大学毕业，获文学学士学位。1917年秋，入哥伦比亚大学师范学院专攻教育学和心理学。1917年冬，随孟禄去美国南方考察黑人教育。同年，当选为北美基督教中国学生会会长。1918年，获哥伦比亚大学教育硕士学位，转入心理学系，准备博士论文。正值南京高等师范学校教务主任郭秉文在美国选聘教员，应邀回国任教。在此期间，他致力于研究儿童心理学、家庭教育学和幼儿教育学。1919年9月，在南京高等师范学校教育科任心理学、儿童教育学教授，与陶行知等人倡导学生自治。1920年12月26日，长子出生，将其作为实验与研究儿童心理的对象，对其从出生起的身心发展进行连续跟踪观察和记录，并作系统研究。1923年秋，开办鼓楼幼稚园，作为理论研究的实验基地，试验科学化、中国化的幼稚教育。1925年秋，鼓楼幼稚园新园舍建成，定名为东南大学教育科实验幼稚园，请助教张宗麟协助工作，全面开展实验，为推广小学教育做实验，并在鼓楼幼稚园试行"艺友制"，被誉为"中国的福禄培尔"。同年出版《儿童心理之研究》和《家庭教育》。1927年2月，与陶行知、张宗麟一同发起中国最早的儿童教育团体——幼稚教育研究会，创办《幼稚教育》并任主编，发表《我们的主张》，提出适合中国国情的15条办园主张。同年3月，受邀担任晓庄师范第二院（幼稚师范院）院长兼指导员；与张宗麟等一道创办中国最早的乡村幼稚园——燕子矶幼稚园，为推广乡村幼儿园进行实验,并作出了一定的贡献。同年 6 月,任南京市教育局教育课课长,大力推行行政学术化,推广教育实验区。1928 年夏,在收回教育主权声浪中,主持上海公共租界华人教育,任职期间开办 7 所小学(附设幼稚园)、一所女子中学、4 所工人夜校等。在 1928 年第一次全国教育会议上,形成了一种新的要求建立幼稚教育和幼稚师范教育的思潮,这一思潮的代表人物是陈鹤琴。在这次教育会议上,陈鹤琴根据自己进行幼稚教育实验和晓庄幼稚师范工作所得,提出了《令各省各市各县实验小学先行设立幼稚园案》,尤其是针对中国幼稚师资缺乏的现状,专门提出了《各省师范学校急须设幼稚科案》,要求"就环境适宜之地,开设幼稚师范学校,或就各省之师范内,添设幼稚科,以培养专门人才,供给良好师资"。① 在陶行知、陈鹤琴等人的倡导下,在教育界人士的努力下,第一次全国教育会议形成了《注重幼稚教育案》。这一议决案中针对幼稚师范教育提出:"每省区应就环境适宜之地,开设幼稚师范学校或就各省之师范(或高中师范科)内添设幼稚师范科,以培养专门人才,供给良好师资。" 1929 年 7 月,创建中华儿童教育社,成为当时国内规模最大、人数最多的儿童教育学术团体。1934 年 7 月至次年 3 月,前往欧洲考察教育,回国后介绍世界新教育发展趋势和先进教育经验。1935 年,发表《对于儿童年实施后的宏愿》一文,呼吁全社会、全民族关心和教育儿童,维护和保障儿童权益,在战争来临时,先救儿童。1936 年,响应"国难教育社"号召,发动募捐,推动"生活教育""国难教育"运动。1938 年年初,担任上海慈善团体联合会救济战区难民委员会教育委员会主任,与赵朴初、刘湛恩、陈望道等开展难民教育,开办难民、难童学校;创办难民工厂,倡导生产自救;发起成立儿童保育会并任理事长;宣传推广拉丁化新文字。1940 年 4 月,陈鹤琴谢绝教育部国民教育司司长的委任,以"要做事,不做官"为志,赴江西筹创幼儿师范。1940 年夏,他邀集了一批有实干精神的教师到江西泰和文江村办学,创办中国第一所公立单设的幼稚师范学校——江西省立实验幼稚师范及附设小学、幼稚园、婴儿园、玩具教具工厂、农场等,开展"活教育"的全面实验和师范教育的改革。1941 年,创办《活教育》月刊。1943 年,创办国立幼儿师范专科学校,增设专修科,致力提高幼儿师资的专业水平,建立起培养中级和高级幼教师资的完整体系,成为大后方一个重要的幼教基地。② 该校即南京师范大学学前教育学科前身,可以说我国大专学历的幼儿师资培训机构,亦由此诞生。1944 年,战争临近,带领师生转移至赣州。后因前方失守,赣州告急,又带领全校师生向赣闽交界的广昌转移。9 月抗战胜利后,

---

① 崔运武. 中国师范教育史 [M]. 太原:山西教育出版社,2006:119.
② 陈秀云. 陈鹤琴的教育思想和实践——纪念著名教育家陈鹤琴诞辰一百周年 [J]. 人民教育,1992(3):41-43.

应邀赴沪,任上海市教育局督导处主任督学,负责接管外国人办的学校。1946年年初,又主持筹创了上海市立幼稚师范学校,以作为江西幼师的延续,仍任校长。该校于 1947 年 2 月更名市立女子师范后,又致力筹创上海特殊儿童辅导院,并兼任院长。除对特殊儿童进行专门辅导外,更为注重特殊教育师资的培训提高。后来又与陶行知一道成立生活教育社,筹办社会大学。1946 年 10 月,主持陶行知先生追悼会,后被推选为育才学校顾问委员会主席、山海工学团校董会名誉董事长,与政府当局交涉并向社会募捐,将两所陶行知创办的学校和团体迁来上海。1948 年 4 月,赴菲律宾马尼拉暑假小学教师讲习会讲学。同年 8 月,应联合国教科文组织邀请,前往捷克布拉格参加国际儿童教育会议;会后前往美国考察特殊儿童教育,回国后在上海筹办上海特殊儿童辅导院。1949 年 8 月,接受南京市军管会之邀,担任中央大学师范学院院长。同年 9 月,出席中国人民政治协商会议第一届全体会议。

1949 年 10 月 1 日,陈鹤琴参加中华人民共和国开国大典。1951 年春天,在批判《武训传》中,陶行知教育思想受到批判,陈鹤琴及"活教育"被错误批判。同年 6 月,为响应抗美援朝号召,与夫人一道送小女儿参军。1952 年院系调整,任南京师范学院的首任院长,他以南京大学师范学院幼教系为基础,整合全国多个高校的儿童教育和福利专业,建立中国第一个幼儿教育系。1956 年 12 月,在"向科学进军"高潮中,作《从一个儿童的图画发展过程看儿童心理之研究》学术报告。1958 年 5 月,在南师开展的"批判资产阶级个人主义"的"拔白旗"运动中受到批判,年底黯然离开校长岗位。1978 年 10 月,在全国心理学会上发言,提出"要加强儿童心理的研究,为振兴教育,适应新时期总任务需要服务"。1979 年 3 月,在全国教育科学规划会议上,当选为中国教育学会名誉会长。11 月,在全国幼儿教育研究会成立大会上被推选为名誉理事长。1981 年,为"六一"国际儿童节题词:"一切为儿童,一切为教育,一切为四化。"1982 年 3 月,南京师范学院党委正式为陈鹤琴平反。1982 年年底,陈鹤琴病重,友人潘菽、高觉敷等来探视时,他用颤抖的手写下:"我爱儿童,儿童也爱我。"1982 年 12 月 30 日,陈鹤琴与世长辞,享年 91 岁。

陈鹤琴以幼儿教育专家名世。他对于中国师范教育的贡献,主要反映在幼儿师资的培训理论及幼儿师范的创设上。近年来对他的研究,多集中于他的有关幼儿心理、幼稚园课程、活教育原则方面。事实上,首重幼教师资的培训和提高,是他幼教思想中的基石和主线;他所创立的各级各类的幼师培训机构,便是明证。① 陈鹤琴与陶行知既是同学、同事,又是密友。在陶行知生活教育理论体系初步形成后,陈鹤琴又提出"活教育"主张相呼应、相配合。另外,陈鹤琴在

---

① 喻本伐. 中国师范教育百年 [J]. 教育研究与实验, 1997 (1): 35—40.

幼儿教育中国化、科学化的创业过程中，迫切感到急需解决的问题是，不能由教会控制幼教师资的训练，必须由中国人自己来培养师资，使幼教师资中国化；必须对旧的传统师范教育进行改革，"通过实验产生一部确当而完整的适合中国国情的新学制、新课程、新教材、新教法，创立适合我国国情的师范教育。"陈鹤琴关于幼儿师范教育的思想对于当今依然具有重大借鉴意义。

一、幼师教育理论：创立"活教育"

（一）改革师范教育的基本前提："活教育"

陈鹤琴指出"活教育"教材是活的，方法是活的，课本也是活的。尽量用儿童的手、脑、口、耳、眼，打破只用耳朵听、眼睛看，而不用口说话、用脑子想事情的教育。其目的是培养学生"做人，做中国人，做世界人"。"做人"指努力学习怎样做人，寻求社会进步和人类的发展；做"现代中国人"需要具备健康的身体、创造的能力、服务的精神、合作的态度、世界的眼光；除此之外要做"爱国家，爱人类，爱真理"的现代"世界人"，不仅要为中国的民族独立，还要为世界和平奋斗。"活教育"的中心是幼儿，在学习过程中幼儿是能动的核心，学习中一切活动是为了幼儿。陈鹤琴指出："幼儿不是'小大人'，幼儿时期不仅作为成人之预备，亦具有他的本身的价值，我们应当尊重幼儿的人格，爱护她的烂漫天真。"他深信幼儿具有主动学习的能力，并且具有探索发现的潜能，幼儿应该作为学习的主人而受到尊重，强调发挥幼儿的主体作用。

（二）提高幼儿教师水平基本途径："教、学、做三者合一"

陈鹤琴在《师范教育的根本问题》一文中论述，师范教育要好就必须有好的师资，师资既然好，办的教育就不会不好。要办好师范教育需要解决四个方面的问题：一是引发学生学习动机。教授任何事情，必定先把学习此事的动机引起，方始有效。引发学生学习动机，一方面需要丰富的学识和极具吸引力的教学水平等外在因素的引导，另一方面需要学生对学习内容产生兴趣等内在因素的持续作用，才能使学习具有持续性。二是学习情境。动机的引起，必须有学习的需要，即在某种情况之下，不得不做某种活动，比如在水中才能学习游泳，在山上才能练习爬山。这点针对教师教学就是要求教师教学内容要尽量具有情境性，为学生的学习提供支架，针对学生角度就是让学生感受到学习内容的价值。三是自我需要。学习的人有了动机和需要才能把学习的事当作切身问题，不需要外在压迫自动去做，这样的学习效率任何其他教学方法都达不到。自我需要是学生对学习内容的内在需求的表现，源自内在动机，是学生学习坚持性的保障。四是相对的辅助，当学生遇到困难的时候，需要教师辅助指导，针对学习内容，教师的支架作用是促进学生学习效果达成的关键因素。教的主旨是辅助学生自习，中心问题仍然是学的人自主自动学习。只有自愿学师范，才能有可能当好教师，陈鹤琴指出师范教育的最终途径是"教、学、做三者合一"。

(三) 幼儿师范教育的内容：培养适合中国国情的幼儿教师

陈鹤琴在培养人们满意的幼稚园教师中指出，应从思想政治、业务修养、教学技术、优良品质四个方面培养幼儿教师。思想上教师要培养具有"五爱"精神的公民，幼儿是中国的未来；在专业上，要运用音乐、自然、故事、游戏、舞蹈、手工、图画等技能和方法组织教学活动。知道促进幼儿养成良好的作息、饮食、卫生及科学运动习惯的途径，促进健康体格的形成。掌握促进幼儿智力发展的方法，注重对幼儿道德品质和艺术修养的培养。要掌握教学技术基本原则，其中包括：幼儿"做中学"、教师"做中教"、教师和幼儿在"做中求进步"；理论与实际一致的教学方法；了解幼儿的个体差异，知道幼儿行为问题发生的原因，并正确引导；能够和幼儿建立良好的师幼关系；能够根据全班幼儿的个性差异选择适当的学习材料，充分利用大自然、大社会的活教材，掌握语言、文字、图画、音乐等表情达意的工具，组织生动、丰富的教学活动。幼儿教师在教学的技术上应做到能讲故事编歌谣谜语、能画、能唱、能做手工、能演奏乐器、能布置班级环境、能种花种菜做点心等。在品质方面要做到和蔼可亲，乐于助人，具有合作精神；掌握自我反思的方法，以集体利益为主，注意身体健康；能够热爱公平地对待每一个幼儿；能够以高度的热情创造性地工作，遇到困难不气馁；要坚持不断学习提高自己的素质，适应新时代的改变，为人类幸福、世界和平做自己应有的贡献。[①]

二、幼师教育目标：培育"新人格"

陈鹤琴认为，幼儿师范教育不仅要重视培养新人，还要注重新型幼儿教师的培养。在"活教育"的培养目标的指导下，他认为幼儿师范教育培养的人同样要具备新人的特质，即"健全的身体、创造的能力、服务的精神、合作的态度、世界的眼光"，同时幼儿师范教育要培养新型的幼儿教师，即幼儿教师不仅要具备开展幼儿教育的能力，还要具备创办幼儿教育的能力。

(一) 培养新人的目标

在幼儿师范学校，陈鹤琴尤其注重对师范生人格的培养，把培养新人作为幼儿师范教育的基本培养目标。这一观点是与他的"活教育"理论一脉相承的。

幼儿师范教育培养的幼儿教师，作为幼儿生活中的重要他人，对幼儿的生活

---

① 金玲，王蕊. 陈鹤琴的幼儿师范教育理论对振兴学前教育专业人才培养的启示——基于中国学生发展核心素养视角 [J]. 文教资料，2018 (26)：158-160.

习惯、性格形成都有直接性的影响。正如陈鹤琴说的"教师的一言一行、一举一动，无形之中都会深刻地影响儿童的。所以，做一个好的教师一定要具有优良的品质，处处以身作则，这样才能养成儿童良好的品格。"而且，陈鹤琴认为，幼儿师范教育也肩负着新国民教育的使命，通过培养新人，来实现控制自然、改进社会的目的，从而为自己及全人类谋取幸福，而这归根结底也是一个做人的问题。因此在幼儿师范教育中，他尤其重视幼儿师范生人格的培养，追求培养社会新人。

（二）培养新型幼儿教师

陈鹤琴认为传统的幼儿师范教育培养的幼儿教师不应合幼儿教育的需要，他们所学的知识往往是学非所用，用非所学，这样幼儿师范教育就丧失了自身的基本使命和基本任务。因此，他主张幼儿师范教育要培养的是新型的幼儿教师。新型的幼儿教师不仅要"能讲故事、能编歌谣谜语、能画图、能做手工、能唱歌、能奏一种乐器"，还要"能种花种菜、能做点心和烧菜、能做初步的急救工作"。此外，还注重培养学生办理幼儿教育的能力。他希望江西实验幼师的学生将来能够到全国各地去办理各种形式的幼儿园，为中国的幼儿教育事业作贡献。因此，在创办国立幼专时，他设定了四条培养目标，其中就包括"培养学生有办理幼儿教育各阶段（如托儿所、幼儿园）的能力"。为了培养这样的新型幼儿教师，在幼儿师范教育实践过程中，陈鹤琴尤其重视学生办理幼儿教育能力的培养。为此，在教育实习时，他要求学生不仅要参观、见习、实践教学方面的知识，还要参观、见习学校行政和学校事务，以对整个学校系统有所了解；而且他还带领学生通过各种实践途径，办理幼儿教育机构。

三、幼师教学体系：增设"专修科"

"师范教育一定要实验，课程、教材、教法、学制等等，都要经过实验和研究，才能产生恰当而完整的师范学校的新课程，才能产生适合我国国情的教材教法，才有完美的新学制。"这是陈鹤琴一贯坚持的改造师范教育的重要主张，也是他在长期教育实践中身体力行的宝贵经验。20世纪40年代，当我国的幼师教育还是一片荒原的时候，他就以拓荒和创业的精神，带领师生"辟荒山为校园"，创办了我国第一所公立幼师学校——江西实验幼师，作为研究幼师教育的园地，随后，为了培养江西实验幼师的师资和研究人才，增设了幼师专修科。

为了给江西实验幼师学生提供实习实验的场所，并进行幼儿教育、小学教育、国民教育的实验研究，又附设了婴儿园、幼儿园、小学和国民教育实验区，从而形成一个相当完整的幼儿师范教育体系。陈鹤琴以江西实验幼师为基地，以幼师教育为主体，把幼师教育和幼儿教育、小学教育、国民教育结合成为一个师范教育的有机整体。它既可以通过幼儿园、小学、国民教育实验区等附属教育设施,为江西实验幼师的师生创造多层次、多方面接触实际,进行实验研究的条件,以提高师资培养的质量;又可以通过江西实验幼师师生的实验研究,不断地创造和总结教育教学工作经验,以推动幼儿教育、小学教育和国民教育的改进。这是陈鹤琴在20世纪40年代提出的改造师范教育的一个宏大构想,也是他进行幼师教育建设的一次生动实践。陈鹤琴在江西实验幼师为了实施"活教育"的办学思想,实现幼师培养目标的要求,造就优秀的幼教师资,进行了一系列实验研究,采取过许多有力的措施。

(一) 加强专业思想教育

陈鹤琴认为,幼教工作是既琐碎又艰辛的工作,同时又是崇高而光荣的事业。凡是立志从事这项事业的人,首先必须彻底认识教育是国家的百年大计,确立为儿童服务的坚定信念,具有"敬业、乐业、专业和创业"的精神。有了这种信念和精神,才不致半途而废、见异思迁,才有为幼教事业奋斗的精神支柱和思想动力。在江西实验幼师,专业思想教育不是孤立地偶尔地进行,而是系统地不间断地进行的,他把这种教育渗透在学校的各项工作之中,为学生创造了热爱专业的环境和氛围。通过各科教学培养学生学习专业的兴趣;经常组织学生参加各种教育教学实践,引导他们把学习和工作结合起来,从亲身的感受和体验中,去自觉地增进热爱儿童、热爱专业的思想感情,锻炼独立工作的能力。对出现思想问题或实际困难的学生,陈鹤琴总是亲自做思想疏导工作,并帮助他们解决实际困难,使他们感到像生活在大家庭里一样温暖,乐于接受师长的教导,不断地提高自己对幼教专业的认识。由于幼师专业思想教育的深入,特别是由于陈鹤琴自己为中国幼教事业献身精神的感召,大多数学生都能数十年如一日地坚持在幼教工作岗位上,为培育祖国幼苗而殚精竭虑,成为新中国幼教战线上的一支骨干力量。

(二) 重视生产劳动教育

陈鹤琴为了教育学生"做创造生活的主人,不做依赖别人或要别人伺候的贵人",把生产劳动作为江西实验幼师实施教学的出发点。要求学生学会烧饭、洗衣服、种花、种菜、养鸡、养鸭、打扫卫生、修筑道路,参加各种义务劳动。江西实验幼师在江西省泰和县文江村那座美丽的校舍,就是陈鹤琴带领全体师生用自己的双手建造起来的。通过生产劳动,不仅培养了学生的劳动观念、习惯和能力,而且培养了他们对劳动人民的思想感情。在陈鹤琴看来,对学生进行生产劳动教育绝不是什么一时的权宜之计,而是实现幼师培养目标的一项必要措施。

(三) 建立课程结构

陈鹤琴为了使学生在走上工作岗位以后,能编写幼儿园的各科教材,胜任各科教学和行政工作,具有比较广泛的适应能力,他按照幼师培养目标的要求和幼儿园、小学的实际需要，在幼师开设了公民、时事研究、国语、自然、历史、家事、体育及游戏、美术、音乐、卫生、教育概论、儿童心理、教育法、幼稚教育、农艺、工艺、实习等课程，建立了一个培养幼儿教师的课程结构，这个课程结构基本上体现了德智体美劳全面发展教育的精神。为了充分发挥这个课程结构的整体教育功能，改变各科教学相互脱节的状况，他还要求各科教师不仅要按照本门学科的特点和任务，尽量地发挥自己的教育职能，而且要了解相关课程的情况，相互联系、相互渗透，以加强整体教学的效果。虽然由于当时主、客观方面的许多原因，这个课程结构还不够完善，也没有完全付诸实现，但是，他建立这个课程结构的基本经验很值得借鉴。

（四）更新教学内容

陈鹤琴一贯反对用陈旧的、空洞无用的知识充塞学生的头脑，鼓励学生到大自然大社会去攫取书本上所没有的活的知识，其目的是使学生把从生活中得来的直接知识和从书本中学到的间接知识结合起来，以求得比较全面的知识。有的同志认为陈鹤琴这样做就是轻视书本知识，这是一种误解，事实上陈鹤琴是十分重视教材建设工作的。他一再强调教材的选择和排列一定要适合儿童、时代、社会和环境的需要；要求幼师教师努力吸收现代世界科学发展的新成就，研究现代中国社会中国儿童的新需要，不断更新各科教学的内容；还要编写儿童课外读物和乡土教材，以弥补现有教材之不足。为了满足传播文化科学知识，进行爱国主义思想教育的需要，他曾主持和参与编写了《中国历史故事》《小学自然故事》《国民学校设备丛书》等书籍，为教材建设作出过积极的贡献。

（五）改革教学方法

陈鹤琴一贯反对传统的填鸭式的教学方法，而把"做"看作是"教学的最基本的原则"。他认为"学生要求得真实的知识，一定要在做中学。教师要教授真实的知识，也一定要在做中教"，师生共同"在做中求进步"。这就像小孩学游泳一样，自己只有到水里去学，教师只有到水里去教，才能学到和教给游泳的真实本领和方法。根据这个教学原则，陈鹤琴要求教师采用启发式、讨论式的教学方法，引导学生自己动脑想、动手做，主动地去掌握各科知识和技能。要求学生真正成为学习的主体，积极参加各种教育教学实践和社会活动，多方培养工作能力与创造精神。当时幼师经常举行读书会、时事讨论会、月光会以及各种丰富多彩的文艺活动和体育竞赛，使学生受到了多方面的锻炼。幼师教学实践的经验表明，陈鹤琴提出的"做"的教学原则，实际是一个既要充分发挥学生主体作用又要充分发挥教师主导作用的原则。学生"在做中学"，教师"在做中教"的过程也就是教学相长的过程。由于幼师坚持了这个教学原则，明显地推动了教学质量的提高。

（六）革新教育实习

陈鹤琴认为，"教育实习是师范生把学和教联系起来的桥梁"，是一项不可缺少的综合实践。针对一些师范生参观时"走马观花"、把试教变成"排戏演戏"、把教育实习当作是"例行公事"等缺点，陈鹤琴明确地提出了"从根本上改造教育实习"的主张。一再强调师范学校的各项活动都应当与学生未来的工作结合起来，"把各科教学变成对学生工作的指导，使教育实习浸溶在日常生活当中"；强调师范学校应当有小学、幼儿园等附属教育设施，为师范生提供教育实习的场所；强调师范生应当把读书、教学和实习打成一片，随时到小学、幼儿园去参观、见习和试教，从中了解情况，学到知识，掌握技能，以改变那种到了工作岗位以后才从头学起的状况。他的这些主张在幼师实践之后，使幼师学生对教育实习的认识得到了提高，教师基本功的训练得到了加强，在走上工作岗位之前就做好了比较充分的准备，从而提高了师资培养的效果。

（七）鼓励学生参加科学研究

陈鹤琴认为："书本知识是应当学习的"。但是，任何一门学问，"我们还应当直接去调查，去观察与实验，用事实验证理论。这样的学问，才算是真学问。"为了使幼师学生获得真学问，陈鹤琴鼓励他们参加科学研究，去了解"儿童的喜怒哀乐，儿童的生长与成熟，儿童的学习与思想，儿童的环境以及新生到成长整个过程中所产生的一切变化现象"。为此，他要求每个学生认定一个儿童作为观察研究对象，定期定项作出详细的记录，然后在全班学生中互相交流观察研究的结果。通过观察研究和讨论，培养学生热爱儿童的感情，锻炼科学研究的能力。

（八）强调教师的表率作用

陈鹤琴认为"教师的品质是养成学生品格的重要因素"。师范学校是造就师资的基地，师范学校的教师不但要在品德修养、思想作风、治学态度上以身作则，做学生的楷模，而且要精通本门业务，熟悉师范教育的特点、规律和任务，能够在业务上，在密切联系小学和幼儿园的实际，采用科学的教学方法上做学生的表率。在幼师，由于许多老师言传身教，充分地发挥了表率作用，使学生在耳闻目染、潜移默化之中，巩固了专业思想，提高了业务工作能力。同时，也密切了师生关系，创造了良好的学风和教风。

四、幼师教育研究：倡导"真研究"

陈鹤琴为了建立中国化的教育，一贯重视教育科学研究的作用。他在师范教育方面的科学研究，内容也很丰富，涉及许多重要的问题。例如：如何看待师范教育在整个教育中的地位和作用，大力发展师范教育？如何立足现在，面向未来，探索中国化的师范教育新路子？如何尽量招收有教学实践经验的学生，改变师范学校学生的来源？如何确定并按照师范学校的培养目标，进行课程、教材和教法的改革？如何加强专业思想教育和专业技能训练，提高师范生的思想素质和业务素质？如何面向小学和幼儿园实际，适应基础教育发展和提高的需要？如何改进教育学科的教学和研究工作，为师范教育改革提供理论依据？师范学校的校长如何亲自参加教学和科研实践，取得领导教学的主动权？对这些问题，陈鹤琴都有过精辟的论述。其中许多论述，不仅对各级师范学校有直接的启示作用，而且就其基本精神而言，对各级各类学校都有参考的价值。

陈鹤琴的教育科学研究，包括师范教育研究，为什么会产生如此深远的影响呢？最主要的原因就在于：他能够从中国社会中国教育的实际出发，适应了时代和社会发展的需要。由于陈鹤琴把教育科学研究和教育实践结合在一起，既依据自己的教育思想和教育经验进行教育实践，又用自己的教育实践去丰富教育思想和教育经验，因而使他的教育科学研究具有许多鲜明的特色。具体而言：

第一，针对性。陈鹤琴的教育科学研究不是无的放矢，也不是空泛的议论，而是为了回答和解决现实教育现象中所提出的问题而进行的，有明确的目的性。

第二，实践性。陈鹤琴的教育科学研究不是照搬前人或别人现成的东西，而是立足于自己的实践，注重用事实来验证理论；并根据自己实验研究的结果，提出新的教育理论，用以指导新的教育实践，有很大的适用性。

第三，科学性。陈鹤琴的教育科学研究始终以科学的教育原理为依据，采用科学的态度和科学的方法去探索教育教学工作的客观规律。他所总结出的许多教育原则和方法，至今仍受到人们的重视。例如为人民教育家陶行知推崇备至的《家庭教育》一书，之所以能自1925年出版以来连续再版十多次，就说明了社会对他的教育理论的需要程度，也说明了他的教育理论对社会的科学价值。

第四，艺术性。陈鹤琴的教育科学研究不是干巴巴的说教，而是教育经验的总结。在表述方法上，他善于用生动的语言描述具体的事实，从对各种事实的比较分析中提出自己的见解，使读者感到十分亲切，乐于接受。在教育方法上，他善于按照教育原理和儿童身心发展的特点，巧妙地进行教育，许多地方达到了"神乎其技"的"艺术化"的"范域"，具有很强的说服力。

第五，示范性。陈鹤琴的教育科学著作不仅是科学研究的智慧结晶和教育实践的真实记录，而且是他自己言行一致的理论成果。这些著作既告诉了读者应该怎样做教育工作，又告诉了他自己是怎样做教育工作的，字里行间展示了这位老教育家热爱儿童，热爱教育的高尚心灵，充满了"为人类服务，为国家尽瘁"的思想感情，对读者有很大的示范作用。这些特点显示了陈鹤琴的教育科学著作的理论价值和现实意义，为我们如何紧密结合当前教育改革的形势，发扬理论联系实际的学风，搞好师范教育的科学研究工作，提供了生动的范例。

应该说，陈鹤琴对我国师范教育所作出的贡献是多方面的。而他始终如一地坚持探索中国化的师范教育、坚持实验研究、坚持理论与实践结合的精神和经验则尤为可贵。这些精神和经验植根于中国的土壤之上，具有许多中国的特色。在国家处于战火纷飞，民众生活艰难困苦的时候，他鼓励学生到民众中去办夜校、民校、义务幼儿园。这样不仅为民众带来了知识教育，普及了民众教育，实现了幼儿师范教育培养"国民师资"的初衷，还锻炼了学生的能力，提升了学生实践技能。① 陈鹤琴的教育思想就是我国一份优秀的教育遗产。研究陈鹤琴的师范教育思想和实践，是研究陈鹤琴教育思想的一个重要方面，也是师范教育研究的一个重要课题。

拓展阅读

[1] 陈秀云，陈一飞. 陈鹤琴文集 [M]. 南京：江苏教育出版社，2007.

[2] 柯小卫. 陈鹤琴传 [M]. 南京：江苏教育出版社，2008.

[3] 陈虹. 陈鹤琴与活教育 [M]. 长春：东北师范大学出版社，2010.

[4] 张凤琴. 世界著名教育思想家——陈鹤琴 [M]. 北京：北京师范大学出版社，2012.

[5] 陈秀云，柯小卫. 陈鹤琴教育思想读本 [M]. 南京：南京师范大学出版社，2012.

[6] 陈鹤琴. 怎样做幼稚园教师 [M]. 上海：华东师范大学出版社，2013.

[7] 陈鹤琴. 家庭教育（第二版）[M]. 上海：华东师范大学出版社，2013.

[8] 陈鹤琴. 陈鹤琴教育箴言 [M]. 上海：华东师范大学出版社，2013.

[9] 陈鹤琴. 家庭教育与父母教育 [M]. 上海：上海人民出版社，2016.

[10] 王凌皓，刘艳英，曲萍. 陈鹤琴教育名著导读 [M]. 长春：吉林文史出版社，2016.

[11] 陈鹤琴. 陈鹤琴全集（共6卷）[M]. 南京：江苏凤凰教育出版社，2019.

[12] 柯小卫. 陈鹤琴现代儿童教育学说 [M]. 南京：南京师范大学出版社，2019.

[13] 张仁镜. 陈鹤琴的幼儿师范教育思想 [J]. 师范教育，1987（12）：27-29.

[14] 张晗. 陈鹤琴的幼儿师范教育思想及启示 [J]. 山东英才学院学报，2011（1）：21-23.

[15] 汪耀. 陈鹤琴师范教育思想对中职幼师人才培养的启示 [J]. 高教研究与实践，2013（4）：3-5.

[16] 朱玲鸽. 陈鹤琴幼儿师范教育理论形成研究 [D]. 长沙：湖南师范大

---

① 朱玲鸽. 陈鹤琴幼儿师范教育理论形成研究 [D]. 长沙：湖南师范大学，2014.

学，2014.
[17] 金玲，王蕊. 陈鹤琴的幼儿师范教育理论对振兴学前教育专业人才培养的启示——基于中国学生发展核心素养视角 [J]. 文教资料，2018（26）：158-160.
[18] 吴小鸥. 儿童经验、行动与大单元课程——陈鹤琴的"活教材"思想研究 [J]. 课程·教材·教法，2020，40（7）：130-136.
[19] 张永英. 陈鹤琴"活教法"思想滥觞及对当前幼儿园课程改革的启示 [J]. 南京师大学报（社会科学版），2021（6）：47-55.
[20] 彭海蕾，柯小卫. 从"生活教育"到"活教育"——陶行知先生与陈鹤琴先生的深厚情谊 [J]. 生活教育，2021（6）：25-29.

第八章
李蒸师范教育思想

李蒸（1895—1975年），字云亭，出生于河北省唐山市。1910年，考入天津河北省立高等工业学校附属中学。1915年，考入北京高等师范学校（今北京师范大学），1919年以第一名的成绩毕业并留校任教。1923年，赴美国留学，就读于哥伦比亚大学师范学院，主修乡村教育，仅用一年时间就获得硕士学位，之后又继续深造，1927年获得哲学博士学位。1927年秋，自美国学成取道欧洲归国，先后在北京大学、北平大学、北平师范大学、中央大学等校任教，还出任过北平大学区扩充教育处处长。1929年6月，国民政府宣布大学区停止试行，教育部发布命令恢复原来的北京大学，北平大学第一师范学院恢复为北平师范大学。北平师范大学独立后，校长人选暂时悬而未决，校务暂时由评议会主持。1930年2月17日，国民政府教育部委任李煜瀛（石曾）为校长，但是，李煜瀛始终未到校，教育部任命李蒸为代理校长，并于1930年2月26日到校实际主持校务。之后，李蒸被任命为国民政府教育部社会教育司司长。1932年，国民政府教育部发布第5066号令，"派李蒸为国立北平师范大学校长"，7月15日李蒸正式出任北平师范大学校长。1939年8月，西北联大再次改组，文、理、法商三个学院组建国立西北大学；医学院独立设置，称国立西北医学院；师范学院独立设置，称国立西北师范学院。西北联大从而有国立西北大学、西北工学院、西北农学院、西北医学院、西北师范学院五所学校。师范学院独立，更名为国立西北师范学院后，李蒸被任命为第一任院长。1940年4月，西北师范学院奉国民政府教育部令继续迁往兰州。令人敬仰的是，以李蒸为代表的大批西北联大的师生以民族大义和国家大局为重，在颠沛流离与艰难困苦中一迁再迁，最终在兰州确定了国立西北师范学院的永久性地址，从而奠定了西北现代师范教育的基础。1949年9月21日，李蒸应邀出席了中国人民政治协商会议第一届全体会议。中华人民共和国成立后，李蒸到农村、学校、工厂、矿山考察，了解各地文教事业发展状况，向有关部门反映，进有益之言。1974年9月30日，李蒸应周恩来总理的邀请，出席了庆祝中华人民共和国成立二十五周年招待会。当时李蒸心情十分激动，他说："祖国各条战线都取得了辉煌的成就，这使我感到作为一个中国人很自豪。"李蒸晚年不顾病痛折磨，坚持认真工作，为中国教育事业呕心沥血。1975年，李蒸因心脏病发作与世长辞，享年80岁。

李蒸先生具有专业的学术精神、丰富的教育实践、卓越的办学成就，是我国近代教育史上最有影响力的教育学家之一。

一、高师双重使命：培养教师和发展学术

"高师改大"[①]的社会浪潮下，李蒸明确态度，对师范教育思想作出进一步明确的阐述。李蒸始终认为师范教育具有独特性与必要性，师范教育不同于普通大学教育，普通大学教育着眼于学术研究，对社会实际需要衔接不利，长久来看，社会出现断层，就当时动荡的社会环境来看，中国迫切需要提高民众教育水平，只有全民族奋起反抗，才能拯救积贫积弱的旧中国。因而中华民族的教育事业必须振作起来，社会上急切需要专业教师，正是师范类学校为社会提供师资队伍。正如李蒸所说："师范教育是我国救国建国的重要国策之一。教育政策能否见诸实行，三民主义能否彻底实行，要看各级学校教师是否均有共同一致之信仰，与服务教育事业之精神与能力。"[②] 同时他认为："师范教育乃是一切教育之母。"[③] 针对诸多"师范无异于普通大学""取消师范大学"的各种言论，他说："师范两个字，与大学两字，应兼蓄并顾，不使割裂，而充分表现出师范大学四字整个之特性，师大之生命与出路，全系乎此。"因此，李蒸认为师范教育必须严格保持其"师范性"，"师范大学对于国家负有双重使命：为实施教育学术专才；研究高深学术，探讨文理教育各科之真理"，即培养教师和发展学术并重。

在任西北师范学院院长一职时，李蒸的师范教育思想得到了最大限度的研究和实施。[④] 当时，西北师范学院是西北唯一一所高等师范学校，发展定位是培养中等学校的健全师资，而李蒸对西北师范学院使命的诠释却达到了一个更高的层次。1941年，他为《西北师范学院学术季刊》撰写刊词，阐明了西北师范学院所肩负的使命："一是遵照教育宗旨及实施方针，促进中等学校教育之发展，并协助西北各省教育行政当局扩充中等学校数量及改进内容。二是遵照青年训练政策，实施青年训练及研究青年问题。三是发扬中华民族固有文化与道德，并充实其生活力。四是倡导尊师重道之义，建立良好学风。五是陶冶国民人格，奠定复

---

① "高师改大"：高等师范类学校改为综合性大学，以专门培养师范学生，为社会提供师资的实用型办学宗旨，改为综合性大学研究学术型办学方针。
② 李蒸. 师范教育与师资训练 [J]. 训练月刊, 1940 (5): 56.
③ 李蒸. 美国战后中国师范教育的方针 [J]. 教育杂志, 1947 (1): 52.
④ 孙杰, 李玉珠. 李蒸：西北高等师范教育的拓荒者 [J]. 教育与职业, 2011 (31): 104-106.

兴民族之基础。六是倡导改良社会风气，提高社会文化水准。七是领导教育思想，发挥教育主张。八是扩充教育事业，实现教育功能。九是坚定抗战意志，树立爱国精神。十是提倡科学教育，促进国家现代化。"

当然关于李蒸提到的否定"高师改大"的方针，是有一定道理的，在多数的地区、高校，基本上教育都存在"教学与实际情况不相符合"的现象①。而"高师改大"运动之后，原来教育专修科和体育专修科改组成为教育科。新成立的教育科，包括此后的中央大学教育学院"以培养教育人员，研究教育学术，推广教育事业为目的"②。教育学院内各系科的课程设置也发生了大的变化，从1936年中央大学教育学院学系、体育专修科的课程设立来看，课程设置中大多注重的是对教育方面的研究工作和教学方法的讲授，缺少相应的中学课程中的专业课知识，这就会导致一个重要的问题，即教育学院的学生毕业之后非常熟悉如何教学，却对教学内容知之甚少。而其他文理学院的学生虽然学科专业知识掌握比较牢靠，却往往缺少教育原理及教育技能方面的涉猎。"文理学院毕业学生，对于其所习专科，虽有实学，然缺少专业训练，以之充任教员，其流弊与教育院系毕业生之只重教学，不重实学者正同"③，双方互相欠缺导致大学内所培养的合格中学师资越来越少，严重影响中学教学工作。

高等师范教育与中学师资需求脱节失衡的现象，在当时引起了很多中学管理者的不满，曾担任南京一中校长的李清悚就曾指出大学教育学院造就的是教育学者、教育行政人员、教育著述家、心理学家，而中等学校办学"第一要请教师，其次来请专家。可是我们不幸只有专家可请，而请不到教师，甚至连请专家而不可得"④；郑西谷也曾指出改设之后的教育学院，"不以中学学科分系，而以教育课程分系。其毕业生于教育理论与方法，颇有心得，于中学学科方面鲜有特长，担任中学教师，殆无功课可教。而大学文理商法各科毕业生，于中学学科方面，虽间有专长，惟不谙教育原理与方法，担任中学教师其效率亦之低微。"⑤ "高师改大"造成的这种"教学"与"实学"严重分离的两难问题，在很长时间之内导致了中学师资质量低下，符合要求的师资数量过少，据统计，到1937年，中学师资中受过专业训练的人员仅占25%，师资质量低下。

这个问题到1937年也终于得到了教育部的明确承认，教育部指出"中等学校师资与提高中学学校程度有密切之关系。现在中等学校师资，悉出于大学及专

---

① 刘静. 抗战期间国立中央大学师范学院研究 [D]. 南京：南京大学，2017.
② 南京大学庆校史资料编辑组，学报编辑部. 南京大学校史资料选编 [M] 南京：南京大学印刷厂，1982：150.
③ 田培林，贾馥茗. 教育与文化（上）[M]. 台北：五南图书出版有限公司，1976：373.
④ 李蒸. 由中学师资谈到大学教育学院今后的方针 [J]. 中华教育界，1935（5）：26.
⑤ 李蒸. 中学师资训练问题之研究 [J]，教育杂志，1936（7）：191.

科学校之毕业生,惟大学及专科学校所包括之科系至多,以一般大学及专科学校毕业生担任中等学校教师,其教学方法之训练,殊感缺乏,如代之以教育学院或教育学系之毕业生,其于教学方法虽曾受相当之训练,而于所教学科,则又往往缺少专门训练",重新规定了综合性大学训练中等学校师资的办法,该项办法虽然因为战争的全面爆发未能得到有效的施行,但也成为此后教育部改设师范学院的奠基性举措。

此外,李蒸在研究师范教育思想时,也提出了师范学院的具体运行步骤,比如课程怎么安排、理论实践如何结合、如何学以致用等,李蒸均有考察①。

第一,完善课程规定。教师必须具备专业知识才能顺利完成教育教学任务,课程方面应包含以下三个方面的内容:一是关于修养品格课程。学高为师,身正为范,教师必具备高尚的情操,品格养成课程不仅对师范生尤为重要,更有助于改善社会风气。西北师范学院在德育方面的中心要求是爱国和爱教育事业。1944年,国民政府提出青年学生从军运动,李蒸亲自主持参军大会。一寸山河一寸血,十万青年十万军;仅西北师范学院就有134人报名,这个比例在高校中居于首位。二是关于学识技能的课程。三是关于专业课程。要想成为合格的教师,不仅应具有高尚的品格情操,也必须拥有扎实的理论基础和专业技能。

第二,强调实习经验。李蒸特别重视师范教育的教育实习活动,他认为师范生只有投入真实的教学工作中去,才能将所学知识运用于实践,才有可能成为合格的人民教师。可以说我国的实习制度源远流长,最早的是明朝时期的"监生历事"制度。在教育实践活动中,教育实习活动是师范生实现从学生到教师角色转化的重要一步,但是长期以来,我国师范生教育实习活动受重视程度和落实程度远不尽如人意,其中存在大量问题,比如:学用分离,教育理论和教育实践脱节;实习时间过短,师范生难以在短期时间内掌握必要的教学方法和教学技巧,无法全面而整体地习得合格教师应有的技能。面对这样的现状,我们应该从李蒸的师范教育思想中汲取养分,更加重视师范生教育实习活动。

二、高师教育延伸:民众教育与乡村教育

其实在李蒸的高等师范教育思想中始终隐含着民众教育的理念,在开发西北时期,表现尤为突出。李蒸认为,西北师范学院的真正使命在于驾驭普通民众,使之树立正确的国民道德理念,能够肩负起复兴民族的责任;同时要紧密结合西北社会发展需要,促进西北文化建设。正如李蒸所说:"师范教育应利用师资培养的方式,最大限度地教育民众、阐扬文化、影响社会助力西北地区文化与社会的转型。"1944年11月16日,《甘肃民国日报》专版报道西北师范学院民众教

---

① 段乔雨. 李蒸的教育实践活动和理论探索 [J]. 科教文汇, 2016 (11): 26-27+39.

育试验区相关事宜，并发表李蒸的题词："努力唤起民众，提高文化水平。"

李蒸对民众教育有着自己独到的认识，他认为"民众的意义在一个共和国家应当是指全体人民而言的，主张打破阶级的区分和突破资格的限制，反对将党部、政府、学校以外的人才称为民众"①。利用教育开发西北，李蒸的"民众教育思想"在最大限度上得到了发展。李蒸明确地提出，西部开发的基础性工作和切入点是普及教育、提高民众的文化水平。正因为这样，李蒸明确指出西北师范学院在西部开发过程中所承担的历史使命："本校所负之使命，在校内为训练未来国家精英，培养师资与研究高深教育学术，在校外为协助西北教育当局，发扬西北文化与普及西北教育，这是政府规定本校应负之责任。"② 他在西北师范学院毕业纪念册序中写道："西北为我国古代文化发祥地，在今日更为国防重心，故开发西北为抗战建国之急务，开发工作首赖教育。"在这一思想的指导下，李蒸积极领导工作，他成为最早在西北地区进行开发的教育家，将开发西北理念付诸行动，为今天的西北开发战略实施提供了历史的经验。

李蒸率领西北师范学院师生着手研究普及教育问题③。1938年12月，李蒸在西北师范学院成立小学教育通讯研究处，以期对豫、陕、甘、青、宁、绥六省小学教育有所研究，提出改进办法，以有利于普及。经过调查研究，共提出306个问题，精简合并为188个，计行政类31个，训导类42个，教学类87个，其他28个。再从中挑出100个逐一解答、编辑成书。继李蒸后任西北师范学院院长的李建勋在《〈小学教育实际问题〉序》中说："就研究之性质论，既非根据实验，比较其结果；又非调查各方，取得之集中趋势；与深刻之研究比较，亦觉弗及。但问题虽少，实为小学常感到之困难；研究虽浅均系参照学理与经验而成。……小学教育，亦可藉以获得相当之进步也。"④ 由于西北师范学院研究和解答了小学教育实际问题，在辅导小学教师进修、借以改进小学教育方面作出了突出成绩，得到了国民政府教育部明令嘉奖。嘉奖令说："查该院举办了小学教育通讯研究，颇著成绩，殊堪嘉许。仍仰继续努力，尽先汇印小学教育实际问题研究报告，分发参考。"⑤

在李蒸的积极倡导下，西北师范学院在教师辅导培训方面做了大量工作。可以说，西北六省教师辅导训练是西北师范学院教育开发西部的最重要工作之一。1941年4月，根据国民政府教育部划定的师范学院辅导区，西北师范学院即召开辅导区内中等教育辅导委员会第一次会议，提出了辅导区的三项任务：培养师

---

① 李溪桥. 李蒸纪念文集 [M]. 北京：中国社会科学出版社，1996：98.
② 李溪桥. 李蒸纪念文集 [M]. 北京：中国社会科学出版社，1996：33.
③ 熊贤君. 教育开发西部：李蒸的理论与实践 [J]. 河北师范大学学报，2004（9）：33-36.
④ 许椿生. 李建勋教育论著选 [M]. 北京：人民教育出版社，1993：67.
⑤ 王明汉，衡均. 西北师范大学校史 [M]. 西宁：青海人民出版社，1989（12）：99.

资；指导现任教师进修；辅导本区的各省中等教育之改进。此后，西北师范学院逐年举办暑假训练班（后又添设体育师资训练班）；又与地方教育当局分别在城固、临潼、西安、兰州合办暑假中等学校各科教员讲习讨论会。这对于西北中小学教师水平的提高是大有助益的，对西北中小学教育的发展，适应西部开发之需，亦甚为有利。这项工作还直接促使国民政府教育部在抗战艰难时刻的1940年公布《国民教育实施纲领》，"全国国民教育之迅速普及"。

李蒸知道，做这么多的工作，就是要培养人才，培养"靠得住、留得下"的人才，为此李蒸提出多方面解决办法。

关于所需要的人才应当如何解决呢①？李蒸认为，西北开发所需人才可以通过两方面的途径解决：一是通过学校教育培养，开足西北各省各学校的马力，多培养人才，使他们投身到西北开发的伟大运动中去，为西北开发贡献自己的力量；二是引进人才，由于培养人才需要较长的周期，而西北开发在亟，所以西北各省应当"设法招致各地人才来西北工作，实为当务之急"。他主张构巢引凤，重视人才，招致人才，稳住人才，发挥人才在西北建设与开发过程中的作用，让他们在西北开发的伟大运动中建功立业。李蒸指出："西北各省当局及地方人士当早注意及此，惟招致人才来西北工作，不但应优厚其待遇，且应布置适当生活环境，使来西北者留住西北，在精神物质两方面均能安心工作，满意生活。否则，全国各地均在竞争人才之吸引，西北环境比较困苦，人才容易外流。"②

李蒸在开发西北时，高等师范教育思想和民众教育理论都得到了最大限度的实施，不管是总方针还是具体措施，都做到了点面结合，同时也取得了很大的成就。

由于院长李蒸的积极倡导，西北师范学院师生踊跃参与西北文化开发与建设，积极参加学术研究，形成了良好的开发西部的文化氛围③。西北师范学院在城固和兰州先后举办了社会教育实验区、国民教育实验区。1941年8月，西北师范学院成立出版组，具体负责包括学报在内的各种出版物的出版事宜。当年10月，决定刊印《学术季刊》，刊载学术性质的论文。其内容包括：西北特殊文化；中国固有学术文化与今代科学；中学师资与专业训练；与抗战有关之文学作品④。教师在学术研究方面，可谓硕果累累，以黎锦熙教授为例，足见一斑，黎锦熙教授在1939年至1946年间，撰写的论著便有《国语运动史纲》《钱玄同传》《方志今议》《洛川方言谣谚志》《中华新韵》《论文研究法示例》《汉字形

---

① 熊贤君. 教育开发西部：李蒸的理论与实践 [J]. 河北师范大学学报，2004 (6)：33-36.
② 李溪桥. 李蒸纪念文集 [M]. 北京：中国社会科学出版社，1996 (4)：98.
③ 王明汉，衡均. 西北师范大学校史 [M]. 西宁：青海人民出版社，1989：99.
④ 王明汉，衡均. 西北师范大学校史 [M]. 西宁：青海人民出版社，1989：18.

义通典》等 12 种。1939 年，历史系师生在巴山汉水之间的汉中发掘了张骞墓。① 西北师范学院师生的积极努力，使李蒸的文化教育开发与建设主张在一定程度上得到了实施。

另外，乡村教育思想与民众教育思想相互促进。李蒸采取设立实验区的方式，试图穷尽式地研究某一地区民众受教育情况，得出结论，实施相应普及教育措施，可以说乡村教育是手段，而全民教育才是最终目的，所以二者相辅相成。早年，李蒸赴美留学，主修乡村教育。无论是专业知识还是社会实践，李蒸都得心应手。虽然后期因为战时原因，没有能圆满结束，取得应有的成就，但是从另一个角度来看，乡村教育的实践过程为后期开发西北施行的民众教育方针的展开提供了经验和手段。在哥伦比亚大学攻读博士学位时，他的博士论文的选题是《美国单师制学校组织之研究》，为了完成课题，他在美国中南部的 11 个州参观考察了乡村学校，正是这段学习经历，奠定了他扎实的基础知识。出任北平师范大学校长后，他结合师大特点，制订相关教育工作计划。1933 年，在他直接领导下，在宛平、昌平、温泉等地组织了乡村教育实验区的筹备工作，不久在实验区开办了学制为三年的师范班，以培养从事儿童与成人教育的师资。后来这些成员成为该实验区的中坚力量。1941 年 1 月 19 日，在城固近郊邯留乡成立了社会教育实验区，当时称为乡村社会教育施教区。1941 年至 1942 年间，他组织超 80 位学生进入邯留乡开展教育活动。西北师范学院迁至兰州后，李蒸继续开办实验区，以十里店及附近村落孔家崖为据点，充分利用学校的人力和设备，形成以学校为中心的社会教育活动。这些不懈努力，淋漓尽致地体现了李蒸先生的教育思想，正是通过乡村教育实验区以实现其"社会教育化，教育社会化"。②

十年树木，百年树人，教育是人类社会永恒的话题。回顾李蒸的一生，充分而又多方面的求学生涯使他学贯中西，既熟悉师范教育，又关心民众教育，为他后来的教育实践和理论探索提供了重要条件。作为我国现代著名教育家，西北高等师范教育的开拓者，李蒸的贡献不可磨灭，他也成为现代西北师范教育的奠基人与领航者。李蒸的教育思想与实践在中国教育史上具有重要地位，值得我们高度关注。

拓展阅读

[1] 王明汉，衡均. 西北师范大学校史 [M]. 西宁：青海人民出版社，1989.

[2] 李溪桥. 李蒸纪念文集 [M]. 北京：中国社会科学出版社，1996.

[3] 熊贤君. 教育开发西部：李蒸的理论与实践 [J]. 河北师范大学学报，2004

---

① 北京师范大学. 北京师范大学校史 [M]. 北京：北京师范大学出版社，1982：116.
② 徐兆寿. 李蒸：一生致力于民众教育 [J]. 丝绸之路，2002（10）：13.

（9）：33-36.

［4］孙杰，李玉珠. 李蒸：西北高等师范教育的拓荒者［J］. 教育与职业，2011（31）：104-106.

［5］段乔雨. 李蒸的教育实践活动和理论探索［J］. 科教文汇，2016（11）：26-27+39.

［6］买雪燕. 李蒸高等师范教育思想与实践研究［J］. 当代教育与文化，2017（4）：107-112.

［7］刘静. 抗战期间国立中央大学师范学院研究［D］. 南京：南京大学，2017.

［8］王新梅. 李蒸高等师范教育思想的基本内涵［J］. 甘肃科技，2020（6）：63-65+47.

第九章
车向忱师范教育思想

车向忱（1898—1971年），原名庆和，字向忱，后以字行，辽宁省法库县人，我国著名的教育家、革命家。1898年车向忱出生在一个十分开明富裕的家庭。1906年，入本村私塾读书。车向忱的父亲是一位读书人，1909年在本村办起了一所时势小学堂，同年12岁的进入父亲创办的小学读书，在学堂里受教于思想进步的符先生。1912年入法库县东调兵山高小读书。1914年，考入法库县中学读书。1918年进入北平大学高等补习班学习。1919年，爆发了伟大的五四运动此时在北平求学的车向忱也参与其中，因火烧赵家楼活动被捕，在五四运动取得初步胜利之后被释放。此时的车向忱更加坚定了教育救国的信念，虽然遵奉父命考入中国大学法科，但不到一年的时间，为实现救国救民的理想，就改考进入本校的哲学系。1923年，为阐述"民主与科学"的主张，经过两年的辛苦努力，他终于写出37000字的《打破迷信》一书，以此来破除人们心中最深、最大、最久的病源。但是贫苦百姓没有文化，又怎能读懂他的书呢？他又联合几位同学办起平民夜校，担任夜校主任。1925年，大学毕业之后回到家乡，父亲主张他找当时张作霖的总参议杨宇霆谋个一官半职，可是，他十分鄙视升官发财，愿以平民教育为终身事业。车向忱后来到沈阳，在东北大学附属中学等三所中学任教，不忘初心，在沈阳先后办起了贫民学校、贫民夜校，接着创办了"奉天学生平民服务团""奉天平民教育促进会"。他在促进会成立《宣言》中指出："吾国号称文化之邦，而吾国教育之不普及如是，岂不大可哀乎！盖有四万万同胞，其不识字者，竟占三万二千万，以如许之无知无识之民众，以彼列强争生存，又何以御外侮，即以内政而论，又何以为主人翁？"随着平民教育的发展，车向忱受到当时教育厅厅长王毓桂的非难和攻击，说他是"共党嫌疑分子"，还被诬告说"办平民教育就是反对贵族，就是反对政府，反对张学良"，因此险些被捕入狱。为澄清事实，说明情况，车向忱去面见张学良，向其说明办平民教育是为了唤醒民众，得到了张学良的理解和支持。在促进教育发展的同时，车向忱积极参与爱国运动，1927年，他积极参加反对日本在临江设立领事馆的活动，并取得成功。1929年夏，车向忱、阎宝航、张希尧等人组织反日爱国的民众团体——辽宁国民常识促进会。同年，车向忱在全省共举办平民学校40多所，农村平民学校200多所，学生多达8000人。此间，他撰写《辽宁国民简易教育概况》。1930年，他创办《辽宁国民常识半月刊》，宣传爱国思想，揭露日本帝国主义侵略中华的罪恶本质。同年3月10日和8月18日，车向忱先后两次组织群众，在沈阳小河沿体育场焚毁省邮政局扣留日本人贩运的海洛因386包，烟土4000箱，被称为沈阳的"虎门销烟"。1931年，"九一八"事变之后，车向忱来到北平，继续开展抗日救亡运动。同年9月，与高崇民、阎宝航、卢广绩、陈先舟等在北平旧弄部街奉天会馆建立了"东北民众抗日救国会"（简称"救国会"），车向忱担任该会执委、常委，兼任政治宣传部副部长并参加军事部工作。1931年，车向忱等人奔赴南京，求见蒋介石，提出"出兵抵抗日寇侵略，收复东北大地""供给东北军军火""援助东北抗日义勇军""团结爱国力量，一致抗日"等七项要求，却惨遭拒绝，这时车向忱等人认识到求人不如求己。1932年间，车向忱转身成为"社会活动家"，为抗日战争事业奔走，扮作卖药先生潜入东北，递交组织要函，后又进入大兴安岭林区，在黑河观银号与马占军将军接头，成功转交张学良的信和委托书、委任状。之后又前往满洲里，寻找苏炳文，推动联合抗日，不久，又前往绥芬河一带策动伪军反正。随后再次扮作卖药先生，将救国会和张学良用白绫子写给义勇军的委任状和密信藏在贴身棉衣里，北上慰问各地义勇军。他就这样多次往返关内外，积极联络义勇军将领共同抗战，每到一地，都与抗日将领商议救国大计，策划组织抗日武装，宣传抗日，鼓舞士气。正是在前线走动，感受到战士们伤亡惨重，经救国会决定，在哈尔滨开办一所医院，取名"大同疗养院"，车向忱任院长，在这里秘密为义勇军战士治病疗伤，同时成为抗日组织的一个联络点，各路义勇军的联络员以患者或药商的名义来到这里接洽相关事宜，拿到救国会的委任状、密信、活动经费等。1933年，当时日寇对东北各地抗日力量镇压加剧，义勇军被迫分散在山区、河套等地，物质条件极差。因车向忱秘密承担着联络杨靖宇将军领导的南满游击队任务，从日伪报纸上得知杨靖宇队伍在桓仁县老秃顶子山，他历尽千辛万苦，和他们取得联系。经车向忱联络，救国会帮助杨靖宇的队伍募集到了钱款和武器。在与他们深入接触的过程中，车向忱受到了深刻的教育，使他看到了收复失地的希望。1934年，车向忱携妻回到北平，接办原救国会领导的东北难民教养院，主持东北义勇军眷属生产自救和流亡儿童协议书学习工作。后应老朋友、东北军67军军长王以哲之邀，携家眷去西安。1935年，中国共产党发表了《为抗日救国告全体同胞书》，号召"停止内战，联合抗日"。中共中央的号召在各地引起了强烈反响，车向忱也为之振奋。1936年4月，在张学良、杨虎城、王以哲及各界人士的帮助下，在西安东关索罗巷正式开办私立学校，名为"东北竞存小学"，车向忱任校长，又先后在西安民乐园、王曲镇、凤县银洞滩办起了分校。同年，在中共地下党"西安特支""东工委"的指导与帮助下，车向忱还与金锡如、刘澜波、宋黎等筹建了"东北民众救亡会"，车向忱任执委、主任委员。"西安事变"后，车向忱参加了14个救亡团体会议，联合发出了《全国救亡团体拥护张、杨主张》的通电。车向忱组织了130多人深入县乡宣传张学良、杨虎城的八项主张。同时，他还参加了抗日联军临时西北军事委员会工作，编写了《东北抗日联军对日作战之经验》。1937年1月，车向忱与杨明轩等共同发起成立西北教育界抗日救亡大同盟，并任总盟执委，着力实施抗战的战时教育，即国难教育。他执笔草拟了《陕西国难教育方案》中学部分，又在《救国教育》杂志第一期上发表《东北奴化教育的一斑》。1937年8月中旬，国民党当局以莫须有的罪名，逮捕了车向忱等人。后在车向忱夫人翟重光多方奔走、社会各界人士的声援和八路军办事处的出面交涉下，取保获释。出狱后，车向忱更加坚定了依靠共产党办学的决心。

1946年年初，车向忱任嫩江省人民政府副主席。同年9月，任东北行政委员会主任、教育委员会主任委员兼嫩江省联合中学校长、哈尔滨大学校长，在主持东北解放区的教育工作同时，开始接收哈尔滨大学工作，将原私立大学改为公立大学，于10月20日正式开学，亲自讲授"教育学概论"，书写"实事求是"作为哈大校训，开始着手对旧大学进行改造，实行新型正规化教育。他明确提出："东北应实行民主、科学、大众的教育。"配合形势，1948年，他撰写了《三十年教育工作的回忆——两种天下，两种教育》，在《生活报》上连载。同年10月，车向忱加入中国共产党，正式成为一名党员。东北解放后，东北人民政府成立，车向忱被选为政府委员，担任教育部部长、沈阳师范学院（今沈阳师范大学）院长、沈阳体育学院院长、辽宁省实验中学首任校长。东北大区撤销后，车向忱担任辽宁省副省长、省政协副主席、全国政协常委、民进中央副主席、民进辽宁省委员会主任委员，并被选为第一、二、三届全国人民代表大会代表。在这期间，他提出："我们办教育就是要创新，要办新型的正规化教育。"他冲破阻力，先办起了新型的东北实验学校，并担任第一任校长。即使在"文化大革命"期间，车向忱也多次向周恩来写信，反映社会情况。在其中一封信中指出"不要民主人士，不要统战政策是违背毛泽东思想的"。1971年1月8日，车向忱在盘锦逝世，终年73岁。

车向忱不仅提出了自己的师范教育思想，而且作为社会活动家的生活经历，更为惊心动魄。1927年至中华人民共和国成立，国内持续动荡不安，这时的车向忱一边办教育，一边致力于革命战斗的前线。办教育为革命战斗输送人才，同时革命需要的时候，车向忱也奔赴前线，成为革命组织与前线的联络员。车向忱满腔热血,不辞辛劳,到处奔走,为革命事业而奋斗,也正是这样伟大的创举,让中华儿女看到了和平的希望。

车向忱的主要著作见表 9-1。

表 9-1 车向忱的主要著作

著作	出版或发表时间
《打破迷信》	1925 年出版
《辽宁国民简易教育概况》	1929 年出版
《东北应实行民主、科学、大众的教育》	1946 年发表
《三十年教育工作的回忆——两种天下,两种教育》	1948 年 6 月发表
《从"小猪倌"入学看新民主主义教育的将来》	1948 年 8 月发表
《教育要配合建设》	1949 年 8 月发表
《中国共产党为中国教育指出了正确的道路》	1951 年 7 月发表
《培养健全的劳动者——办教育的目的》	1957 年 3 月发表
《给毕业生家长的一封信》	1957 年 4 月发表
《再谈中小学毕业生的升学就业问题》	1957 年 5 月发表
《和中小学生教师谈毕业生的问题》	1957 年 5 月发表
《民办中学大有可为,勤工俭学好得很》	1958 年 6 月发表
《人民教师应重视培养青少年一代的共产主义道德品质》	1955 年 2 月发表
《培养全面发展的社会主义建设者》	1955 年 7 月发表
《发展体育运动,增强人民体质》	1955 年 7 月发表
《学习延安作风》	1962 年 5 月发表
《继承和发扬革命传统——重访延安》	1962 年 5 月发表
《小学教师是有前途的》	1948 年 9 月发表
《做一个人民教师是光荣的》	1954 年 7 月发表
《和高中毕业生谈谈投考高等师范问题》	1959 年 6 月发表

一、师范教育地位:师范教育乃教育根基

在中华人民共和国成立之初,百废待兴,尤其是教育事业需要立足根基,逐步推进。车向忱意识到师范教育是根基,应大力发展师范教育,重视人民教师队伍的建设,形成了自己独具特色的师范教育思想理论。他的师范教育思想主要由四个部分有机地组成,他在师范教育思想中探讨了教师地位、素质以及发展师范教育的途径。

(一) 树立人民教师观念

一方面，车向忱始终认为教师是最光荣的、最有前途的事业，并且用实际行动捍卫了自己的信念。1925 年毕业之后他回到家乡，父亲主张他去寻找张作霖的总参议杨宇霆谋个县长的职务，可是他十分鄙视升官发财，愿以教育为终身事业，成为一名教师。另一方面，车向忱认为教师肩负着国家和社会发展的重任，教育可以救国，可以兴邦。他认为："我国教育之不普及，无怪吾国之内政不修，外交不振也。"① 大学毕业之后，他在东北大学附属中学等三所中学任教，期间先后办起了贫民学校、贫民夜校，接着创办了"奉天学生平民服务团""奉天平民教育促进会"。后来受朋友之邀，在陕西西安创办东北竞存小学、中学等，宣传平民教育思想，使平民有机会受到教育，志在提高广大人民的文化素质，同时向同学们宣传革命思想，传送革命的思想和道理，锻炼学生勇敢坚强的革命意志，以此振兴国家。不乏一些教师看到当时的社会环境深感失望，看不到教师神圣的使命和在革命年代教师发挥的作用，这时车向忱耐心地说："教育是百年大计，一则不容易有近效；二则不容易马上看到报酬，报酬是在后面的。"② 他还说："我搞教育三十多年了，以前我在国统区里办教育，不但吃不饱穿不暖，弄的身心憔悴，政治上受压迫，但是，我始终如一的为人民、为革命办教育，穷干、苦干、实干了三十多年，现在，在共产党的领导下的新中国，我的教育理想实现了。"③ 同时他还指出："一个教师，把个人的一切贡献给祖国壮丽的教育事业，为国家培养青年一代，使他们获得丰富的基本知识，就是最大的前途。"④ 由此可见，车向忱不仅在理论上提出，而且在实践中实施，真正地为国民教育提出方案。

(二) 教师既要有扎实的专业知识，又要有较高的管理治理水平

教师是为祖国培养人才，培养未来革命事业的接班人，不仅要有丰富的专业知识，还要有深入的战略眼光。然而这种能力不是与生俱来的，对此车向忱具有深刻的体会，因而他不止一次地强调加强教师队伍建设，教师只有拥有扎实的专业知识，较高的教学素质，才能向学生言传身教。他指出："我们教师要加强对新教材的学习和理解，应该精益求精再进一步的钻研，把它的精微处研究出来，并能结合学生们的实际和要求。"⑤ 在教学实际过程中，既要注重理论与实践结

---

① 车向忱. 车向忱教育文集 [M]. 吉林：吉林大学出版社，1998：56.
② 车向忱. 车向忱教育文集 [M]. 吉林：吉林大学出版社，1998：26.
③ 车向忱. 车向忱教育文集 [M]. 吉林：吉林大学出版社，1998：37.
④ 车向忱. 车向忱教育文集 [M]. 吉林：吉林大学出版社，1998：117.
⑤ 车向忱. 车向忱教育文集 [M]. 吉林：吉林大学出版社，1998：12.

合，同时教师又要不断汲取新知识，提升自身能力建设，提高教育教学水平。同时又进一步提出："教师们要加强政治学习，掌握马列主义毛泽东思想，不断提高我们的理论水平，才能进一步掌握好新教材，才能使学生透彻地了解所教的有系统的科学知识。"① 他再次强调说："教师就必须有高度的政治修养和高超的文化科学水平，并且必须懂得和熟悉教育科学，只有这样，才能担负起这样重大的任务。"②

（三）倡导大力兴办师范教育

为了满足教育事业的需要，车向忱采取多种形式和办法大力发展师范教育，他指出："学校教育地发展与提高，关键地问题是老师。"③ 在当时混乱的社会背景下，旧的规章制度被摧毁，新的政策未建立，民众思想也处在混乱时期，不知如何是好。车向忱把握时势，提出发展师范教育思想，带领中国广大民众走向光明道路，这无疑是为广大民众拨乱反正，也为中国的教育发展指明方向，具有战略家的眼光和思想。具体措施：以东北实验学校为试点，设立高中部，将其为文科班、理科班和师范班。他这样分设的目的是：其一可为高等学校培养合格的生源，其二可为广大的小学校培养合格的师资，以此发展师范教育。而后车向忱又提出将教育部所属的师资部并入实验学校，成立东北实验学校中学师资部。师资部培养了多名学员，充实了东北三省的中学师资，后来这批人成为教育战线上的骨干力量，他们有的是大学的教授，有的还成为高等院校的领导者、文化局局长等。在车向忱的努力建设下，这个中学师资部又变成了中等师范函授部。由于思想认识上的差距，在当时许多人的眼里，根本不重视师范教育，认为办普通学校，教学生文化知识就够了。可是车向忱始终坚定自己的办师范教育的信念，他提出："我想从小学一直办到大学，师范部将来就可办成师范学院。"④ 后来不仅成立了师范学院，车向忱还亲自担当沈阳师范学院院长，为师范教育的发展竭尽全力。⑤ 综上所述，车向忱提出的师范教育思想十分可贵，不仅推动和发展了东北的教育事业，也为中华人民共和国成立初期的教育理论奠定了基础，具有超越时代性，即使对现在的教育事业也具有重要意义。

---

① 车向忱. 车向忱教育文集［M］. 吉林：吉林大学出版社，1998：78.
② 车向忱. 车向忱教育文集［M］. 吉林：吉林大学出版社，1998：34.
③④⑤ 马永霞. 车向忱师范教育思想探微［J］. 锦州师范学院学报（哲学社会科学报），1999（2）：96-98.

二、师范教育延伸：平民教育与女子教育

（一）平民教育思想

结合中国国情，车向忱提出"平民教育"思想，这并不是纸上谈兵，而是经过实际和实践考验的，是他从实际活动中总结出来的，正如东北人民政府主席林枫所说："车老是爱国的教育家，为抗日救国办了大半生教育，有教育思想和主张。"车向忱在谈到新中国的教育时说："我们办新型正规化教育，不能不顾内容，不求质量，不根据中国的具体情况，只是盲目采用外国的洋教育。"车向忱为了"平民教育思想"可以说奋斗终生。在大学读书期间，车向忱就联合几名同学创办了平民夜校，亲自担任夜校主任，撰写《打破迷信》一书，宣传"民主科学思想"。"亚里斯多德追求真理的热情，耶稣献身救世的[①]精神，墨翟的布衣草鞋、粗饭淡食、'摩顶放踵、利天下为之'的刻苦精神都令他钦佩不已，并立志躬身励行"。他认为，为了改造社会，"必得先知道这社会的病根在哪"，必须求得一个"根本解决"，"必须靠着社会上多数人共同的运动"[②]。1928年9月，车向忱抱着"救国先要救民，救民先要教民"的平民教育救国理想，成立了奉天平民教育促进会，他在《宣言》中提出："平民教育为今日救国之教育。"把"救济我省一千二百万不识字之民众，作十年普及之计划"，当作促进会应负的责任。从此，拉洋车的、工人、卖小吃的……凡是没有接受过教育的普通人都成了车向忱的教育对象，他自己花钱给他们买书买纸"[③]。为了启迪民智，提高民力，踏踏实实地为平民做些实事，车向忱通过平民服务团，团结各大、中学校热心平民教育的广大青年，一面继续在城内宣传、讲演，推动平民教育工作，一面开始下乡宣传，兴办平民学校。他对平民服务团的同学们说："我们能为他人之所不能为，能做他人所不能做的事情；饭食虽然不足以充饥，睡眠虽然冷而不足，可是我们吃苦的精神，终能胜过一切，这要比坐汽车，携美人的官僚，不是光荣的很多么！"在大学毕业后，回到奉天（沈阳）市任教期间，联合大中学生，用自己的工资，创办平民夜校，接着在张学良等众人的推动下，继续发展，全省20多个县共建立200多所平民学校，学生总数达8000多人。应朋友之邀，在西安创办东北竞存小学，陕西地下组织在东北竞存小学建立了特别支部，以该校为联络点开展抗日宣传活动。到1945年，竞存学校共培养学生千余名，奔赴前线。在车向忱的影响和活动下，东北竞存小学成了地下党的联络站和输送干部的中转站，对中国共产党的事业发展起着至关重要的作用。

[①][③] 王凤玉. 平民教育家——车向忱[J]. 锦州师范学院学报（哲学社会科学版），1999（2）：102-104.

[②] 车向忱. 打破迷信〈自序〉[M]. 北京：北京大学出版社，1923：23.

(二) 女子教育思想

车向忱还十分重视女子教育，在1923年出版的《打破迷信》一书的序中，他谈到女子教育思想，相关论述主要分为三部分：

第一，强调女子教育的重要性。一方面，从家庭的角度看，女子由于自身特点和长期社会文化的约定俗成，几乎担负着子女教育的全部责任。女子受教育程度，直接影响着子女教育的成败。另一方面，从社会的角度看，女子在社会生产中也可以发挥同男性一样的作用。他提出了"从心理学上说女子的聪明和记忆力，平均起来，还比男子强"的科学论断。现如今随着社会的发展男女分工日渐模糊，女子已经成为社会发展的中坚力量。

第二，车向忱认为女童入学人数是发展女子教育的基础。他在奉天创办平民学校和在西安创办东北竞存学校，都将男女兼收作为一条基本原则。他深刻分析了当时阻碍女子受教育的多种原因，采取了"教师可亲往学生家中劝导""减免学费"等一系列有效措施，并亲自在各处集会中广泛宣传女子受教育的裨益，号召女子入学读书。在车向忱先生创办的各种简易学校中，女童比率可高达60%，受到社会各界好评[①]。

第三，为女子接受教育提供有利条件，是确保女子教育质量的关键。因此他采取一系列措施，比如在1929年2月发表的《省县乡适用之组织国民简易学校办法》中，明确提出女学生风纪之条例，排除不安全因素，为女生上课解除后顾之忧，各方面应给予特殊照顾等。而且他注重鼓励女子自立自强，积极宣传女子成功者的形象，以此来鼓励女子。比如在1954年7月《做一个人民教师是光荣的》中，高度赞扬了旅大市劳动学校女副校长高凤珍奉献教育事业的事迹。1950年4月，他在"发展工农教育"的讲话中，提到"刻苦钻研业务"时，让大家以普通农村妇女董文波为典范。1955年8月，宣传"全民健身"时，鼓励大家向旅大市针织厂的"三好"女工王学花学习。总之，查阅车向忱文献讲话时，不难发现，他在所列举的实例中，都有坚守在各行各业的女子典型形象。车向忱的女子教育思想在当时具有奠基作用，现在也具有重大的现实意义。

可以看出，车向忱不仅是近代中国著名的教育家，也是杰出的抗日救亡运动领导人、优秀的党员和著名的社会活动家。他一生奔走于教育和革命的前线，先后编撰多本书籍，宣传平民教育思想，自费兴办学校，号召教育界学习老解放区教育经验，明确提出"东北应当实行民主、科学、大众的教育""从实际出发，学习与生产配合，生产与劳动配合，学校与工厂配合，学与大自然配合"的理论联系实际的教育主张；明确提出"正面教育""耐心说服启发""家庭、社会、

---

① 魏正书，董巍. 车向忱的女子教育思想与今日女子教育[J]. 沈阳师范学院学报（社会科学版），1999（3）：44-45.

学校密切配合"等教育主张；同时积极投身革命事业，创办杂志，组织爱国救亡运动，为巩固和发展中国共产党领导下的统一战线工作发挥了重要作用。他在革命事业的奋斗中积淀和总结出来的教育思想和教育理论，都是围绕着中国革命事业，为了党的教育事业而提出的。

拓展阅读

[1] 车向忱. 车向忱教育文集 [M]. 长春：吉林大学出版社，1998.

[2] 刘忠德. 一份珍贵的教育遗产——为《车向忱教育文集》出版而作 [J]. 沈阳师范学院学报（社会科学版），1998（4）：8-10.

[3] 王凤玉. 平民教育家——车向忱 [J]. 锦州师范学院学报，1999（2）：102-103.

[4] 刘国瑞，陶双彬. 车向忱与东北解放区教育事业 [J]. 沈阳师范学院学报（社会科学版），1999（3）：42-43.

[5] 马永霞. 车向忱师范教育思想探微 [J]. 锦州师范学院学报，1999（2）：96-98.

[6] 魏正书，董巍. 车向忱的女子教育思想与今日女子教育 [J]. 沈阳师范学院学报，1999（3）：44-45.

[7] 车树实，盛雪芬. 人民教育家车向忱 [M]. 太原：山西人民出版社，2019.

[8] 高巍. 平民教育家车向忱 [N]. 华商晨报，2020（1）.

第十章
孟宪承师范教育思想

孟宪承（1894—1967年），字伯洪，出生于江苏省武进县。他是中国近现代著名教育家，毕生致力于教育理论与实践研究，为中国教育事业的发展作出了不可磨灭的贡献。1916年，孟宪承以优异的成绩毕业于圣约翰大学外文系。同年9月，受聘执教于北京清华学校。1918年9月，他通过留学考试，公费赴美国华盛顿大学留学，专攻教育学。1920年获教育学硕士学位后，他又赴英国伦敦大学研究生院继续深造，刻苦钻研哲学、心理学、教育学等学科。1921年，迫于沉重的经济压力回国，受聘于东南大学任教授。1923年，受圣约翰大学校长卜舫济之邀，前往任教。"五卅惨案"后，爱国学生运动浪潮迭起，孟宪承不顾个人前途，与美籍校长据理力争，坚决支持学生的爱国行动，毅然宣布脱离圣约翰大学。离开圣约翰大学后，孟宪承联合一些教育界人士，发起创办了光华大学。此后曾一度担任国立第四中山大学秘书长、国立中央大学教育学院院长。1929年起至1933年在浙江大学任教。1933年，在杭州创办民众实验学校，研究和推广民众教育。抗战期间，他先后在浙江大学（1938—1941年）和湖南国立师范学院任教。抗战胜利后，重返浙江大学任教（1946—1951年），兼任文学院院长。1942年国民政府公布首批29位部聘教授名单中，孟宪承是唯一的教育学教授。1949年，孟宪承被任命为浙江大学校务委员会常务委员，参与主持浙江大学校务。1951年，孟宪承被调到上海，出任华东军政委员会教育部部长、华东行政委员会教育局局长，后专任华东师范大学校长，1956年被评为一级教授。孟宪承先后当选为第一、二、三届全国人民代表大会代表，上海市第三、四届政治协商会议副主席，上海市教育学会会长。1967年7月19日，孟宪承病逝于上海，终年73岁。

孟宪承长期从事教育科学研究和教育管理工作，在文、史、哲、教等多学科领域上均有极深的造诣。他已出版的专著有《教育概论》《教育通论》《教育史》《西洋古代教育》《大学教育》《民众教育》《中国古代教育史资料》《中国古代教育文选》等，还曾编写《教育哲学》《中国教育史》《外国教育史》等教材。此外，他还翻译西方教育名著多种，如J.杜威的《我们怎样思维》（中译本名为《思维与教学》），W. H. 基尔帕特里克（旧译克伯屈）的《教育方法原论》，B. H. 博德的《教育哲学大意》《现代教育学学说》《教育心理学辨歧》等。孟宪承一生忠于教育事业，勤勤恳恳，教书育人，潜心钻研，形成了丰富的教育思想体系，其中在师范教育的理论和实践方面颇有建树。他的远见卓识和先进的师范教育理念不仅在当时产生了深远影响，而且对今天师范教育的发展具有重要意义。

一、高师办学理念：师范性与学术性结合

孟宪承十分强调高等师范教育的重要性和必要性。他在把握世界高师教育发展规律和深刻分析中国国情的基础上明确指出："现代国家，没有一个不把教育看作国家的命脉，没有一个不尽力从事师范的培养；为改进中等教育计，没有一个不在高等教育里，供给师范的训练①。"他进一步强调，在高师的办理中，应将其师范特性与社会实际需要相结合。在新中国成立的社会历史背景下，独立设置高师以填补中学师资缺口是当务之急，以期迅速并针对性地培养出高质量师资。孟宪承指出："为了师资的迫切需要，大学以外还不得不另设高师，我国今天的高师和大学，在修业年限、专业设置、科学研究的条件等方面，还是有显著的相对的区别②。"一方面，从修业年限上看，综合大学为五年，高师为四年，由此难以将高师与综合大学的教学质量相比；另一方面，从专业设置上看，相比高师，综合大学专业齐全且学科门类更多，还拥有优越的师资、科研设备以及图书资源。为此，孟宪承认为高师在独立设置的同时，应向综合大学看齐以提高教学和科研水平以及人才培养质量。"高师向综合大学看齐，如其指我们向大学看齐，是从提高教学质量与科学水平而言，则不能认为是迷失高师的方向。"③ 在孟宪承看来，"高师向综合大学看齐"这一举措并不意味着高师抛弃了自身"师范性"特质，而是在坚持其"师范性"本质特征的基础上，向综合大学学习以提升自身的教学与科研能力，从而培养出大批具有科学研究素养的中学教师。显然，对于各界长期存在的高师办学理念的"师范性"与"学术性"之争，孟宪承认为高师不仅应坚持其"师范性"特质，还需努力提升其学术研究水平，实现师范性与学术性相结合。这是孟宪承高等师范教育思想的灵魂所在，从一定程

---

① 周谷平、赵卫平. 孟宪承教育论著选 [M]. 北京：人民教育出版社，1997：84.
②③ 周谷平、赵卫平. 孟宪承教育论著选 [M]. 北京：人民教育出版社，1997：384.

度上决定着高师办学方向与人才培养目标。

孟宪承注重培养高素质的合格师资,并指出办好教育的关键是提高教师的学术水平和思想水平。他认为:"高师在于培养中学各科教师、训练办学或教育研究的专家、学务指导和行政人才。"① 在孟宪承看来,高素质的教师应具备的条件如下:所教学科的学识技能;扎实的基本训练和专业训练;了解中等教育问题、掌握教学法的原则和青少年的心理特征等教育科学知识;熟练掌握学习工具和方法,拥有独立研究的能力。另外,孟宪承提出高师教育应以复合型人才为培养目标。"高师应设置若干复合专业,如中国文史、史地、生物化学等,以适应今后中学教育发展的方向。"② 这要求教师具备广博的文化基础知识和专业素养。除此之外,孟宪承也十分注重教师良好品德的培养。他认为:"同情、客观、忠实、负责、自制、勤劳等是教师必备的理想和态度,秉承着热爱儿童与服务社会的坚定信念,青年教师必定愿接受'最严格的身心训练'而不懈怠。"③ 由此可见,在高师教育中,不仅要培养教师渊博的专业知识与教育知识,还应重视培养优秀教师所应具备的素质。

二、高师课程设置:基本训练和专业训练

在全面学习苏联的教育教学理论和经验之下,我国于1954年颁布了《师范学院暂行教学计划》,其中规定了师范学院的课程设置,包括政治理论科目、教育科目、专业科目以及教育实习。由此,在一定程度上明确了师范学院的培养目标和教学改革方向。但存在课程类别过多、总学时过长等问题,使得师生压力繁重,况且师范院校难以在四年之内完成苏联高校五年的教学计划。此外,在课程比例的设置上存在"重政治,轻专业"的现象。孟宪承指出:"过去的专业课只占百分之五十四,等于四年中只学了两年半,而综合大学是五年。"④ 受苏联教育模式的影响,专业课比例过少,而政治课比例过重,使得师范生文化知识基础薄弱,在中学教学中出现问题。另外,通过划分的专业来进行人才培养,使得学生的专业知识面过于狭窄,阻碍了未来的学习和发展。针对以上师范学校课程设置和教学计划中存在的问题,孟宪承提出了四点建议:第一,"增加专业课(包括基础课)在教学计划中的比重⑤;"第二,因受时间的限制,应适当删减公共必修中教育学科和教育实习的课时数;第三,精简教学过程,避免因形式繁杂而

---

① 周谷平,赵卫平. 孟宪承教育论著选[M]. 北京:人民教育出版社,1997:84.
② 周谷平,赵卫平. 孟宪承教育论著选[M]. 北京:人民教育出版社,1997:386.
③ 孟宪承. 教育概论[M]. 福州:福建教育出版社,2006:127.
④ 周谷平,赵卫平. 孟宪承教育论著选[M]. 北京:人民教育出版社,1997:385-386.
⑤ 周谷平,赵卫平. 孟宪承教育论著选[M]. 北京:人民教育出版社,1997:385.

消耗教师与学生的精力，但在习题、读书报告、学年论文等方面应大力提倡；第四，应加强专业的基本训练以巩固科学文化基础。需要特别指出的是，孟宪承主张必要时应设置若干五年制的专业，如中文、数学等基础学科，或者增加复合专业，如史地、生物化学等。由此可见，孟宪承不仅注重提升学生的专业精神和专业素养，还特别重视学生综合素质的培养。

  根据高师的人才培养要求，孟宪承认为师范院校应开设两大课程，即"基本训练"和"专业训练"。其中，"基本训练"是指普通文化的教育，此为教师应具备的基本文化素养，包括国文、历史、地理、算学、物理学、化学、生物学、社会学、伦理学、体育、音乐等。① 在孟宪承看来，基本训练不仅是师范生专业训练的基础，还与其日后继续学习和进修有着密切联系。首先，教师只有具备广博的文化知识，才能融会贯通、得心应手，从而更深刻地理解所教学科知识并将其与多学科知识有机结合。"教师对于人类的文化，愈有丰富的了解和深切的体验，则对于教材的运用，愈可以左右逢源。"② 因此，应注重师范生通识性知识的积累，开阔师范生的教育视野，才能帮助学生解决实际问题，满足学生多方面的兴趣需要以及促进学生素质的全面发展。其次，基础训练是教师进行专业学习和开展教育科学研究的前提。孟宪承认为："生物学、社会学等学科是教育科学的基础。"③ 应加强师范生在哲学、自然科学和人文社会科学等方面的学习，提升师范生的自身素质，帮助其更好地理解教育学科知识并为教育科学研究的开展打下坚实基础。最后，通过基础训练使师范生获得广阔的专业知识背景、较强的专业适应能力和终身学习所必备的知识和技能，这些基础文化知识是教师继续学习和进修的基本工具和门径。就"专业训练"而言，孟宪承认为可将其分为"技能、知识、理想三个目标来讨论"。④ 技能训练为教学方法、教育实习等技能教育；知识训练是指对教育概论、教育心理学、教育测验与统计等教育学科的学习；所谓理想的训练，是培养师范生矢志于教育事业的坚定信念和热心奉献于教育工作的崇高理想，主要是对师范生进行同情、客观、负责、忠实等良好品德的教育。在孟宪承看来，教师作为人类文明的传递者，不仅要具备深厚的知识功底和扎实的教育教学能力，还要有较高的职业道德修养。由此可见，在课程设置上，孟宪承注重将基础训练与专业训练相结合，在加强师范生基础文化知识的基础上，注重其专业技能、教育学科知识和职业道德的训练和培养，将"师范性"与"学术性"有机结合。

---

①②③④ 孟宪承. 教育概论［M］. 福州：福建教育出版社，2006：126.

三、教师职业信念：教书育人与诚挚的爱

在孟宪承看来，教师职业是极具艰苦性的。他指出："普通人把教书看作一桩容易的，不费气力的事情，实在是一个很谬误的观念。虽然星期假、寒假、暑假，是教师职业上'容易'的期间和报偿。但除此以外，那每日的上课准备，和课前课后的整理，非有极规律的习惯，极勤劳的工作，不会有什么成功。"① 面对教师职业的繁杂性和艰巨性，需要广大教师具备坚忍不拔的毅力和耐心，方能甘于寂寞和抵制外界的诱惑。"教师以教学服务于社会，为了忠于他的专业，不可见异思迁，分心旁骛于其他活动。"② 因此，教师只有树立坚定的职业信念，才能摆脱功名利禄的诱惑，经受艰难挫折的打击，从而将教书育人作为自己终生奋斗的事业。另外，对有多年从教经验的孟宪承来说，其在教师职业方面有着深刻的认识与体会。他认为教师在播撒爱的同时，也收获了爱。"教师爱着儿童，其最大的报酬也就是儿童的爱③。"孟宪承赞叹裴斯泰洛齐、福禄贝尔等伟大的教师，他们出于对儿童的热爱，才能以白首穷年，和孩子们朝夕相处，引导辅助他们成长，如同辛勤的园丁栽培与灌溉花木一般孜孜不倦。"我们要从事于这种事业，则对于儿童和社会，必有我们倦倦的所在④。"热爱儿童和教育事业是教师应具备的职业信念，是激励教师献身教育工作的动力。此外，在孟宪承看来，教师职业具有互惠互利的性质。儿童的生长，也刺激和促进着教师的生长。他提出："生活在小孩子的队伍里的教师们，也像孩子们似的活泼；常感觉生趣的盎然，而忘记了自己的迟暮⑤。"教师在儿童的感染之下，富有年轻的心态并换发生命的活力，从而不断激发教师的教育热情以及对儿童的诚挚爱心。

四、教师职业责任：教学科研与终身学习

对教师职业特性和教师职责的正确认识是制定师范院校培养目标和教学课程设计的前提。为此，孟宪承系统阐述了一名合格的教师所应承担的责任。

首先，孟宪承认为"教师以教学服务于社会"，教学是教师的基本工作和首要职责。"教学是教师的所能，他所能的，他干的，这在他是一点也不愧怍⑥。"孟宪承十分注重教学方法的研究和运用，致力于掌握灵活教学的技能。他认为："最好的教学法，原是需要教师最大的努力的⑦。"他认为传统的教学方法侧重灌

---

① 周谷平，赵卫平. 孟宪承教育论著选 [M]. 北京：人民教育出版社，1997：88.
②③⑤⑥ 孟宪承. 教育概论 [M]. 福州：福建教育出版社，2006：124.
④ 孟宪承. 教育概论 [M]. 福州：福建教育出版社，2006：123.
⑦ 周谷平，赵卫平. 孟宪承教育论著选 [M]. 北京：人民教育出版社，1997：81.

输和记忆，晦涩难懂，不便于理解且与时代脱节。此外，孟宪承指出："在大学的教学中，除实验科学外，还是侧重于讲演，而缺乏学生的自主研究和教师的个别指导。"① 在他看来，教师单向的知识灌输剥夺了学生思考与自主探索的权利，不利于学生批判性思维和创造性精神的培养。他认为，"现代教学的精神，根本上是要生徒活动，生徒自学。好的学问不能由教师代学，正如好的肴馔，不能由他人代吃②。"教师的职责在于引导学生学习，激发学生学习兴趣，启发学生思考，而非越俎代庖替学生学习。孟宪承认为："教师的职能，在诱起学生的兴趣，帮助他的了解，指导他的学习，督促他的努力，考查他的成功③。"因此，教师应改进教学方法，成为学生自主学习的组织者、引导者和促进者，使学生能最大限度地发挥自身的积极性、主动性和创造性。

其次，教师应积极参与教育科学研究。孟宪承指出："欧洲在百年前就以教育为专门学科，而加以精深研究了。"④ 相比之下，中国的教育科学研究起步较晚且体系不成熟，落后于时代发展的潮流，为此，教师应担负起教育科学研究的使命。孟宪承认为："教师不是人人能够希望做一个科学研究者，但至少能够跟着研究的专家，继续自己的学习，而不厌倦。"⑤ 另外，在孟宪承看来，渊博的知识体系是教师进行教育科学研究的基础。教师不仅要学习教育理论知识，还要学习哲学、历史等多学科知识，才能在教育科学研究中有所成就。

再次，教师应承担参与学校治理的职责。孟宪承认为："教员与校长，系共同努力于一种教育事业，在正当之轨道上，应有参与校事之'义务'⑥。"教师通过积极参与和管理学校事务，不仅能帮助其树立学校生活中的主人翁意识，而且对提升教学水平和学校行政管理效率大有裨益。

最后，终身学习是教师的基本责任。孟宪承将继续教育和终身学习的理念赋予教师职业之中，在他看来，教师职业的学习不应限定于高师的学校教育，还包括任职后的进修。教师在教学实践中常常会寻求对新困难和新问题的解答，而教育理念和方法随着时代的发展不断更新，教师不能仅安于"教书匠"的角色，而应孜孜不倦地汲取新的知识以促进自身专业发展，这离不开教师的持续研究和不断学习，因此终身学习是教师职业特点和专业发展的需要。孟宪承认为："教师应积极参加服务后的进修，是出于自身发展的强烈需求，而非他人奖诱或督

---

① 周谷平，赵卫平. 孟宪承教育论著选 [M]. 北京：人民教育出版社，1997：136.
② 周谷平，赵卫平. 孟宪承教育论著选 [M]. 北京：人民教育出版社，1997：41.
③ 周谷平，赵卫平. 孟宪承教育论著选 [M]. 北京：人民教育出版社，1997：44.
④ 周谷平，赵卫平. 孟宪承教育论著选 [M]. 北京：人民教育出版社，1997：85.
⑤ 孟宪承. 教育概论 [M]. 福州：福建教育出版社，2006：133.
⑥ 孟宪承. 教育概论 [M]. 福州：福建教育出版社，2006：114.

促。"① 此外，孟宪承列举了四种有组织的教师进修活动。第一，讲习。如暑假学校、暑期讲习会等，讲习内容不局限于教育学科，而是包含自然科学、社会科学、艺术欣赏等多领域知识，在讲习方法上注重示范和实习。第二，讨论。即组织开展研究会或讨论会，要求会前设定讨论主题，教师各自搜集整理相关材料后发表总结观点。第三，观察。包含教学参观和成绩展览。第四，教育的科学研究。由此可见，终身学习是教师的基本责任，教师通过职后进修学习不断实现自我完善，为其职业发展提供源源不断的动力。

孟宪承作为我国现代教育理论与实践的先驱之一，以拳拳责任之心"殚精研究，传其所学"，不断探索教育改革与发展之路。孟宪承被任命为华东师范大学首任校长后，便全身心投入这所大学的建设中，他先进的师范教育理念为华东师范大学的发展打下了坚实的基础，最终促使其成为师范大学中的佼佼者。孟宪承在教师职业信念、教师责任和教师培养等方面见解独到，对促进教师专业发展和教师职业道德建设具有深远意义，有待我们进一步研究和借鉴。

拓展阅读

[1] 俞立中. 师范之师 怀念孟宪承 [M]. 上海：华东师范大学出版社，2007.
[2] 孟宪承. 孟宪承文集卷 [M]. 上海：华东师范大学出版社，2010.
[3] 杜成宪. 大夏教育文存 孟宪承卷 [M]. 上海：华东师范大学出版社，2018.
[4] 俞可. 孟宪承：以追寻大学理想而书写教育史 [J]. 上海教育，2017（21）：60-61.
[5] 董远骞. 教育学大师孟宪承的教学和治学作风——纪念孟宪承老师诞生106周年 [J]. 华东师范大学学报（教育科学版），2000（3）：73-77.
[6] 向葵花，张裕鼎. 孟宪承教师观探析 [J]. 当代教育论坛（宏观教育研究），2008（6）：114-116.
[7] 盛玲. 孟宪承高等教育思想主要内涵及其现实意义 [J]. 丽水学院学报，2009，31（1）：66-70.
[8] 胡琨. 孟宪承高等师范教育思想及当代启示 [J]. 淮南师范学院学报，2012（5）：78-80.
[9] 张礼永. 重温师范大学制的"孟胡之争"——孟宪承与胡先骕关于师范大学制的论争之探析 [J]. 华东师范大学学报（教育科学版），2014（2）：97-103.

---

① 孟宪承. 教育概论 [M]. 福州：福建教育出版社，2006：128.

第十一章
金海观师范教育思想

金海观（1897—1971年），字晓晚，1897年8月4日出生在浙江省诸暨县紫东乡金家站（现为浙江省暨市阮市镇中金村）的一个农民家庭，父亲是钱店学徒，后失业在家，母亲文化程度不高。金海观家中还有四个兄弟姐妹，一家七口，主要依靠农田为生。金海观7岁时进入本村蒙馆附读。他懂礼好学，"先生教的古文，他只要诵读几遍，即能顺口背出，深得先生喜欢。"① 1907年，金海观10岁进入金家站小学读初小。在小学学习阶段，金海观的成绩总是名列前茅。小学毕业时金海观以非常优异的成绩考入了绍兴浙江省立第五中学。放假期间，金海观会和家里人下地劳动。他邀请村里几位青少年朋友，组织了一个"协进社"，寓意"共同进步"。当时的"协进社"在村里办民众夜校，教农民识字，金海观担任夜校教师，深得村民欢迎。1917年，金海观在绍兴浙江省立第五中学毕业，被觉民小学聘为教师。在觉民小学教书期间，金海观边教边学，教育理念也在心中闪烁。于是，他说服母亲抵押农田作为学费，1918年8月，进入南京高等师范学校教育专修科学习，当时专修科主任正是后来伟大的人民教育家和著名的乡村教育家陶行知。

 案　例

金海观说服母亲抵押农田读书②

1918年夏季的一天，他从报纸上看到了南京高等师范专修科招生的消息，他被压抑着的这颗升学之心，又猛然强烈起来。但一想到家境清苦这个现实，不知不觉在办公桌上重重地击了一拳，随着是一声沉重的叹息——唉！

这一击一叹，引起了旁边同事们的注意。"怎么啦，海观！今天又看到了气

---

① 蒋明炬. 金海观传[M]. 合肥：黄山书社，1995：1.
② 蒋明炬. 金海观传[M]. 合肥：黄山书社，1995：3-5.

人的消息了吗？"一位同事问。

"倒不是气人的消息，是气人的现实。"

"什么气人的现实？"同事们被他庄重的神态所激动，目光集中地注视着他。

"我不明白为什么有钱无志的人，可以进学校，有志无钱的人却只能徘徊在校门之外？"海观把报纸往办公桌上一扔。

同事们不约而同地来抢阅这张报纸，可谁也没有发现"气人"的消息，只见到了南高师招生的广告。联系海观平时的言谈，稍一揣摩，也就知道海观生气的原因，于是你一言我一语，帮助海观策划起来。海观听着听着，觉得他们的意见，也确有些道理，难道穷苦人自己不奋斗，非得靠人来提挈吗？

当天晚上，金海观就来到母亲的房间里，严肃认真地对钱氏说："妈妈，南京高等师范专修科已经开始招生报名了，我准备去报考，考取了我再去读几年书，请您同意我吧！"

海观妈妈是个通情达理的人，他知道儿子的心愿。人往高处走，水往低处流，她也一直喜欢上进的人，海观提出要去报考大学，在感情上她非但不反对，而且感到由衷的高兴。可她也明白，读大学要花钱，钱从哪里来？这些年海观把读中学时的奖学金，教书时的薪金都补贴在家用上了，家用才勉强地维持过来，但还没有摆脱困境，如果海观去读大学了，不仅短了收入，还要支付相当的一笔学费，她到哪里去筹措呢。她不愿断然拒绝儿子的正当要求，而又不能随便地作出承诺，无言以对，只好低头不语，一面缝补手中的衣服，一面百般无奈地沉浸在苦涩的思索之中。

海观继续说："我知道您有难处，哥哥有孩子，妹妹要读书，开门七件事，人情往来免不了，这些儿子都知道。儿子也想帮妈妈一点，帮妈妈分担肩膀上的重担，可是总想想这样下去，于国于家终究不是一个最好的办法。现在我提出来让我去读书，要您拿钱是不可能的，我已经想好一个办法了。"

"什么办法？"海观妈妈静静地听着，听到这里，立即停下手中的活计，抬头问道。

"我想请您同意把我们的四亩田押出去，借一笔钱作我的学费，四年为期，我三年毕业，毕业后挣一年工资，一定把田赎回来。这样，家里的事全靠妈妈和哥哥张罗了，辛苦一些，生活当不致发生什么变化，不会有什么大问题。"

"什么？押田，你昏了？"听到要把田押出去，母亲急了。

"是的，是押田。"海观镇定地对妈妈说，"押田，不是卖田。我知道我们农民家是靠土地活命的，没有土地就无法生活。我的意思是把田作抵押，去借一笔钱；没有抵押，财主是不放心的，他们不会把钱借给我去读书。我可以向妈妈保证，到期我一定把借款，连本带利还清，把田契赎回来。对家里来说，田照样还是自己种。妈妈总相信儿子是不会胡搞的吧！"

海观妈妈听着儿子的分析，心里慢慢地平静下来了，为了儿子的前途，她不再阻挠。她问道："那么，你准备借多少钱呢？"

海观道："我只要借每年学校所需缴纳的学杂费和少量的零用。我想去争取学校的助学金或者奖学金，如果争到了，那这笔钱可以作为家用。争不争得到是将来的事，现在我还不敢说。"

海观妈妈静静地听着海观的述说，两眼含着泪，知道海观用心良苦。母子俩继续商量向哪家财主去借，该怎样把手续办妥等等。然后各自安息。

海观顺利地考入南京高等师范专修科，在学期间，刻苦钻研，十分节俭。通过写稿等争取收入，除少数必需零用之外，全部寄回家里贴补家用。毕业后，工作一年，把工薪所得赎回抵押的田契，至此，海观妈妈按捺不住心头的喜悦，逢人便会骄傲地说："我家海观确是一个有心人。"

1922年7月，金海观在南京高等师范学校毕业后，在南京高等师范学校附小任教，此后又先后到开封河南省立第一师范、开封私立北仓女中、宁波浙江省立第四中学、徐州江苏省立第七师范等学校任教。1925年1月，他辞去教职回到东南大学读书。1927年4月，他到南京第四中山大学教育学院任助教，8月调任第四中山大学实验学校校长，半年后，又到安徽省立第一女子中学任教。在这段颠沛流离的教育实践过程中，金海观一直在寻找实现其乡村"平民教育"理想的立足点。

1928年，第三中山大学区召开设立乡村师范的筹备会议，会议提议这所乡村师范学校设在萧山湘湖。当时校名为浙江省立乡村师范学校，1957年定名为浙江省湘湖师范学校（简称"湘师"）。这所历史悠久的学校是陶行知应浙江教育当局的邀请和委托，来浙江直接参与创办的一所省立乡村师范学校。学校办得有声有色，深受社会各界人士的关注和好评，但由于新与旧、改革与保守、进步与反动的斗争日趋激烈，在建校后短短的三年时间里，先后调换了五任校长，办学面临严峻的考验。

案 例

金海观初到湘师①

1932年，金海观到了杭州，在教育厅会见了郑晓沧先生，郑晓沧先生认为湘湖师范是陶行知先生协助创办的，金先生受过陶行知先生思想的熏陶，其担任湘湖师范校长再合适不过了。随之，金先生把湘湖留校的教职工召集起来了，对全体教职工说："即将开学了，下学期一切按原来的安排进行。还未回校的老师

---

① 蒋明炬. 金海观传 [M]. 合肥：黄山书社，1995：13—14.

和同学，请有关部门发信请他们立即回校。"

金海观作为新任校长，不带一兵一卒进校，以往的教职工全部留用，这大大出乎师生们的意料。几个大胆的同学，主动"拜见"了一下，回来传达"不过三十多岁，文质彬彬，喜欢问长问短，有点严肃，可没有架子，大概是一介书生吧"。

1932年，金海观被浙江省教育厅任命为第六任校长。金海观到校后，审时度势，发动师生总结前阶段按照晓庄精神办学的经验教训，适应国民党统治下办学的客观环境，将陶行知的革命教育措施纳入当时教育制度的轨道，湘师从此迅速稳定了下来。正是在湘师这块土地上，金海观使自己的才华得到了充分的施展，他一边继续积极地发挥晓庄精神的作用，同时也努力地探寻真正适合湘师的发展道路，在湘师工作期间，金海观尤其看重师生情谊，促进了湘师的办学和发展。

金海观注重师生情谊

金海观非常注重培养师生之间的情谊，故毕业生对待自己的母校湘湖师范，犹如对待自己家庭那般亲切。湘湖乡村师范的师生在生活上打成一片，关系犹如父子、母女，校友之间情同手足①。他指出："于是青年或恶化，或腐化，或畏首畏尾，貌似和平，而缺乏少年刚强奋迫之气。欲救此弊，计惟有实施情感教育。"② 他的学生金咏芳回忆道："在那个烽火满天的血雨腥风的年代，我一个湘师贫苦学生……我成了一个无家可归的孤儿，以校为家，以师长为父母。"③

中华人民共和国成立后，金海观在努力办好湘师的同时，积极参加各项政治活动。1952年参加中国民主促进会。1957年调离湘师，担任民进浙江省筹委会秘书长，省政协文史资料研究委员会编纂。1971年6月16日金海观病逝于杭州，享年74岁。

学生谈湘师的教学目标

湘师教学目标和培养什么样的人是很明确的。金海观先生给我们讲："乡村教育课"就是要我们立志终身从事乡村教育，并有"改造社会的思想"。金海观

---

① 浙江省湘湖师范学校. 金海观教育文选［M］. 杭州：浙江教育出版社，1990：173-176.
② 《金海观全集》编委会. 金海观全集（中）［M］. 北京：方志出版社，2003：539.
③ 湘湖师范学院委员会. 金海观九十诞辰纪念专刊［M］. 杭州：湘湖师范学院，1978：362.

还给我们讲了大量陶行知先生的教育思想,讲了当时从事乡村教育的各流派的思想(如梁漱溟先生的乡村建设运动、晏阳初先生的平民教育思想等)。这些教育思想和我的经历、志愿结合起来引起我极大的兴趣。① ——华子扬,当时在中央教育科学研究所任职(1986年于北京)

案 例

浙江省政协省委会副主委吕漠野纪念金海观讲话节选②

"……金海观同志学识渊博、道德高尚,在担任湘湖师范校长二十五年的漫长过程中,表现出他兢兢业业、艰苦朴实、任劳任怨为乡村师范教育作出卓越成绩的先生精神。

金海观同志在湘师连任校长二十五年,把湘湖师范办成一所具有时代特色、充分体现陶行知人民教育思想、驰誉全国的乡村师范学校。为我国我省培养了大批优秀师资,他的学生,在全国各地城乡中小学服务,受到普遍好评,不少人被评为特级教师、先进教育工作者。有一部分学生,在中央和各省市教育文化工作岗位上担任领导职务。还有不少学生,成为教授、学者、专家。他的众多学生从自身成长经历,深切怀念金海观校长对他们的春风化育之恩。

金海观同志任湘师校长期间,从1932年到1936年这一段时间,延聘优秀教师,提高学校教育素质;在湘湖周围创办了很多中心小学,作为学生实习基地,也普及了农村义务教育;建立了校外毕业生辅导委员会,定期派人前往辅导;还在湘湖石岩村建立湘湖医院,为当地农民医治疾病;把石岩村划为社会教育实验区,使学校教育与社会教育打成一片;在湘湖周围地区,推行陶行知倡导的小先生制,让小先生参加农村扫盲工作。抗日战争时期,金海观同志率领全校师生迁校浙南,八年凡五迁,历尽艰辛,维护了学校的延续与发展。他运用学校这一阵地,鼓舞群众抗战热情,大办战时农村民众夜校,《上海译报》作了报道,评为浙东实施抗战教育的模范学校。抗战胜利后,学校迁回萧山。他支持学生爱国、民主运动,在他任校长期间,遇到进步学生被反动派逮捕入狱,就千方百计进行营救。在抗战时期,他支持学生奔赴延安等革命根据地,参加革命斗争……总的来说,金海观同志为办好湘师,呕心沥血,备尝艰辛,为我省乡村师范教育事业,作出了不可磨灭的贡献。

我们纪念金海观同志,是为了表彰他献身乡村教育事业的崇高精神。金海观同志是一位民主爱国的教育家,他在湘湖师范的种种探索实践,正如陶行知教育

---

① 蒋明炬. 金海观传 [M]. 合肥:黄山书社,1995:243.
② 蒋明炬. 金海观传 [M]. 合肥:黄山书社,1995:217-218.

思想一样，在今天属于精神文明建设的范畴——如何进一步提高社会主义师范教育的素质以及进行师范教育改革等方面，仍然有其可供借鉴、研究、发扬的价值……"

一、乡村师范教育：促进乡村和儿童发展

金海观出身于农民家庭，生长在农村环境，了解农村的落后情况，经历了新旧文化激烈斗争的五四运动，了解农民的愚昧贫困，因而他重视乡村教育，关心农村教育，立志用教育改造农村情况，主张通过乡村教育，提高占中国80%以上的农民的文化素质，立志改变贫穷落后的农村面貌来拯救中国的思想。金海观一生研究乡村教育，以乡村教育和乡村建设为中心，秉持"知行统一"的教育观，为我国早期基础教育作出了突出的贡献。他撰写的《论吾国的乡村师范》《干乡村工作者应何种意识?》《乡村改进和生产教育》《四年来重要教育提案和建议》《湘湖沿岸教育建设计划》等，是他在湘师办学实践中的经验总结，也是对陶行知生活教育的新发展。他是我国 20 世纪 20 年代至 50 年代的一位杰出教育家，也是陶行知教育思想的重要实践者。

（一）乡村师范学校是建设乡村的基础

乡村师范，顾名思义就是一种开办在乡村，以培养乡村教师为基本目标的师范教育类型，严格意义上来说乡村师范的教育程度属于中等师范教育，乡村师范的教育目标旨在促进乡村发展，以乡村儿童为主要培养对象。

"乡村师范"这个名词在中国教育界的流行时间不长，究其原因，其一过去社会未有设置乡村师范的必要，学校多设立在交通便利人才汇集的都市，其二当时社会乡村学校数量有限，乡村暂且不需要大量的师资，且学校毕业生也不多，毕业后能为乡村学校执教的更少。总之，农村经济的发展，使我国教育界并没有发现乡村师范教育的必需性。而五四运动前后，中国师范教育出现了一个明显的变化——乡村师范教育的兴起，当时出现了一定数量的乡村师范，据统计湖南高达五六十所，广东也有三四十所，但各地乡村学校的性质和特点有很大的不同，各学校均有自己的管理办法。

中国之所以贫困，很大一部分原因在于中国农村的落后，农民文化程度不高，缺乏科学的文化知识，要富强中华必须从农村入手，从农村的教育入手。故而乡村师范学校是建设乡村的基础，其目标于改造乡村，提高乡村教育发展水平，促进乡村文化建设。利用乡村师范培养出的教师去提高乡村人民的科学文化素质，进而改乡村经济，改变农村贫穷落后的社会面貌。

（二）乡村师范教师的宗旨是教书育人

"乡村师范"是为乡村培养师资的学校，这里的学生毕业后多数将回到乡

村，为乡村服务，所以乡村师范的学生毕业时一方面需要具备一定的教育教学水平，另一方面也需拥有为乡村服务的精神和为乡村奉献的思想，才能全身心中投入乡村建设中去。金海观认为"名师出高徒"，要想建立优秀的乡村师范学校，需要优秀且专业的教师，教师们应为学生树立起榜样，教师们的言行无时无刻不影响着学生的思想，这些学生毕业后是从事乡村教育的。所以乡村师范学校的教师应当是既会教书育人，又会解决问题。他认为一名优秀的教师需解决——"吃饭问题""教书问题""教人问题""做事问题"和"推开校门，解决改善社会问题"这五个问题。

首先，"吃饭问题"是人类生存的基本需要，人们工作是为了生活和生存，一个教师只有解决了"吃饭问题"这个生活基本要求，才能更好地解决其他更深层次的问题，如果忽略"吃饭问题"或一味追求物质生活都不能称之为优秀的教师。其次，好教师的核心应解决"教书问题"，教师应研究如何教书，如何用适应儿童身心发展的方法来教授和传达知识。当然，解决"教书问题"的同时不能忽略"教人问题"，教师的教授对象是学生，是一个个独立的个体，学生常以教师为榜样，这就要求教师们要时刻注意自己的言谈举止，为学生传递正确的观点，"教书"的同时要"育人"。最后教师要多做事，愿意做事。不只是教书，还要为学校的发展和社会的发展多做事，要推开校门，走出学校，走进社会，为社会群众解决问题。因为乡村学校是乡村文化的代表，乡村学校教师更是乡村知识的代表，帮社会群众解决问题，促进乡村发展是乡村学校教师的责任。因此，只有具备解决"吃饭问题""教书问题""教人问题""做事问题"和"推开校门，解决改善社会问题"这五个问题的能力的教师，才是优秀的乡村学校教师。

金海观非常注重师资的培养，他深知要想办好乡村师范学校，需有一批优秀的教师，这些教师要各有所长，所以他一方面招募德高望重的教师来担任主课教师，另一方面也招募一些有音乐、体育等特长的教师来教其他学科。金海观在湘师工作25余年，培养了一批又一批优秀的师资，这些老师都符合优秀教师的标准，不仅拥有真才实学，教学认真负责，而且热爱乡村教育事业。湘师为培养教师的一技之长，专门开设了普师、音师、体师、特师、简师、速师等班级，不同的班级配备了多才多艺的教师，有熟知教育学心理学的，有数理化水平极高的，还有农业课专家等，这些教师都能将知识融会贯通，用有趣的方式引起学生的积极性和主动性，深受学生的喜爱。

（三）乡村师范教师需能适应乡村环境

金海观在湘师担任校长期间，非常注重实地调查，曾多次到各地对毕业生进行长期的观察指导。1932年11月21日，金海观在衢州乡村师范学校探望毕业生时，曾做"怎样做乡师学生"演讲。金海观非常重视对毕业生的视导，通过多次的亲自指导，了解毕业生的实际工作情况，同时也了解乡村学校需要怎样的毕业生，这更有利于办好乡村师范学校。金海观每次对毕业生进行外出调查，都写有详细的记录。

在《对本校毕业生及校外服务生的感谢和劝告》中，金海观着重说道："愿同学们认清责任……稍有血气的人，莫不思索以救人自救，以救国家，其致力之道，不外两种鹄的：一为谋大多数人的幸福，一为谋中华民族自救。"① 金海观对乡村师范的学生要求极高，师范生不同于其他普通学校，他希望学生们"谋大多数人的幸福，谋中华民族自救"，毕业后要服务乡村，热爱乡村教育，为乡村教育事业的发展尽力。

成为一名合格的乡村师范学生不仅需要专业的知识技能，还需适应乡村环境。适应乡村环境要求乡村师范的毕业生真正走入乡村，将理论知识结合乡村实际情况和现实问题，不能空谈理论，要使理论与现实高度结合，从实际出发，才能更好地将自己所学的知识服务于乡村，改造乡村的落后和贫困。此外金海观还强调一名合格的乡村师范学生应注意健康，毕业服务于乡村社会时，应努力工作、诚实守信、爱护公共财物等。

(四) 健康卫生教育思想

近代中国社会困苦贫穷，乡村比城市更加明显，乡村卫生环境简陋，且村民不注意个人卫生，缺乏健康知识，当时鸦片等有损身体健康的外来毒物未能彻底清除，仍然存在乡村中，以上因素导致村民的死亡率远远高于城市。

金海观分析当时乡村健康卫生问题产生的原因有多方面，一方面是由于中国社会的家庭伦理，群居的家庭生活和错综的社会关系，致使传染病易传染。另一方面是农民生活条件简陋恶劣，当时的乡村屋前路旁堆满了垃圾畜粪人类等，在环境高温潮湿的季节，极容易滋生细菌，致使乡村卫生环境恶劣。此外，除了生理健康卫生问题，村民还面临着精神健康问题。民众在精神上也有很多痛苦，如衣食住行等痛苦，升学婚姻等痛苦，理想破灭等痛苦，民众心理上的痛苦也重重。金海观认为解决乡村健康卫生问题，不仅仅是建立一些公共卫生设施，要把民众的心理健康问题也一并解决，才能达到预期。

金海观认为当时社会健康卫生教育问题不容忽视，不仅要在学校进行教育，更应该扩大到乡村，甚至向全社会人民宣扬加强卫生教育。着重加强乡村健康卫生教育，要生理健康卫生和心理健康卫生并重，逐渐转变民众的观念，从衣食住行着手逐步对民众进行合理的指导。金海观非常重视师范生的健康，他认为中国人之所为被称为"东亚病夫"，主要是因为人民吃不饱穿不暖住不暖且被落后的观念束缚。所以金海观非常重视学生的身体素质，湘师有专门的运动场，每周安

---

① 金海观. 对于本校毕业生及校外服务生的感谢和劝告 [J]. 湘湖生活，1933 (3)：1-4.

排"爬山课",定期举办运动会等,用于加强湘师师生的身体锻炼。此外,湘师还与湘湖医院合作在学校设立卫生室,并创建健康委员会。为了改善健康卫生问题,金海观在学校里提倡分食;咳嗽时要用手帕捂着嘴;吐痰要扔进痰纸箱;按时作息,加强锻炼;食堂合理安排菜单;倡导实行"公筷制"。这些举措都有效地降低了传染病的传播。

二、师资训练机构:基础教育师资在农村

金海观认为,我国要重视基本教育,虽然基本教育不仅仅是针对农村,但基本教育的师资训练机构应设立在农村,便于培养基本教育师资,便于推动乡村基本教育发展。将基础教育师资机构设立在农村,与农民生活在同一地点,有利于与农民的接触,了解农民的困苦,增进与农民的沟通,加深对农民的了解,同时,乡村地区远离城市的喧哗热闹,有利于养成勤劳刻苦的习惯。

金海观认为,基础教育工作的推动很难,一方面因为城乡差距大,城市的青年下乡会不适应乡村的生活,乡村的居民也不太愿意与城市的青年接触。另一方面乡村农民经济状况不好,在费用高的普通学校和费用低的师范学校之间,会选择师范学校接受教育。因此,师范学校中来自乡镇学生的比例高于城镇学生。为了使乡镇学生能就近接受教育,培养基础教育师资的机构可设立在乡村会较便利,且基础教育师资机构培养出来的学生多服务于乡村,因此必须深入到农民群众中,一边学习,一边体验,一边开展教学,才能不辞辛苦,拥有健强的体魄,培养动手操作能力,积极探究乡村问题,热爱乡村生活。

三、音乐教育实践:"五育"并举与兴趣培养

金海观在湘师探索乡村教育的同时,对音乐教育十分重视,湘师的美育,在金海观的带领下更是得到了前所未有的大发展。纵观他的许多文章,如《为什么要办小学教员音乐科函授班》(1944)、《小学音乐教材初集》序(1947)等,都非常关注学校的音乐教育问题。虽然他不是以专职音乐教育家的身份出现,却为我国普通中等学校的音乐教育作出了杰出的贡献。他一生的教育实践,清晰地反映出他在音乐教育方面的观点和主张,为我国音乐领域培养出一大批杰出的音乐人才。

(一)提倡"五育"并举

中华人民共和国成立初期,我国教育学者大多只关注"五育"中的德智体,美育和生产劳动教育虽经常被挂名,却有名无实。金海观认为当时的学校中"美育和生产技术教育,是全面发展教育中最被忽视的二育。"[①] 他指出:"此后

---

① 金海观全集编委会. 金海观全集(上)[M]. 北京:方志出版社,2003:460.

要贯彻全面发展的教育，指导思想上必须对此二者予以应有的重视，必须把只重视知识学科的不良传统观念，彻底打破。"①

因此，金海观在湘师进行的教育实践，还特别重视生产劳动教育和美育。为了推动生产劳动教育和美育的发展，1928年湘师的新生入学录取通知上规定，入学前，新生必须选备一种乐器（箫、笛、口琴、胡琴等）和一把锄头，方可报到入学。在培养学生时，金海观反对只注重灌输知识，而忽略情感培养，而培养情感最好的途径就是生产劳动教育和美育。

为了更好地推动湘师美育的发展，金海观很注重音乐教育，他不仅把音乐课列为学校的正式课程，而且增加课时量，课堂与课外相结合开展音乐课程。他要求湘师的师生要会唱，每天早晨唱《锄头舞歌》和民间歌曲，音乐教师教唱爱国歌曲等；对音乐感兴趣的学生可组成班级合唱队，由音乐教师进行定期指导和训练；在全校范围内组建音乐团，建立高水平的音乐团体，定期开展演奏会等。在金海观的重视下，湘师的美育得到了空前的发展，形成了良好的热爱国家、热爱艺术的校园风气。

小先生制的音乐教学②

音乐教学实行小先生制，也是"湘师"教学上的宝贵经验。当时桑先生先后培养了几位学生当"小先生"，作为他的助手。如罗耀国、屠咸若、邱人才和我。这些"小先生"在实际工作中发挥了很大的作用。他们一面学习桑先生的教法，一面在教学中又有新的创造和发挥。通过他们又培养了一批有才华的学生，这对提高整个学校的音乐水平起到了很大的作用。

金海观重视音乐教学③

上音乐课了，音乐老师缺席，我们静坐在教室里。金校长夹着点名册来上课了。我们很是惊讶，从没见过金校长玩过乐器，也没听到他单独唱过歌，他怎么来上音乐课了呢？金校长讲课了，他从中国音乐的悠久历史讲起，讲到了近代音乐，西方赶过了我们，我们的乐曲、乐器都显得落后了。他还讲了我们的乐谱"上尺工凡六五乙"和西洋乐谱"1234567"的异同。他的讲课开阔了我们的眼界。

---

① 金海观全集编委会. 金海观全集（上）[M]. 北京：方志出版社，2003：460.
② 上海湘湖师范校友会. 陶行知与湘湖师范 [C]. 成都：四川大学出版社，1992：79.
③ 蒋明炬. 金海观传 [M]. 合肥：黄山书社，1995：222.

（二）重视音乐教育实践

20世纪上半叶，我国处于政治动荡的历史背景下，为了实现"教育救国"的目的，金海观要求开展美育要同生活联系起来，一方面要注重用音乐培养学生的审美，另一方面要注重用音乐熏陶教育学生。为了达到以上效果，1933年金海观在湘湖成立了"湘湖音乐团"，同年11月"湘湖音乐团"便在萧山仓桥小学演出《祖国等着我们去挽救》《毕业歌》《送别》等，此后又到杭州民众教育馆等地，演出爱国歌曲节目。1935年"湘湖音乐团"改名为"救国音乐团"，音乐团不断加强爱国教育，积极开展民众教育，以宣传抗日救国为己任。

金海观很注重师资的培养，虽然他重视音乐教育的出发点并不是为了培养专业的音乐人才，但他认为一流的音乐师资是办好师范学校音乐教育非常重要的方面。湘师在办学初期，吸引了一大批来自国内各个音乐院校的毕业生来校任教。值得指出的是，湘师的"小先生"制培养出一大批学生，他们在各自学成之后，又回到母校当教师，从而壮大了母校的音乐师资队伍。金海观在湘师克服了教育经费缺乏等种种困难，为学校购置了钢琴、风琴，开辟了音乐室，扩充乐队，购买参考书籍等，在条件艰难的情况下，将湘师的音乐教育实践开展得如火如荼。

同时，金海观非常重视音乐教育科研工作，重视小学音乐教材及陶行知教育思想的研究，在他的倡导下，音乐老师桑送青著有《小学音乐教学法讲话》（1954）、《小学低年级音乐教材教法》（1955）、《小学中级唱歌教材教法》（1955）、《小学高级唱歌教材教法》（1956）等专著，并且多次参加全国师范音乐教材和《小学音乐教师手册》的编写，受到中国音乐教学研究会的赞誉，在当时受到了音乐界的极大关注。1944年，金海观提出了办音乐科函授班、三年制音乐师范班、六年制音乐师范班，为全国的中小学培养了大批音乐师资和人才。

案　例

金海观用音乐做武器[①]

要抗战胜利，必定要动员民众，才有把握。要动员民众，必定要承认民众力量而引之便能自动抗战，才是办法。故抗战时社会教育，格外要注重养成民众自动力！我们希望办理民教同志，注重这一点；尤希望古市民校学生和连日参观醒民剧团与歌咏团公演的民众，能自动参加抗战，作一个战斗员。

---

① 金海观全集编委会. 金海观全集（上）[M]. 北京：方志出版社，2003：261.

综上所述，金海观通过湘师推行乡村教育，追求乡村生活的民主化、科学化，追求乡村人民摆脱贫困病痛，提高文化水平，追求由乡村的自救达到民族的复兴，使乡村民众受益，改善了乡村教育条件和卫生状况，改善了乡民贫苦、愚昧等现象，受到了当地群众的好评，推动了中国乡村现代化的进程，促进了社会主义新农村建设。就当时的历史环境而言，由于金海观进行乡村教育实践的时期正是国家处于动荡不安、战争迭起的时期，因此他的乡村教育理念在当时未能达到推广性的影响。

金海观的音乐教育思想，阐述了音乐教育的目的，要求学生注重发展个人才能和爱好，旨在通过音乐教育培养广大农民爱国思想。在教学方法上特别重视学生兴趣的培养，只有改变学校只重技能不重兴趣培养的错误观念，才能使学生喜欢上音乐，因此他的音乐教育既关注了教育的社会功能又关注了教育的个人功能，比同时期的其他教育家更具科学性。

金海观作为20世纪20年代至50年代的教育家的杰出代表，通过自己的乡村教育和音乐教育实践，逐步形成了自己独特的教育思想。他的乡村教育和音乐教育思想对我国乡村学校的发展产生了积极作用，通过"小先生"制所培养的学生，使金海观的教育思想得以更广泛的传播和传承。

拓展阅读

[1] 湘湖师范学院委员会.金海观九十诞辰纪念专刊[M].杭州：湘湖师范学院，1978.

[2] 蒋明炬.金海观传[M].合肥：黄山书社，1995.

[3] 浙江省湘湖师范学校.金海观教育文选[M].杭州：浙江教育出版社，1990.

[4] 金海观全集编委会.金海观全集（上）[M].北京：方志出版社，2003.

[5] 金陵，金湘.金海观教育生涯研习札记[M].北京：世界知识出版社，2022.

[6] 戚谢美.金海观的乡村师范教育思想和实践[J].杭州大学学报（哲学社会科学版），1989（2）：151-158.

[7] 萧扬.金海观的乡村建设思想和实践[J].教师教育研究，2007（1）：66-71.

[8] 王松富，冯贤永，俞柏松，等.金海观与湘师抗战前后七迁[C]//萧山记忆（第一辑）.2008：87-92.

[9] 刘勇，周金元.中国近现代乡村音乐教育的探索者——金海观音乐教育实践管窥[J].南京艺术学院学报（音乐与表演版），2009（2）：135-142.

[10] 王倩,程功群.金海观的师范教育思想研究[J].教师教育论坛,2018(7):87-92.

[11] 邓道君.金海观乡村教育思想及实践研究[D].上海:华中师范大学,2019.

第十二章
常道直师范教育思想

　　常道直（1897—1975年），字导之，1897年出生在江苏省江宁县的一户商贾家庭。他的祖父是农民，以种菜为生，其母亲勤俭持家，其父亲常子瞻是清末的秀才，但是不满当时陈腐的科举制度，便放弃了科举道路，改做商人来养家糊口，因而他们家族在当地并不显赫，但常父营商经营有道，使家境逐渐富裕。① 常子瞻夫妇共生育七子，常道直在兄弟中排行第四。常道直父亲对儿子有很高的期许，非常重视儿子的教育问题。

　　1903年，常道直7岁时便被父亲送入蒙馆学习《三字经》与《千字文》等。在蒙馆学习期间，常道直聪明勤奋，经常向教书先生请教。父亲对他的教育很重视，平时会亲自监督他的学习，且会要求他进行阅读，培养宽广的知识面。在父亲的监督和教导下，常道直小时候的学习很受教书先生的赞赏。1906年，由于科举制度的废除，各县陆续建立新式学校，新式学校被知识分子当作最好的教育机构，常道直父亲得知江宁县建立了新式学校，便把常道直送进去了同仁小学，1908年又将常道直转入两江优级师范学堂附属小学。两江师范附属小学的课程设置，除了修身、读经、历史等"中学为体"的科目，新增了地理、算术、体育等"西学为用"的科目。

　　1910年6月，为了节约孩子上学的时间，常道直父亲举家搬迁至南京城中，生活在南京城的常道直见识到了世界博览会的宏伟，在展厅中展示的一些西式精美之物，吸引了常道直，也使他感受到中国与西方国家的差距，在心目中埋藏下了振兴中华的决心。1912年，常道直从两江优级师范学堂附属小学毕业，考入了江苏省立一中。江苏省立一中对学生的德行要求很严格，常道直出生在富裕的

---

　　① 据常纯哲先生回忆与询问常氏的其他后人得知，其祖父常子瞻为清末秀才，先是想通过科举考取功名，但当时的官场卖官鬻爵之风甚为流行，屡试不第，故后来改行经商。常子瞻除了货殖生意，还在南京城北买下了一些房产，靠租赁获得收入，将租赁所得，又用来购买别处的房产，如此循环往复，如滚雪球一般，积累了一定资产。

家庭中，其父亲作为知识分子重视教育，有能力使常道直在当时一流的新式学校接受教育，为常道直后来的发展奠定了基础。

1915年，常道直从江苏省立一中毕业，考取了江苏省法政专门学校。1918年毕业后的常道直，未像其他同学一样选择工作，而是继续考学，投考了金陵大学。

金陵大学是美国美以美会在南京创办的一所教会大学，陶行知1914年从该所大学毕业。金陵大学非常重视英语教学，包含听读写等各种能力的培养，常道直在金陵大学培养了很好的外语能力。1919年。北京高等师范学校教育研究科招收首届学生，1920年，常道直从金陵大学到北京参加考试，经严格的遴选，最终成为北京高等师范学校教育研究科的学生。北京高等师范学校聘请了许多中外著名学者，如蔡元培、胡适、陈大齐等，学校开设了教育哲学、教育史、社会学概论、心理测量、教育行政等10余门课程。就时代而论，课目算得是最新。[①]

在北京高等师范学校，常道直对教育哲学、教育制度、教育行政与教育社会学等偏理论性的教育科目产生浓厚兴趣。偏爱理论研究的常道直，对西方理论中国化进行了深入的探索。1922年，常道直以优秀的成绩从北京高等师范学校毕业。1922年4月，高师毕业后，应上海商务印书馆之聘请，负责《教育杂志》的"世界教育新潮栏目"，译介、撰写了大量介绍西方教育最新成就与发展趋势的论文。此外，出于对推广民众教育的热诚，1923年春，常道直赴任江苏省平民教育促进会干事，与陶行知、徐养秋等人在南京近郊开展与推广民众教育。1924年，考取公费留学生，1925年1月，辞却《教育杂志》与平教会职务，赴美国哥伦比亚大学师范学院留学，师从实用主义哲学家杜威，主修教育行政、教育哲学与教育社会学。1926年，获哥伦比亚大学硕士学位，旋即前往英国伦敦大学深造。1927年夏，又转入德国柏林大学哲学系学习。

1928年，国外留学的常道直看到了中国与欧美各国的差异，决定回到积贫积弱的中国，发展中国的教育事业。1929年，常道直在中央大学任副教授，讲授比较教育。1930年，去安徽大学任哲学系主任，1932年，为了拥护师范大学的独立地位，他到北平师范大学任教。1933年，常道直当选为中国教育学会理事。1935年，常道直再次回到中央大学教育学院，就此一直在该校任教十余年。可以说自1929—1949年，常道直将主要精力投入在以下两方面：一是高校的教学工作。先后在安徽大学、北平师范大学、中央大学任教，主要教授比较教育、教育哲学等课程，并根据学生学习与教学的需要，编订了《教育行政大纲》（1930）、《比较教育》（1930）、《增订教育行政大纲》（1931）、《新中华比较教

---

① 黄公觉. 中国第一次授教育学士典礼纪盛 [J]. 教育丛刊, 1922, 3 (3)：附录.

育》(1934)等教材。二是教育学术团体的建设。与孟宪承、郑西谷、杨亮功等教育学者,倡议并组建了首个全国性教育学术团体——中国教育学会,并任常任理事兼驻会文书,主要负责学会的文书、公关及会员间的沟通工作,十余年亦复如是,堪称"学会之津梁"。除上述工作外,1943—1944 年,常道直还担任了中等教育司司长,在抗战的艰苦条件下,组织兴办了 21 所国立中学,收留各战区流亡及失学青年。1947—1948 年,被聘为西北师范学院与台北师范学院教授,定期前往两校讲学、授课。在百忙之中,他仍笔耕不辍,出版了《德国教育制度》(1933)、《法国教育制度》(1933)、《师范教育论》(1933)、《各国教育制度》(1936、1937)、《教育制度改进论》(1947)等著作。鉴于他在教育研究上的突出表现,经袁伯樵、汪德亮、孟宪承等 15 人之举荐,荣任教育部部聘教授。

中华人民共和国成立后,常道直先后在四川大学、重庆大学任教。1951 年 10 月,应孟宪承之邀,受聘为华东师范大学教育系教授。1956 年,经李建勋、舒新城等人介绍,加入中国民主促进会。1958 年,华东师范大学成立教育科学研究所,常道直任该所副所长。1963 年,兼任外国教育史研究生班导师,孜孜不倦地为学生讲授西方教育名著,并将毕生所学悉数相传。1964 年,华东师范大学西欧北美教育研究室(1972 年更名为"外国教育研究室")成立,任该室主任。1975 年,常道直因病逝于上海。

常道直先生学术渊博,治学严谨,掌握多国语言,擅长教育行政、比较教育、外国教育史等方面的研究。他的学术研究水平赢得教育界同人的一致认可,颇有声望。应该说他一生中的大部分时间,主要是在师范大学的教育学或教育系中度过,执教四十余年,他不仅培育了众多师范专业人才,也积累了丰富的教育实践经验,此外作为中国教育学会的主要负责人,他又参加并主持过师范教育事务,为中国现代的师范教育事业作出了巨大的贡献。

常道直的北京高等师范学校毕业成绩单见表 12-1。

表 12-1 常道直的北京高等师范学校毕业成绩单①

学科	单位	成绩	学科	单位	成绩
哲学	4	*	教育史	6	*
教育哲学	4	*	近世教育史	2	*
哲学史	4	B	社会学概论	5	*
道德哲学	2	B	教育社会学	7	B

---

① 马新国,刘锡庆. 北京师范大学百年图志 [M]. 北京:北京师范大学出版社,2002:66.

续表

学科	单位	成绩	学科	单位	成绩
心理学概论	8	80（B）	教育行政	7	90A / 85B
各国教育制度	8	A	教育统计	6	100A / 65C
儿童心理	2	A	教育卫生	2	*
心理测量与实用心理	2	B	教授法原理	8	A
教育学	4	*	小学教授法	4	*
教育的英文	2	*	生物学	4	*
合计		平均	合计	96	平均

＊表示1921年6月以前未行考试之学科　　　　毕业论文：90

一、师范大学任务：学术研究与专业训练

为了研究我国师范大学的培养目标，常道直比较了当时各国师范大学的培养目标，总结出德、法、意、奥等国偏重学术研究，俄等国偏重培养专业人才，英、美、日等国兼顾学术研究和培养专业人才。进而他认为，从我国的实际情况来看，师范大学不仅要有学术研究的任务，同时更应该有专业的训练，培养专业的人才。

首先，师范大学应注重学术研究。第一，要学习掌握教育学科知识，如教育哲学、教育社会学、教育心理学、教育思想史等，这些学科知识有利于师范大学学生了解孩子身心发展规律，掌握教育教学的理论知识。第二，应掌握进行教育研究所需要的科目，如生物学、心理学、遗传学、社会学、政治学、法律学、经济学、伦理学、美学、哲学等，这些学科可以使教育者从关注个体到关注集体，进而探索人类，是教育者进行教育研究所必不可缺的。第三，中小学教学需要的科目，如文、史、数理、生物、体育、音乐、美术等，这些科目是中小学师范所需的专门科目。常道直还提到，师范大学不应让学生满足于学习到现成的知识，还要使学生注意创新意识的培养，师范大学应该在教育科学方面进行必要的创新。

其次，师范大学还应注重培养专业人才。常道直十分强调教师应像医生、工程师、建筑师一样具备专业的知识，如果使教师也能像医生一样救人，除了要掌握教学方法，要进行教材研究、教育实习等专业训练，还要注重品德的陶冶，这也是优秀教育者必不可少的一个因素。他通过例子来证明，教育过程的人格教育

比传授知识更能对受教育者产生深远的影响。因此师范教育在注重专业知识训练之外,还应特别开设哲学素养等课程来陶冶教育者的个人情操,为教育者树立人格标杆,使教育活动从单纯的"教与学"变成富含爱的"心灵沟通"。

因而常道直强调师范大学不仅要有学术研究的任务,同时更应该有专业的训练,培养专业的人才,这两种任务相互关联缺一不可。当时社会上流行一种传统的观念:教师的任务就是教书,读过书的人都可以胜任教师。常道直对此观念进行了反驳,他指出教师是不可取代的,传授只是教学的一部分,不是教学的全部,单纯的传授知识只能称得上是教书匠,而教师应是一个教育家,不仅仅传授知识,更多的是关注学生身心发展规律,注重学生人格的培养,为社会输送有用的人才。

综上所述,常道直认为,师范大学的任务应兼备学术研究和专业训练,认识到师范大学的使命,并能履行好师范大学教书育人的责任。

常道直谈教育应具备专门知识①

近代教育制度伴同社会的演进,日趋繁复,主持之者,非经充分训练,难望能以胜任愉快。量的方面,教育知识,随着生物科学与社会科学之进步,质的方面,渐进于精确,量的方面之激增,尤为迅速,因而这门学问之研究,必得有适当的设备,与充足之时间。

二、师范教育改革:扩大目标与学制改革

首先,在常道直看来,我国当时的师范教育改革势在必行,改革的首要任务就是扩大师范教育的培养目标。教师作为传播知识的专业人士,不只是教育学生,还应该为社会文化起到领导作用,这应该是新一代教师必备的使命,教师不应该忽视了自己的社会责任。常道直指出,要想使教师起到引导社会文化的作用,必须扩大师范教育的目标,使师范大学的培养目标不再是教书匠,还应调整师范学校的课程,将社会责任的目标明确地增加到师范学校的教育章程中;师范教育培养目标的扩大是师范教育改革的起点,师范学校应根据新的教育目标来重新规划教育方针、课程规范等。

其次,常道直还提出师范学制的改革。当时教育部拟议了师范学制改革意见,建议取消师范大学,常道直认为,师范大学改革方案不应该取消师范大学,师范大学进行的是系统专业的训练,改革方案中有些地方只注重教学,将理论与

---

① 常道直. 师范大学之双重任务 [J]. 师大月刊, 1932 (1): 3-6.

实践分隔开，无法培养真正的教育者。常道直指出，师范学制的改革应遵循一些原则：第一，师范学制要用最少的时间和金钱培养最优秀的师资。因为我国当时的经济状况不乐观，不允许花费过多的时间和费用。他还指出，要根据师资的专业程度和培养时间来调整实则的报酬，如训练时间较长的优秀师资的任教薪酬应有所提升，这样才会对优秀毕业生起到激励的作用。第二，每一位教师要胜任不同学科的教学。在当时社会，专业教师数量不足，要求教师能身兼数职，这样能最大化利用有限师资，使学生受到教育和熏陶。第三，要注重教师的专业化和品格培养。要解决当时社会"重知识忽品格"的现状，应从教师入手，要培养教育教学方法、教学技巧等专业化，还要培养教师的品格，使教师成为真正的教育者，既能增加学生的知识又能熏陶学生的德行。第四，将师资训练的"见习制"改革为"学校教育制"。

 案 例

常道直谈师范学制改革的原则①

第一原则：中学师资之训练期间，在目前不能超出普通大学文理学院所需之修业期间。

第二原则：中学预备教员所修习之学程，应与普通大学学生有别；如可能时，当使其在中学至少能担任两种主科。

第三原则：为增进中学教员专业陶冶之效能起见，须有专设的且修业期间较长的师范教育机关。

第四原则：中学师资之训练方式，宜从各国进步的趋势，断然采取学校教育制，不可仿效外国业已放弃之见习制。

(三) 教师应具备的素养

常道直一生为教育事业奉献，他总结自己执教经历，总结出教师应具备四大素养。第一，一名优秀的教师应具备基本的专业素养。教师需经过系统的师范教育，掌握专业知识和能力。第二，一名优秀的教师应具备人格素养。常道直在《理想的小学教师》一文中提出理想的小学教师应具备乐观，能用他自己愉快的精神，煽动儿童对于功课的热诚；应具备爱，用恳挚的爱，事学生能与自己团结一起；应具备自信，教师要从容自信地对待和处理自己的教学工作；应具备容忍，要能接受孩子成绩缓慢的增长。第三，一名优秀的教师应具备基本的哲学素养。哲学素养有利于扩充教师的视野，在研究相关问题时有利于激励教师的创造力。第四，一名优秀的教师应具有爱国主义精神。常道直指出战争是教师们最好

---

① 常道直. 师范教育论 [M]. 北平：立达书局，1933：25.

的报国机会,教师们要从自身做起,肩负其责任,发扬民族精神。

常道直的师范教育重要活动见表12-2。

表12-2 常道直的师范教育重要活动

时间	重要活动
1920年1月	在"废止高师"与"高师改大"的背景下,考入北京高等师范学校,成为中国第一批教育研究科学生
1920年12月	在《平民教育》杂志上,发表《问主张废除师范学制者》
1923—1924年	在江苏省平民教育促进会担任干事,参与乡村教育文化普及事业
1925—1928年	在美、英、德等国留学考察,收集国外师范教育的一手资料
1931年	担任师范教育委员会干事,并作为师范教育之改造专题的特约撰述会员
1933年	民国政府教育部召开师范学校教学科目讨论会,被聘为师范学校教学科目讨论委员会委员
1933年	出版专著《师范教育论》
1936年	在教育部教育播音栏目主讲《师范教育之趋势》
1942年	作为中国教育学会理事,负责教育部委托该学会从事研究之问题——教育学系之目标与课程
1946年	在世界教师会议席上发表演说,建议大会应为教师草拟一种职业伦理之国际法典
1948年	在中国教育学会九届理监事五次联席会议,与瞿菊农等八人被推选为研究修订世界教师宪章意见成员。9月,联教组织中国委员会第二届大会在中研院开会,与罗廷光等五人被推选为审查教师约章及青年约章成员

三、比较师范教育:倡导比较法和历史法

常道直与庄泽宣、钟鲁斋并称民国时期三大著名比较教育家,可见他对我国比较教育领域的贡献之大。常道直一生著作颇丰,他通过大量著作来传达自己的比较教育思想,译著有《平民主义与教育》《德法英美四国教育概观》《教育行政大纲》《法国教育制度》《德国教育制度》《比较教育》《各国教育制度》《教育制度改进论》等。同时,他在当时著名杂志《教育杂志》《中华教育界》等发表了大量的文章,如《成人教育论》《欧美大学之比较及我国高等教育问题》《杜威教授论留学问题》《德国中等教育概观》《法国中等教育之近况》《英美德法四国小学教育制度之比较》等。

常道直在美国哥伦比亚大学留学时是在当时美国比较教育教学和研究中心,

后来他又入英国伦敦大学，该校当时是英国最大的比较教育研究中心。1928年，常道直留学回国后，在南京中央大学任教，主讲"比较教育"等课程，"比较教育"是中央大学教育学院教育系学生第三学年的必修科目之一，一学年6个学分，每周授课3小时，常道直讲授比较教育课程的内容为国外国家的教育概观。他语言生动，学贯中西，将比较教育讲述得深入浅出，非常受学生的欢迎。后来，他把在中央大学讲授比较教育课程的讲稿，编著成《德法英美四国教育概观》一书出版。

当时比较教育学科处于新兴状态，从常道直的作品中我们不难发现他的比较教育思想。

常道直研究外国教育制度有三部著作，分别是《德法英美四国教育概观》《比较教育》《各国教育制度》。1928年《德法英美四国教育概观》研究了德法英美四国的教育行政机关、小学、中等学校的课程及师资。1930年《比较教育》研究了俄国、意大利、奥国、丹麦、土耳其、日本、瑞士、比利时八国的教育概况，教育行政组织及初等教育和中等教育。1937年《各国教育制度》研究了英国、法国、俄国、日本、德国、美国、意大利、丹麦八国的教育制度。从常道直的著作我们可以发现，在叙述方法上他选取逐国研究各国的教育制度，研究内容从各国教育概观，到比较教育，再到各国教育制度。他的研究对象丰富，涵盖多个国家，但选取的多是对我国有借鉴意义的国家，对我国的教育产生了深远的影响。

常道直指出研究教育制度有两种方法，分别是比较法和历史法。首先他认为比较法在教育研究中非常有价值，只有与别的国家进行比较，才更容易发现本国的教育问题，才能给本国的教育带来帮助。"虽各以其本国为主体，均以其篇幅之一部分，叙述列国教育发展之情况。"① 如果一个国家思考本国的教育制度如何改革，应先从调查他国的教育制度入手，才能起到借鉴他国制度的作用。其次他强调历史法也不容忽视。比较教育和其他学科之间存在着千丝万缕的联系，和教育史的关系更是密不可分，只有从发展史入手才能真正地理解现有制度，才能更好地判断改革方向。他明确指出比较教育研究中，比较法和历史法缺一不可，要结合使用，用历史法客观地呈现各国的制度，避免主观的想法，用比较法进行详细的讨论，为我国教育改革提供更大的研究空间。

常道直要求，进行比较教育研究应注意到教育制度的背景因素，这些背景因素包括国家的政治、经济、文化、社会，还包括国家教育制度的依据。如他在《各国教育制度》一书中先介绍每个国家的背景，包括国土面积、人口数量、人

---

① 常道直. 各国教育制度（上卷）[M]. 上海：中华书局，1936：1.

口分布、教育部门的划分等，使读者对他国教育制度的背景因素有一个清晰的了解和认识，待清晰了解后，读者才能将其与本国制度相比较，更有利于借鉴这个国家的教育经验。由以上可以看出，常道直对教育制度的背景因素非常重视，这种对背景因素的重视是进行比较教育研究必须要考虑到的，即使放在当今社会依然具有重要的价值。

常道直对研究资料的新颖性和可靠性也提出了要求。他指出，各国的教育制度在不断的变化，要求比较教育研究者要使用新颖可靠的资料进行研究。当然，保持研究的新颖性是一件不太容易的事情，常道直还是尽可能这样做。如编著《比较教育》时，他从英文及德文的著作中获取资料，取材的范围也都是最新的资料，反映出他对研究资料的重视。除了要求研究资料的新颖性与可靠性，他还指出研究资料要具有代表性，不能以偏概全。

常道直指出比较教育研究有三方面的目的：

首先，研究比较教育可为中国提供借鉴。借鉴别国教育经验，吸取他国案例中的经验和教训，来解决中国的教育问题，改善中国的教育，这是比较教育研究的主要目的。当然，常道直还指出，借鉴他国教育经验时需谨慎。如当时苏俄生产教育学说，表面上是对教育的尊崇，实际上是脱离实际的幻想，不适合中国借鉴，也不利于中国的发展。借鉴别国的经验，是吸取精华，使中国在教育改革的道路上有经验可循，但是借鉴并非照抄照搬，他指出："研究教育者须熟悉别国之最好的教育理想并用以实现此理想之管理，课程，教授，与训育之方法，然后方能造成一个完美的制度；此制度不是要适于日本美国或法国之情况，而须适于中国之需要。"①

其次，研究比较教育可使国外教育素材为国内研究者之用。常道直善于搜集国外教育素材，在美国、英国、德国等国家留学期间他经常参观各地的学校，留意当地的思想潮流。他撰写的文章，为我国的教育研究者提供了丰富的教育素材。他曾参观伦敦中小学、柏林男女中等学校，并整理成参观笔记。他指出参观要记录实际的、具体的事实，以陈述事实为主，不应多加议论。他的参观笔记，给国内研究提供了可参考的资料。这些教育资料是国内研究者所需的极宝贵的国外教育素材，丰富了我国教育研究的资料，促进了中国教育研究的发展。

最后，研究比较教育可帮助中国人认清国外现状，给中国教育正确地定位。当时，国内的教育者几乎不研究日本的教育制度，常道直认为日本与我国接壤，日本的教育制度对于我国有可借鉴之处，不能因日本的君主国就将其教育制度判定为专制的，他认为这种观点是偏激的，各国教育制度的最终目的都是一致的，

---

① 常道直. 英美德法四国小学制度之比较 [J]. 教育丛刊，1921，2 (5)：1.

都是为了国家的发展,所以不应该否认教育本身的价值。

常道直作为一位治学严谨的比较教育学者,注重研究材料的真实性,负责严谨地进行教育研究,为我国教育提供大量的国外资料,帮助国人认清别国教育事实以及正确定位中国教育。可以看出,常道直师范教育思想有以下特点:

(一) 注重体系完整

常道直拥有国内外求学的教育经历,且在教师岗位上工作了很多年,掌握到了教育一线的一手资料,他的研究不仅包括国内教育,还包括国内外教育的对比总结。研究范围从教学课堂到国际教育,研究对象涉及儿童、中学生、大学生、教师、教育管理者等,研究思想包括比较教育、教育管理、成人教育等,这使得他的教育思想内容详细,体系完整。在进行教育研究时,常道直以所在学校的具体问题出发,结合当时国内外教育思想,做到理论实践相结合,在用中国视角看问题时也加入国际视角。值得指出的是,常道直看待问题眼光独特,善于分析问题,挖掘问题背后的意义,敢于打破常规。以上特点构成了常道直独特的教育思想观。常道直提出的教育改革建议,较符合我国当时教育的实际状况,擅于将国内外进行比较,其中不少理论见解都具有很强的时代性和先进性。

(二) 强调专业性研究

常道直时刻关心国内局势,尤其关心当时处于社会底层的群体,他想通过教育来提高广大民众的素质,使教育服务于生活,为当时严峻的战争局势服务。因此,他积极开展平民教育,发起和组织中国教育学会。在教育研究中,常道直体现了极强的专业性,如在研究过程中他时刻关注国内外动态,要求要详细掌握被研究者的背景,研究中的数据必须是客观准确的,好的研究者要掌握教育史等等。同时常道直注重跨学科的研究,如他在教育行政学科中关联了他的比较教育思想,他的教育成果中也体现了教育史、比较教育学、教育行政学和教育社会学的融合特征。

(三) 重视结合实际

常道直强调要借鉴和学习别国的先进经验,但借鉴并非照搬全搬,他更强调要把别国先进的经验放在我国的背景下进行思考,要结合我国的实际情况进行具体分析。如他的教育行政思想,侧重将当时我国现行的教育制度、学校管理等与国外进行对比研究,吸收国外先进的教育理念。在当时取消师范教育的呼声中他大呼不仅不能取消而且要大力发展师范教育,实践充分证明他的主张和建议是正确的、是可行的。

从上述分析来看,常道直是我国近代重要的教育思想家,在我国近现代史上占有重要的历史地位,为我国的教育事业作出了卓越的贡献。

第一,他的师范教育思想,分析了当时师范大学不仅要有学术研究的任务,同时更应该有专业的训练，培养专业的人才。他还指出当时的师范教育改革势在必行，改革的首要任务就是扩大师范教育的目标，还要进行学制的改革。在义务教育问题上他指出要实行统一的评价标准，在高考改革建议中他提出了新的考核方案，在招生问题上他提出多办高等师范大学。从常道直总结出的教师应具备的素养中，我们可以看出他不仅是教育研究者，更是一名真正的教育实践者。

第二，他是我国较早研究比较教育学科的研究者，他希望通过比较教育研究，从其他国家找出教育改革要素，从而为我国的教育改革提供借鉴。同时他强调比较教育研究要充分挖掘研究对象的资料，要从教育史入手，来理解现行制度，他这种求真的研究为我国教育改革提供了大量有价值的信息。

常道直还积极投身到爱国主义运动，曾发表观点鲜明的爱国主义文章。面对当时缺乏系统组织的平民教育运动，他指出一个学校关键的教育因素是教师，要想提高国民素质，必须提高师资水平，培养专业师资，才能更好地提升平民教育的质量。他还提出，要提高平民学校学生的年龄来提高学生成绩，结合当时平民教育的现状，他对当时的平民教育提出了与义务教育机关相协作来提高识字人口数量。他指出国民应团结一致，从现实出发，发扬爱国主义。

第三，他的教育行政研究更是颇有建树。在当时，我国几乎没有国人撰写教育行政类著作，直到20世纪的二三十年代，我国关于教育行政类的译文和著作才有了突破。常道直的《教育行政大纲》中提出了很多我国学校教育中待解决的问题，如关于教育行政人员任用及期限、中小学校长的资格、教师进修、义务教育问题等，引发了人们思索和探讨。同时他还指出，我国教育上有两大课题，分别是人事制度的健全和教育行政的民主专业化，他认为健全学校的人事制度可以有效避免私人利害关系。

第四，常道直一生坚持以客观事实为依据，做到理论与现实的统一；同时，在做教育研究时，他常选取事实材料，从个案问题中挖掘和阐述共性问题。常道直诸如此类的思想还有许多，他将一生中最宝贵的时间全部投入教育事业中，推动了我国教育事业的进步，他在教育研究领域勇于追求真理的探索精神对我国当代教育事业的改革有着丰富的指导意义。

拓展阅读

[1] 常道直. 比较教育 [M]. 上海：中华书局，1930.

[2] 常道直. 教育行政大纲 [M]. 上海：中华书局，1930.

[3] 常道直. 师范教育论 [M]. 北平：立达书局，1933.

[4] 常道直. 各国教育制度（上卷）[M]. 上海：中华书局，1936.

[5] 杜成宪. 大夏教育文存（常道直卷）[M]. 上海：华东师范大学出版社，2018.

［6］张愉. 常道直教育思想评析［D］. 南京：南京大学，2012.

［7］杨来恩. 常道直师范教育思想研究［D］. 上海：华东师范大学，2014.

［8］王凯. 民国时期常道直的教育专业道德规约研究［J］. 教师发展研究，2017（4）：97-104.

［9］杨来恩. 常道直比较教育思想探微——以《各国教育制度》为考察中心［J］. 教育史研究，2017（2）：209-217，226-227.

第十三章
余家菊师范教育思想

余家菊（1898—1976 年），字景陶，又字子渊，湖北黄陂（今武汉市黄陂区）人，中国近现代著名的教育家和社会活动家。1898 年他出生于一书香之家，7 岁就受家塾教育，诵习旧学经典，12 岁时考取黄陂发启高等小学堂，但留家族"自治"学馆兼习新旧之学，13 岁时考入县立道明高等小学堂，接受新式教育。1912 年，入设于武昌的教会学校文华大学预科，是年秋即转入私立中华大学游美预科，攻习法政学说，翌年游美预科并于大学预科，遂为预科一年级学生。1915 年 6 月，预科毕业，次年入该校本科中国哲学门。1918 年 7 月，本科毕业后，与恽代英等同为校长留聘，为中华大学中学部学监。留校任职期间，领导学生创办刊物《共进》，与朋辈创办刊物《教育改进》。1919 年 7 月，"少年中国学会"成立，旋受北京来鄂的王光祈的动员并介绍加入，与恽代英等为会员。1920 年春入京就学于北京高等师范学校教育研究科第一班，认真攻习英美教育名著，并致力于西哲著作的中译。1921 年春返北京高等师范学校教育研究科，但终无意完成其学业，适河南第一师范极力相召，遂南至开封任该校教员，并为留学欧美预备学校教员兼为省教育厅编辑。是年 7 月回鄂迎家眷时顺道至武昌应湖北省留学考试，列名第二，8 月往北京复试，考列第一，乃于 1922 年春以教育部公费生身份由上海乘法国邮轮前往英国留学，就读于伦敦大学政治经济学院，研习政治哲学。同年 9 月承伦敦大学心理学院教授皮尔曼推荐，入伦敦大学研究生院为硕士预备人。读研期间，同时在国王学院、柏德浮女子学院、师范学院及巴特洗多拨学校学习心理学及教育哲学等课程。1923 年 9 月，转赴爱丁堡大学研习教育哲学。1924 年 3 月，接国内武昌高等师范学校校长张继煦电约，归国就任该校教育哲学系主任。1925 年春，武昌高等师范学校改组为武昌大学，因办学主张与校长石瑛相左，遂辞职离校转应中华书局之聘，赴沪为编辑，并列名发起创办《醒狮周报》。当年 6 月授教于东南大学暑期学校，随之于 8 月赴任东南大学教授，仍为中华书局馆外编辑并兼《醒狮周报》副刊主编。由沪转宁之际，因陈启天等力邀而加入"中国青年党"（英文名"少年中国党"）。1926年夏秋间，本拟回武昌担任武昌大学师范学院院长，因时局大变，乃留宁组织编辑《中国教育大辞典》，并于暑假期间应聘金陵军校教授。后随军校一路转迁青岛、济南、北京、天津、沈阳等地。1928年春，因军校并入东北讲武堂，转任沈阳兵工厂技师，管理工人教育事宜，旋兼东三省《民报》副刊主编。次年接受冯庸邀请为冯庸大学国学教授。1929年年底返北京，遭逮捕，得段祺瑞等人相救。1930年2月，往天津创办健行中学，欲作久居计。1930年9月，应北平师范大学聘，为该校教育系教授兼为北京大学讲师及北平大学农学院讲师。1932年夏，辞北平师范大学职南下，应聘为《申江日报》编辑兼为中华书局职外编辑。1934年9月，再往北京教书，任中国大学教授兼北京大学讲师。至1935年9月，改任中国大学哲教系主任，仍兼北京大学讲师。同年12月离校归鄂，随之于翌年春就任湖北省府公报编辑主任及湖北通志馆馆长。七七事变后，应河南大学校长刘季洪之聘，任该校教育系主任。1938年7月，"国民参政会"成立于汉口，被选为参政员。自后于抗战期间，以国民参政会参政员身份进行活动，至抗战胜利后，前后共四届，均当选。1945年，执教于重庆南岸中华大学。1946年5月，随国民政府回南京。1947年4月，当选为国民政府委员。1948年3月，第一届国民大会上当选为主席团成员、国大代表，后以国民大会代表身份活动，同年5月又任总统府国策顾问。1949年先后自武汉转迁广州、重庆、成都、海口，并于年底飞往台湾，寓居台北，直至逝世。赴台后，长期为杂志撰稿，其间亦参加过学术活动并作过专题讲演20次，1955年至1958年间，因医治眼疾而迁居美国达三年之久，归台后，除因病来往医院外，几乎足不出户，然口授他录，著述不辍。1976年5月12日病逝于台北。

余家菊平生著述甚多，其中有关教育的论述达数百万字。作为国家主义的倡导者和理论建构者，他著有《国家主义教育学》和《国家主义的教育》。余家菊还致力于乡村教育领地的开拓，被誉为"言乡村教育之第一人"，他根据多年研究著成《乡村教育通论》，并发表了《乡村教育的实际问题》《乡村教育的危机》等文章。此外，余家菊对中国师范教育有独到见解，形成了丰富的师范教育思想体系。他在《教育丛刊》《中华教育界》等刊物上发表了《我对于师范学校的希望》《师范教育行政》《论师范学制书》等文论，并且他所撰写的《师范教育》这一专著被长期用作师范院校的教材。

余家菊一生探寻救国之路，曾首倡乡村教育运动，力主收回教育权，并长期从事师范教育的教学和研究工作。在中国新式教育处于动荡变革和寻求发展的时期，他以一个"穷年兀兀于教育学术之钻研者"的身份，本着发展教育培养人才以救中国的时代使命感，积极投入这一热点讨论的时代潮流中，提出了诸多能经受历史验证的真知灼见，他的师范教育思想、教育实践和教育研究成果不仅对20世纪20年代的中国教育影响至深，而且对当前的教育改革与发展都具有重要的借鉴意义。

一、良师选拔标准：师范生选拔八个维度

余家菊强调："欲养成优良的教师，当先选拔其生而具有能为教师之材性者①。"基于此，他从身体条件、心理素质、语言表达能力、智力条件、从业动机、职业认同等方面提出了师范生选拔的具体标准：第一，身体强健。身体和精力能承受教师职业的繁忙和劳累，考试前由医院统一检定师范生身体的各项指标。第二，言语清朗。通过口试检测师范生的口语表达能力。第三，态度和易。要求师范生待人谦和有礼，平易近人，师生和睦共处，互相友爱。第四，意境恬适。师范生能够在清苦烦劳的工作中找到乐趣，爱岗敬业，乐于长期从事教师职业。第五，较强的忍耐力。要求师范生脚踏实地，恒久坚持，若求功心切，则欲速不达。第六，注意精密。从起居饮食、品德修养、学业工作等各个方面综合考察师范生，不能有所偏差。第七，存心真挚。真诚是师范生必备的品质，不可遗漏。第八，智力优秀。要求师范生具备灵活处理教育问题的能力，要根据现实情境的变化和需要，适时调整教育方法和教育内容。

上述师范生选拔标准中，有的维度可以通过标准测验获得分数，有的维度不便于量化，则需要通过观察交流而获得评判。余家菊认为："所取必精，然后所成可大②。"要通过各种途径对欲入师范学校的学生进行严格的考核与精致的筛选。余家菊主张将刚入学的第一个学期定为试学期，以此更加细致地甄别，悉心考察师范生的教学、品德等各方面的素质。如此，在选拔标准的建立下，师范生的准入门槛有所提高，将大批见异思迁、浑水摸鱼以及毫无爱岗之心的人拒之门外，使德才兼备且真正忠于教育事业的人获得教师资格，这对提升教师质量以及促进教育事业的发展大有裨益。

二、教师培养体系：完备的教师教育制度

(一) 师范学校的培养目标

余家菊认为："发展学生个性以培植其美满的人格，此则师范职业之要旨。"③ 传授知识、习得技能固然重要，但余家菊指出人格教育应当是师范教育

---

① 余家菊. 师范教育 [M]. 上海：中华书局，1926：144.
② 余家菊. 师范教育 [M]. 上海：中华书局，1926：145.
③ 余家菊. 师范教育 [M]. 上海：中华书局，1926：115.

的核心和根本。发展学生个性、塑造其健全的人格是教师的首要职责。余家菊提出："教师与学生朝夕相处，接触频繁，因而学生之行为思想皆于无形中备受教师性情习尚的束缚，"① 正可谓"染于苍则苍，染于黄则黄"，因此教师应提升自身人格修养，以身作则、为人师表则是对学生无声的感染和命令，教师在言传身教中赢得学生的尊重和爱戴并成为学生模仿和学习的榜样。因此，余家菊认为："师范学校的组织经营应当以生活化的人格教育为指南针，"② 让学生在校内的日常起居、学习活动中领悟"为人之道，修己之方，处事接物之理，特别是发展学生的'爱人之德'和'治人之能'"。③ 因此，在余家菊看来，师范教育的首要目标是培养人格健全、品德高尚的教师。余家菊提出培养目标之二是培养富有专业精神的教师，使其具有专业修养并且乐于从事教师职业。"师范教育之在今日，培养此专业精神乃为其主要职责之一。"④ 教师只有树立坚定的教育信念，爱岗敬业，才能抵制强大的诱惑，而避免产生"改途易辙，而思另就他业⑤"的念头。此外，余家菊认为应使师范生获得丰富的知识经验，既精通国文又掌握相关的教育理论知识，还要通过参观、见习、试教等方式习得教育技能。最后，余家菊认为应培养师范生多方面的修养。比如丰富的知识体系，敏锐的观察力，兼顾理性与同情心，充分了解学生，因材施教等。由此，学生才能充分发挥其所长，在各自擅长的领域中有所成就，进而取得显著的教育成效。

　　余家菊也同样心系乡村教育的发展以及乡村教师的培养。他指出："乡村教育在落后、不经济、都市化中已经破了产。"⑥ 要使乡村教育真正适应乡村环境，避免"都市化"倾向，则有赖于乡村教育的具体实施者，即乡村教师。而对于乡村教师来说，"由于乡村的学术机关不完备，知识阶级所占比例小，教师便成为所有文明的代表，为全般社会之顾问。"⑦ 因此，余家菊认为，基于乡村特殊的教育环境，不仅应培养一般教师所需的智能品格，还应培养特殊的精神品质。首先，乡村教师应具备常识。余家菊指出："为教师者，当一矫崇尚'专家'的心理，而力求成为一个'通人'⑧。"对村民来说，乡村教师要具有广博的知识，能够随时解答乡人的疑惑，给予乡人指导和帮助并取得他们的信任，彰显教师本色。对学生而言，教师在专业范围内自诩全知全能则有失学者本色，而在专业范围之外，不准学生提出问题，则有失教育家之态度。因此，"凡划定范围以自行限止者，皆懦夫也⑨"，要培养具有"百科全书般的常识"的乡村教师。其次，

---

①⑤　余家菊. 师范教育［M］. 上海：中华书局，1926：105.
②③　余家菊. 师范教育［M］. 上海：中华书局，1926：106.
④　余家菊. 师范教育［M］. 上海：中华书局，1926：104.
⑥　余家菊. 乡村教育通论［M］. 上海：中华书局，1934：3.
⑦⑧⑨　余家菊. 乡村教育通论［M］. 上海：中华书局，1934：118.

乡村教师要富有真挚的情感、谦和的态度和与人为善的精神。在乡村，人与人之间的关系相较都市更为贴近和密切。余家菊认为："教师需怀有真挚的心情，孜孜不懈，则无论其方法巧拙，知能之优劣，皆可获得乡人的信任。"① 乡村教师应入乡随俗，且"待人要谦和，与人为善，然后精神融洽，言论平易近人"。② 余家菊曾说："拿起锹锄翻土，放下锹锄研究，扛起社会的担子，站在农人前面走③。"唯有如此乡村教师才能与乡人和同事建立亲密互信、亦师亦友的良好关系，共同促进乡村教育的发展。最后，乡村教师应具备勤劳的习惯和开创的气概。余家菊指出："乡村人民以勤劳为其生活的特质，他们鄙视不劳而获之人。"④ 乡村教师更要发挥表率作用，勤于劳作，以防"都市淫逸之风流行于乡村"。⑤ 另外，余家菊还认为，乡村教师应勇猛精进，富有进取之心。"教师的事业不仅在办理学校，亦在办理世界。"⑥ 作为乡村领袖的乡村教师应当具有锐意创新和改革的气概。"乡村教师当开拓视野，气象纵横，若有可为之事则毅然为之，若有可乘之机便迅速把握，有进步而无止境，有追求而无懈怠。"⑦ 乡村教师只有如此迎难而上，敢为人先才有望实现乡村教育的振兴与发展。

(二) 师范学校的课程设置

1. 普通师范学校的课程设置

师范学校课程选择的依据什么？怎样支配各个学科？这些是设置师范学校的课程时应当考虑的问题。针对全国教育联合会委员拟定的师范学校课程标准草案，余家菊质疑并指出该草案存在的不足：第一，未制定明晰的课程标准，课程标准所依据的原则也一概不知；第二，忽略了学科知识的衔接问题，即仅规定了课程的学分，区分了必修课和选修课，但课程所分配的年级却无从得知；第三，一些课程开设的价值有待商榷，如人生哲学等；第四，课程设置存在交叉和分离，如"在各科教学法之外，又设小学各科教材研究，使教材与教法分离"；⑧ 第五，课程设置中呈现出"重应用，轻理论"的弊端。为改进以上问题并进一步优化师范教育课程，余家菊制订了一份师范六年的课程计划，以供参考（见表13-1～表13-3）。

---

①④⑤　余家菊. 乡村教育通论 [M]. 上海：中华书局，1934：119.
②　余家菊. 乡村教育通论 [M]. 上海：中华书局，1934：120.
③　余家菊. 乡村教育通论 [M]. 上海：中华书局，1934：112.
⑥⑦　余家菊. 乡村教育通论 [M]. 上海：中华书局，1934：121.
⑧　余家菊. 师范教育 [M]. 上海：中华书局，1926：184.

表13-1　第一年、第二年师范课程（诊查期段）

课程	学时
修身及公民（包含为人处世方法、政治经济理论、教师职业道德等）	4
教育常识（教育的性质及其相关学术问题）	6
心理入门（与教育、求学和日常生活相关的心理学常识）	3
国语及国文	10
英语	10
数学（包括算学、代数算法、代数、几何）	10
科学（最好将物理、化学与生物分开教授）	6
乐歌	2
国画	2
手工	2
习字	1
体育及军操	6
历史与地理（可合并教授也可轮流教授）	6
总计	68

表13-2　第三年、第四年师范课程（基本期段）

	课程	学时
人本修养科目（16学时）	公民及修身	2
	科学概论	2
	体育（训练、包括军事）	6
	英语	6
专业修养科目（16学时）	教育学	5
	教育史	5
	教育心理	6

续表

课程		学时
担任教育科科目（从中任选一组，34学时）	第一组：国文（8）、历地（10）、科学（10）、数学（6）	34
	第二组：国文（8）、科学（10）、数学（10）、图画（6）	34
	第三组：国文（8）、科学（10）、图画（8）、手工（8）	34
	第四组：国文（8）、科学（10）、史地（8）、音乐（8）	34
总计		66

表13-3 第五年、第六年师范课程（精准期段）

课程		学时
担任教育科科目（共15学时。前三组中各选择一个科目，在第四组中自由选修6学时）	语文组：国语及国文、中国文学、英语	3
	社会科学组：历史、地理、政治学、经济学、社会学、家政	3
	自然科学组：算学、代数、几何、三角、物理学、化学	3
	艺术组：图画、手工、音乐、缝纫、烹饪	6
教育智能科目	导学法	6
	小学行政（包括图书馆管理法）	2
	教育行政（包括职业教育、乡村教育）	6
	儿童卫生与体育（包括急救技术）	2
	教育的游戏（童子军）	3
	实习	

在余家菊看来，每个学段的课程设置应有所侧重。第一年和第二年的师范课程称为诊查期段，共有68个学时，课程设置应侧重于"人本修养教育"。此阶段的设计应实现两个课程目标：第一，通过人本修养教育使师范生获得健全的人格，成为完整的人；第二，通过专业修养教育使师范生获得教育家之精神，同时检验自身是否具备从事教师职业的潜质。第三年和第四年的师范课程为基本期段，共为66个学时，包括人本修养科目16学时、专业修养科目16学时以及担任教育科科目34学时。可见在这一学段中，担任教育科科目占有较多学时，任教学科的专业水平是衡量教师教学的重要标准，应使师范生在这一阶段扎实专业功底。此外，国文和科学作为通修课，贯穿于一切学术之中，应予以重视。第五年和第六年为精进期段，侧重于教育智能之修养，"此时于学术学科可专研若干

问题以养成研究的习惯,于教育学课则注重实际应用"。① 由此,教育理论与实践得以充分结合。

2. 乡村师范学校的课程设置

余家菊指出:"乡村初等教育的目的是教育学生和改进社会。"② 那么,乡村师范学校所培养的师资一定要具备教导儿童能力和指导社会的能力。余家菊认为,乡村师范学校的课程设置需依照以下原则:第一,符合乡村教育实际,遵循学生的知识能力水平;第二,符合学生的实际教育需要,使其自身教育能力不断发展并弥补不足之处;第三,依据学生未来所从事的学校事务而设置相应的课程。由此,以三年期的乡村师范教育为例,余家菊制订了一份课程计划,以供参考(见表13-4)。

表13-4 三年乡村师范教育课程表

学科		学时			
		第一年	第二年	第三年	总计
担任学科(语文、数学、自然、社会等)		14	12	10	36
教育学科(心理学、教育学、管理法、教学法等)		4	6	8	18
公民学科(政治、经济、社会、法律等)		4	4	2	10
技术学科(农林、畜牧、养蜂、饲兔等)		4	2	2	8
常识科学(文学、哲学、美学、中外历史、地理)		4	2	2	8
选修学科(任选一组)	自然农事组(包括生物学、农业学等)	4	2	2	8
	文史教育组(包括国文、教育学、心理学等)				
	艺术组(包括图画、音乐、手工)				
总计		34	28	26	88

在余家菊看来,乡村师范应开设五门必修课,包括担任学科、教育学科、公民学科、技术学科和常识学科。其中担任学科是指必须教授的学科,如语文、数学、自然、社会等,所占比重最大,其目的在于充实教师的基本知识,要想给学生一杯水则教师须有一桶水,而不能"以其昏昏使人昭昭";③ 教育学科是指职

---

① 余家菊. 师范教育[M]. 上海:中华书局,1926:191.
② 余家菊. 乡村教育通论[M]. 上海:中华书局,1934:122.
③ 余家菊. 乡村教育通论[M]. 上海:中华书局,1934:124.

业学科,如心理学、教育学、管理法、教学法等,其目的是提升教师的教育教学技能和爱岗敬业之心,循循善诱并热衷于教育事业;公民学科为有关公民生活的学科,包含政治、经济、社会、法律等,旨在培养教师的公民素质以引导学生和民众成为健全合格的公民;技术学科是指农林、畜牧、养蜂、饲兔等专门学科,使教师具备丰富的农业常识,以期了解农人生活和更好地训练学生;常识科学是指对身心有益且陶冶情操的学科,如文学、哲学、美学、中外历史、地理等。此外,还应开设一门选修课以发展学生的个性,选修课采用分组制,包括自然农事组、文史教育组和艺术组,学生可从中任选一组进行选修。余家菊针对乡村师范的课程设置体现出将知识的广度与深度相结合、由浅入深、循序渐进等特点,即"先植普遍的基础,而后侧重专业的修养与专科的深造"。[①]

需要特别指出的是,余家菊制定的三年期乡村师范教育课程安排主要是针对乡村小学教师而言的,乡村中学教师的课程安排虽在原则上大体相同,但中学采用专科担任制,因此每位教师教授的科目单一有限,余家菊指出可各聘请一名专科教师担任国文、数学、农业和生物学科目的教学,而政治、经济、史地、理化等科目可以由一位教师兼任数科。另外,也可让师范生在校时就选择两个担任科目,即一个为主科,另一个为副科。如学习生物学的师范生将物理和化学作为副科。总而言之,余家菊对于乡村师范的课程设置能够充分满足乡村教育教学的实际需求,为培养大量优秀合格的乡村师资提供源源不断的动力。

(三) 师范生的教育实习

余家菊十分重视师范生的实习,他认为:"实习是师范教育的焦点,即举师范教育之理论与计划措之于实际的活动,使学生躬亲其事以求得预期的成效者也。"[②] 实习有三层含义:首先,试教是师范生临毕业前分派到附属学校担任功课导学,即辅导学生的课程作业;其次,见习是在责任者的委托与指导下,师范生要协助或独立处理学校事务和训练事宜;最后,通过学习优秀教师的教育方法以及学校事务的处理法,师范生以此为榜样而不断提升自身素质,为未来从事教师职业做准备。"试教、见习和参观,三者相辅相成,不可偏废。"[③] 余家菊肯定实习对师范生的价值,他认为:"实习能够活化知识,使理想更为具体化。"[④] 对师范生而言,第一,实习可以帮助他们练习导学技术;第二,熟悉学校事务的处理;第三,印证平时所学的理论知识;第四,在实践中总结教育问题以丰富教育理论体系;第五,养成教育者的优良习性,如忠于教育事业,形成教育研究的素养,在教育实践发现问题并不断改进以提升自我,在处理繁杂的学校事务中养成

---

① 余家菊. 乡村教育通论 [M]. 上海:中华书局,1934:125.
② 余家菊. 师范教育 [M]. 上海:中华书局,1926:205.
③④ 余家菊. 师范教育 [M]. 上海:中华书局,1926:206.

耐心、细心等优良品德。因此，应对师范生的实习予以重视并制订详细可行的计划，以提高实习的效率。

首先，余家菊对师范生实习的时间安排作出明确规定。以往有的学校规定师范生实习时间为 1000 分钟，还有的学校要求实习 36 次。由于师范学校关于师范生实习的章程不明晰，导致师范生不重视实习，常常敷衍了事，使实习多流于形式。为此，一方面，余家菊提出应更改以小时为单位的实习时长，代之以"日"为单位，从而确保实习的时间。即规定每位师范生必须实习若干日，可以每天连续实习，也可以隔数天再进行实习，但尽量连续在学校实习若干周，以便全面了解学校的生活。另一方面，应合理分配实习的时间。余家菊认为不必等到最后一个学期才安排实习，如自师范生学习教育学和教育法等课程的时候，就应去学校进行参观以学习模范教师的教育教学方法；师范生的试教可以在一个学期集中进行，但宜早不宜迟，不必等到最后一个学期。另外，余家菊提出："为使实习生之数额避免拥挤，应将学生分为两组，分别于上学期和下学期进行实习。"① 这种错峰实习的方式不仅"使实习学校终年处于实习状态中以巩固其实习计划和发扬实习精神"，② 而且大大提高了师范生的实习效率，正可谓一举两得。

其次，采用"级任制"的教学任务形式。以往师范学校一般采取师范生轮流试教不同科目和学级的方式。一方面，实习时间有限，实习科目繁多，平均每个科目的实习次数偏少，使得师范生在"技能方面无一能臻于纯熟③"。另一方面，师范生所试教的学级颇多，这使得师范生在试教中不能充分了解学生，二者成为相互分离的个体。"教生挟课本而出入于各学级，来去匆匆，造成教生之于学生既嫌生疏，学生之于教生亦觉唐突。"④ 由此不便于师范生选择教材和教法，不利于学生成绩的提高和优良品德的培养。余家菊主张采用"级任制"，即担任同一学级不同科目的教学形式，先将师范生分成若干组，再分派到指定学级担任教员。此种级任试教制度还可将试教分为三期，每期两周，任教满一期之后才能更换学级，切不可频繁地更换学级，以免师范生不能熟练地掌握教育教学技能和学生的具体情况。但师范生也应适时更换试教学级，以了解不同年龄和不同身心发展状况的学生，为师范生应对未来复杂多变的教育教学工作做准备。另外，余家菊指出关于试教和学级的问题要因地制宜，从不同地域与不同学校的实际情况出发调整相应的策略。余家菊认为："宜以试教时间三分之二试教于一寻常编制之学级，而以其余三分之一的时间试教于一单级编制之学级，一以植其基，一以

---

①② 余家菊. 师范教育 [M]. 上海：中华书局，1926：210.

③④ 余家菊. 师范教育 [M]. 上海：中华书局，1926：211.

通其用也①。"其中，单级编制是"集年龄不同学力不等之儿童于一级而教导之②"。多级编制是"分别集合年龄与能力皆相近似的学生于一级而教导之③"。

再次，扩大师范生实习场所并对其进行针对性指导。以往师范生实习都是在附属学校中进行的，但实习时数的延长和期数增加使得附属学校供不应求，附属学校学级有限，不能满足广大师范生实习的需要。因此，余家菊建议增加实习学校的场所，前往实习的学校应有较高的工作效率和良好的校园氛围，教师教育技能娴熟并具备一定的指导能力。余家菊认为可在附近选择适合师范生实习的学校并签订契约，明确双方的权利和义务。此外，也可由教育部门指定实习的学校，如"认定一切公立学校皆有供给教生以实习机会之义务"。在师范生实习指导方面，余家菊强调实习指导对师范生来说影响深远，因此实习学校应选择教育能力强并富有教育热情的实习指导教师，发挥其模范表率作用并对师范生予以充分的指导，而师范学校的指导教师也应时常去视察。由此，既能加强师范学校与实习学校的沟通联络，又便于纠正实习指导教师的不足之处。另外，学校还可以通过设立各组指导员的方式对师范生进行有针对性的实习指导，如理科组指导员、国文组指导员、英语组指导员。

最后，采用循序渐进的实习程序。余家菊认为，在实习伊始便让师范生试教的观念是错误的，应采用循序渐进的方式，先易后难，由简到繁，应使师范生先参观再见习，而后进行试教。由此，师范生逐渐从个人导学成长为班级导学，从教师助理转变为独立负责人，从学会处理局部的事务到负责统筹整体事务，随着师范生的责任加重，其能力也不断增强。反观以往的实习程序过于笼统，余家菊指出"实习应为有步骤的渐进"，④ 要制定明晰的实习大纲。从师范生参观方面来看，余家菊认为"在师范生学习教育学课程之日起就应去实习学校参观"。⑤ 为使参观更加有针对性，师范生应记录并说明参观的目的、价值以及注意事项，关注学生已有的习惯、班级风气情况等。初次参观时指导员应当偕同前往，而后开会讨论并总结要点。多次参观后，师范生可以个人或团体的形式进行参观，需注意参观后要撰写报告书，团体参观时人数控制在 10 人左右。在师范生见习方面，余家菊认为"见习比参观更进一步而为试教之准备功夫"。⑥ 见习的时间至少为一个月，每位实习教师负责指导 4 名左右的师范生。此外，余家菊详细列出师范生见习时的注意事项，如熟悉并遵守学校的相关规定、制定教授进度预计表以及教授进度表、熟悉学生并准备座次表、对班级的卫生情况予以检视

---

① ② ③ 余家菊. 师范教育 [M]. 上海：中华书局，1926：215.
④ 余家菊. 师范教育 [M]. 上海：中华书局，1926：218.
⑤ 余家菊. 师范教育 [M]. 上海：中华书局，1926：219.
⑥ 余家菊. 师范教育 [M]. 上海：中华书局，1926：222.

和纠正等。在师范生试教方面，余家菊指出："试教为教授之试任①"。试教分为助教期和自任期。助教期是师范生协助实习指导教师并承担部分教学工作。在此期间，师范生应努力学习归纳演绎法、练习法、欣赏法等导学方法并加以练习。在自任期期间，师范生可独立担任教学工作并熟练运用各种导学方法。这时，实习指导教师起到辅助作用。

（四）教师检定

振兴教育的关键是培养合格师资，教师检定是培养师资的中心环节。而在教育界中，私立学校如火如荼地发展，没有教员许可状的人亦可担任教师，出现教师素质参差不齐、鱼龙混杂等现象。余家菊将私立学校的风起云涌视为"教育破产"的结果，因为创立私立学校的人大多以盈利为目的或怀有投机取巧的心理，而并非热衷于教育事业。对此，余家菊愤怒地指出："其动机不纯，办学等各方面的能力无人监察，因而易使学生误入歧途，败坏教育信用，贻害社会和国家，岂有极哉！"② 另外，1920 年我国虽已颁布《教师检定章程》，但由于执行不力，最终成为一纸空文。因此，制定切实可行的教师检定制度势在必行，余家菊提出："凡欲从事教育者，无论其所办理者为公立学校抑或私立学校，皆须得有教员许可状，然后准其从事。"③ 在余家菊看来，应加大整顿力度，取消师范学校的特权，即无论是师范生还是非师范生一并采取考核检定的方式。考核检定的内容包括普通修养、学科教学、教育能力与实地演习。此外，师范生参观、见习和试教的表现情况均纳入实习成绩中，通过教师检定后才能获得教员许可状。担任教师后，学校还可对其进行一段时间的考核，进而决定是否留用。由此观之，一方面，教师检定制度可以限制投身教育行业的人数，以免供过于求；另一方面，通过检定能够甄别考生的能力素质，择优录取，提升教师准入门槛，将"不谙教育，不习师范者"④排除在外，大大提升了师资水平和师范教育的质量。

三、教师具备素质：强调五方面优良素质

"教育为国家盛衰之本，社会隆替之基⑤。"余家菊认为振兴教育的关键在于培养优良的师资队伍。他提出："有教师然后有教育，欲教育良，必先使教师

---

① 余家菊. 师范教育［M］. 上海：中华书局，1926：223.
②④ 余家菊. 师范教育［M］. 上海：中华书局，1926：150.
③ 余家菊. 师范教育［M］. 上海：中华书局，1926：150-151.
⑤ 余家菊. 师范教育［M］. 上海：中华书局，1926：2.

良。"① 由此可见,余家菊强调教师素质的重要性,认为优良的教师素质是提升教育质量的关键。余家菊认为教师应具备的素质如下:

(一) 健康的身心状态

余家菊认为健康的体质是教师应具备的首要素质。他指出:"身体强健为成业之基。"② 教师应具备强健的身体和坚毅的耐受力。教师工作包含着脑力和体力的消耗,他们承担着传授文化知识、教书育人以及促进学生全面发展的重任,健康的体质是教师能有效地承担繁重教育工作的前提,要有能长时间活动和与疲劳做斗争的耐受力,为此,余家菊提出要使学生常留意卫生,加强体育锻炼以巩固其精力。

(二) 健全的人格修养

余家菊认为:"教师必须具备健全的人格,师范教育也必须以人格教育为核心。"③ 教师职业的特殊性在于其对象是"活泼泼"的人,而非冷冰冰的物。"教师之所化育者为人,其所成全者亦为人,教师一念之差便会造成学生的终身之患,一朝之失为学生百年之忧。"④ 学生的个人信仰、习尚都视他所接触的人而转移,正可谓"染于苍则苍,染于黄则黄",教师与学生朝夕相处,接触较为频繁,因而教师的性情和习尚会对学生的思想和行为产生潜移默化的影响,久而久之在学生的品格中遗留深刻的印象。此外,"天地君亲师,师道之尊,可谓盛极千古。"⑤ 学生以及学生家长十分尊崇教师,这对学生产生大量的暗示作用,教师"于悠久的岁月中,行强有力的暗示,而欲学生不与之俱化也难矣⑥"。教师具有榜样示范作用,其言谈举止均可被学生模仿而内化为自身的品格。因此,欲培养具有新理想和新信仰的国民,就必须先重视建设高素质的师资队伍,教师再以此理想传播于全国广大少年,进而鼓舞国民精神。可见,健全的人格是教师必备的重要素质。倘若为师者人格缺失,便会使学生误入歧途,进而损坏教育信用。为此,余家菊认为教师应做到以下三点:第一,为师者应热爱祖国,心系国家命运。国民的文化水平和素质关系到国家的强弱盛衰,师范生毕业后从事教师职业,他们承担着教育国民之职责,因此,"应当激发师范生爱国志气,使之学成以后勤学诲人以尽报效国家之义务"。⑦第二,教师要具有独立与博爱的精神,

---

① 余家菊. 师范教育 [M]. 上海:中华书局,1926:2.
②⑦ 余家菊. 师范教育 [M]. 上海:中华书局,1926:87.
③④ 余家菊. 师范教育 [M]. 上海:中华书局,1926:105.
⑤ 余家菊. 余家菊(景陶)先生教育论文集(下)[M]. 台北:台北慧炬出版社,1997:133.
⑥ 余家菊. 师范教育 [M]. 上海:中华书局,1926:102.

"使学生尊品格而重自治，爱人道而重大公①"。第三，教师应具有指导约束之力和精心忍耐之德，才会坚持为教育事业奋斗终生的信念而非因工作辛劳和收入绵薄而戛然中止。

（三）具备专业精神

余家菊认为专业精神是教师必备的素质，培养师范生的专业精神是师范教育的主要职责之一。但教育的专业精神自古以来就不受人们重视，教育之事为"学人所通习之业"，"凡有知识者皆得为教师，凡有知识而无他业可就者，又必以教育为歇足之地②"。在此历史遗风的熏陶之下，教育事业人人皆可为之，也将其视为学人权作传舍之业，若有他业可从，便一走了之，不屑于从事教育。在余家菊看来，教育活动必须建立在理性的基础之上，应将零散的主观见解和教育实践经验加以体系化、系统化，凝练提升为可作凭借的教育原理原则，教师应对其加以学习、了解、遵循和运用，以此指导自身的教育教学实践。当今的教师职业不能仅容纳学识渊博、满腹经纶之人，传授知识与技能固然重要，促进学生的全面发展更是一名合格教师不可推卸的责任。教育事业逐渐成为一种专门的职业，"非复如前日之为人人所可得而兼营者，亦非如前日之为英雄落魄时之末路事业也③"。教师承担着教书育人、为人师表等使命，其责任重大，无可替代。在余家菊看来，教师素质的优良决定着教育的成败。因此，一方面要加强教师资格审查，严防"不谙教育，不习师范"的人潜入教育行业中浑水摸鱼、误人子弟。"若于此为门外汉，纵学富五车，而社会人士之良心已不能承认其为教师矣④。"另一方面应加强教师专业训练，增强其专业精神，使其不起改业之心。总而言之，余家菊认为教师不仅是文化的传递者，还是国民精神的鼓舞者，为子女择师不可不慎，为国民养师则不可不谨，教师的素质从很大程度上决定了学生的品行、意志、行为等。因此，教师的专业精神是其必备的素质，其他从业者不可随意兼营教师职业。

（四）富有专门知识和精通专业技能

师范生为文化之传承人，他们承担着使文化赖以不坠且日有所进的职责。因此，应培养师范生"宽阔的胸襟，有上下五千年之识力，然后对于文化之精髓能了解，能把握，能欣赏，能默会于心胸，能传之于口舌，而播之于笔墨"。⑤ 基于此，余家菊认为教师必须具备各种专门知识。首先，余家菊指出：

---

① 余家菊. 师范教育［M］. 上海：中华书局，1926：90.
② 余家菊. 师范教育［M］. 上海：中华书局，1926：103.
③④ 余家菊. 师范教育［M］. 上海：中华书局，1926：104.
⑤ 余家菊. 师范教育［M］. 上海：中华书局，1926：101.

"今之师范生，国文欠通顺者，所在多有。"① 针对师范生国文欠缺的忧虑，余家菊提出："师范生对于本国的文化尤须有较深的涵润②"，热爱祖国，树立正确的价值观，学生受其教化后才能不断增进品质学识，最终成为具有本国精神的国民。因为"国家的统一强盛，必先求之于国民之凝结中，国民之凝结乃产生于国民精神之融洽"。③ 其次，教师应具备扎实的专业知识。专业知识是教师在教书育人中所必备的业务素质，其丰厚程度是衡量教师优劣的标准。余家菊认为应精通所教学科的基础知识，熟悉学科的基本结构与内在联系，才能实现传道授业解惑的目的。最后，教师还应学习教育学、心理学等知识以掌握教育科学理论知识，进而培养教育家的精神。

余家菊也十分注重教师专业技能的培养。他认为："同一教材，以善于教术者教之，则学生能心领神悟，以不长于教术者教之，则学生即觉扞格不入。同一训条也，以善于教术者训谕之，则学生心悦诚服，以不长于教术训谕之，则反感丛生④。"因此，教师应从学生的实际出发，选择恰当的教学内容和教学方法，激发学生的学习兴趣和求知欲，引导他们理解教学材料和掌握学习方法。此外，余家菊认为教育技能应建立在科学的基础之上，仅凭借实践经验难以获得和领悟教育技能。在余家菊看来，师范生应富有进取心，不安于现状，对教育教学问题进行精密的研究，以研究成果指导教育教学实践。另外，教师应注重涉猎心理学、实验教育学以及社会学等学科知识，以此作为学理的依据，否则教师不能全面掌握现代之教术。

（五）构建和谐的师生关系

余家菊在长期的教育实践中发现教师和学生之间保持着冰铁态度和机械关系。他指出："学生眼巴巴的望着放假，教师眼巴巴的等着下课铃声，教师教了半年还记不清学生的姓名和面孔，而学生混了数月还探不清教师的履历和性情，教师与学生的只是上课五十分钟的关系，二者彼此视为路人，萍水相逢，疾苦不相闻问"。⑤ 教师以冰冷的态度应付学生，忽视情感的交流与互动，学生耳濡目染后习以为常，无事足以动其心，师生之间的隔阂由此产生，久而久之便养成冰冷的国民。

在师道尊严之下教师拥有绝对权威，于是"天威咫尺"便可用于形容师生关系。学生见了先生如同老鼠见了猫，这有力地证明了权威疏远师生，教师因恐有失身份而不肯与学生交际，学生怕气色难堪而疏远教师，由此形成了"尊师、

---

①② 余家菊. 师范教育 [M]. 上海：中华书局，1926：101.
③ 余家菊. 师范教育 [M]. 上海：中华书局，1926：102.
④ 余家菊. 师范教育 [M]. 上海：中华书局，1926：108.
⑤ 余家菊（景陶）先生教育论文集（下）[M]. 台北：台北慧炬出版社，1997：127-128.

畏师"的现象。为此,余家菊指出:"教师和学生间的关系是何等亲密,教师与学生的相处是何等长久,何等专一。"① 因而余家菊提出理想的师生关系不应是虚伪的、形式的和机械的,而应在学校的日常生活中加强教师与学生的接触交流,以培养亲密和谐的师生关系。他提出:"照情照理,教师与学生,不说是像父之于子,子之于父,亦应得像兄之于弟,弟之于兄,任意来往,不拘形迹,质疑问难,谈叙衷曲,把学校变成一种极乐地。"② 在余家菊看来,教师与学生的交往不应拘泥于形式,教师应打破权威和主导地位,自动地接触学生,走进学生的日常生活,在自习室、寝室、活动场所对学生进行随时随地的指导。余家菊认为:"师生的交际问题就是改造国民性的问题。"③ 打造和谐的师生关系能够帮助学生树立集体意识和国家观念,进而有助于鼓舞国民精神,改造冷冰冰的国民。

四、师范教育制度:倡导师范生公费待遇

在当时,有些人主张废除师范生公费制度,原因为以下六点:第一,各职业应平等对待,师范生不应享受特殊待遇;第二,中学设立了师范科,而各科学生应一视同仁,享受同等待遇,否则有失教育公平;第三,公费制度所带来的慈善济之意易使师范生产生依赖心理;第四,在教育经费缺乏的情况之下,实行公费制度会阻碍学校的发展;第五,师范生在校期间享受了公费的待遇,但毕业后未尽服务之义务;第六,以防家庭条件不宽裕的学生因公费而就读师范,其志却不在师范,这显然不利于师范教育的发展和师范人才的培养。

对此,余家菊首先提出了反驳观点,他特别强调实行师范生公费制度。不能将各职业之间的平等当作等同,为促进师范生的乐业精神则需让他们享有公费待遇。"教师事业既少经济的活动,又无势位之可图④"。教师肩负重任却收入微薄,实行师范生公费制度能够充分表达"尊师重道"的意愿,使教师职业备受社会尊重,进而提高教师的社会地位,使他们能"久于其任,专一其志"。⑤

其次,师范教育与非师范教育的目的不同,则待遇有所差别也是理所应当的,不能因无端的诟念而牺牲师范生应得的权利。更何况"校内各班级间之风潮,起于日常生活中地位之悬殊者有之,起于经济的待遇不一者则从未闻之"。⑥ 因此,实行师范生公费制度不会引起学生之间的嫉妒和仇视,更不会败坏学校的风气。

---

①② 余家菊(景陶)先生教育论文集(下)[M].台北:台北慧炬出版社,1997:127.
③ 余家菊(景陶)先生教育论文集(下)[M].台北:台北慧炬出版社,1997:142.
④ 余家菊.师范教育[M].上海:中华书局,1926:146-147.
⑤ 余家菊.师范教育[M].上海:中华书局,1926:149.
⑥ 余家菊.师范教育[M].上海:中华书局,1926:148.

再次,"师范生公费为食志而非济贫①",国家为贫困家庭发放津贴,使得贫困生能够继续接受教育,此为他们享有的权利而非慈善救济。另外,余家菊指出:"师范教育乃国家教育之母,怎能吝惜公费②。"他认为因教育经费短缺而无法实行师范生公费制度的言论更是无稽之谈。归根到底是军阀、资本家以及贪官中饱私囊,才使得教育经费落空。余家菊指出:"乃不与军阀争,不与资本家争,不与贪官污吏争,而独与师范生争此戋戋,何所见之浅耶!"③

最后,余家菊认为:"师范生既享受免费之权利,就有服务之义务。"④须制定相应的规章制度并加大执行力度,则能防止先前出现的师范生逃避义务之举。应预先规定教师的服务年限,依照退职和需补充的教师比例来分配与协调教师的具体数量,由此,才能最大限度确保师范生既享受权利又履行其义务。

总的来看,余家菊一生热爱祖国,心系国家。为实现国家主义,他提倡发展师范教育,在结合时代背景和自身经历的基础上进行深入研究,形成了丰富的师范教育思想体系。余家菊十分重视教师的培养,在师范学校的培养目标和课程设置、师范生的选拔、教师检定等方面,提出了许多具有可操作性的措施。他的师范教育思想对当今教师教育的发展具有借鉴意义和启示作用,如严格师范生的培养、细化师范学校的课程设置、加强附属学校建设、规范教师检定的相关制度、提高教师地位等。正如章开沅所说:"余家菊的教育思想和成就,如同一个丰富的矿藏,这个矿藏的开掘,对今后的教育改革与发展有重要意义。"⑤虽然余家菊所处时代与我们渐行渐远,其对师范教育的实践贡献和理论建树仍在今日熠熠生辉,有待我们进一步去探索和挖掘。

拓展阅读

[1] 章开沅. 余家菊与近代中国 [M]. 武汉:华中师范大学出版社,2007.

[2] 余子侠. 余家菊教育哲学论稿 [M]. 武汉:华中师范大学出版社,2008.

[3] 马建华. 一个失败的儒者——余家菊的思想历程 [M]. 西安:陕西人民出版社,2010.

[4] 余子侠,郑刚. 中国近代思想家文库:余家菊卷 [M]. 北京:中国人民大学出版社,2013.

[5] 吴洪成,闫倩. 余家菊国家主义教育学研究 [M]. 北京:中国社会科学出版社,2022.

[6] 闻洁. 余家菊论教师素质 [J]. 河北师范大学学报(教育科学版),2001(2):72-75.

---

①②③④ 余家菊. 师范教育 [M]. 上海:中华书局,1926:149.
⑤ 章开沅,余子侠. 余家菊与近代中国 [M]. 武汉:华中师范大学出版社,2007.

[7] 谢长法,颜蒙莎.余家菊的师范教育思想[J].河北师范大学学报(教育科学版),2007(5):31-33.

[8] 颜蒙莎.余家菊教育思想研究[D].保定:河北大学,2008.

[9] 张淑芬.余家菊师范教育思想研究[D].武汉:华中师范大学,2014.

[10] 余子侠.综论余家菊教育思想及历史贡献[J].中国教育科学,2016(4):178-193+237.

[11] 江雨,郑刚.交流与融合:论余家菊对于西方教育思想的引进[J].黄冈师范学院学报,2018(4):23-28.

第十四章
林砺儒师范教育思想

林砺儒（1889—1977年），原名林绳直，广东信宜市北界镇上村人，我国近现代著名教育家。1889年7月，林砺儒出生于一个书香世家。1905年，林砺儒进高州高郡中学堂读书。1911年，他以优异成绩毕业，即应信宜县中义学堂之聘到该校任教，同年又参加公费留学日本的考试，选报了东京高等师范学校，抱定了终身服务教育的决心。1918年3月，林砺儒从日本回国。1919年4月，林砺儒到北京高等师范学校任教授，先后担任过斋务课学监、校长办公处干事、秘书、庶务主任，担任伦理学和教育概论课程老师，后来又任教育系主任。同年，五四运动爆发，他支持学生运动，帮助学生办平民学校，办识字班。他对学生说："教育家要培养进步的人格，以适应进步的社会！"1922年9月，林砺儒奉命就任北京高等师范学校附属中学主任，在就职演说中，他指出："中学教育是全人格教育。"全人格包括文化素养的人格化、思想道德的人格化和理想情操的人格化等等，目的是使中学生人格独立，健全发展。在北京高等师范学校附属中学，他组织教师自订规章制度、教学计划，自编新教材，介绍和推行新学制，成为我国试行"六三三"制最早的倡导者和实行者之一。1925年，"五卅惨案"中，他著文建议组织援沪工人协会和抵制日货同志会，支持上海罢工工人的正义斗争。1928年，北京师范大学并入北平大学，称第一师范学院，他任临时院务委员会主席。1931年，国民党教育部为"整顿"师大，派了新校长，他被解聘，离开北平师范大学，应中山大学校长许崇清的邀请，赴广州，任中山大学教授兼教务长，教师范教育、教学法等课。1932年，兼广东省立广州师范学校校长。1933年，参加广东省立勷勤大学筹办工作，学校成立后任教务长兼教育学院院长，并讲课。1937年，勷勤大学改组，教育学院独立为广东省教育学院，他任院长。

抗战全面爆发后，他积极支持中国共产党在学校的地下组织兴办农民夜校，成立战时后方服务队，宣传抗日救国，还亲任战时后方服务队总队长。1938年，寒假时组织全院师生下乡进行宣传；在校内提倡思想自由，学术研究自由，聘请进步教授张栗原、郭大力等到校讲课，邀请进步人士邹韬奋等到校作形势报告；大胆接受被他校开除而且国民党教育部不许转学的进步学生入校学习。在课程设置方面，他极力主张增添新哲学、经济学、现代经济学说史、国际政治、世界革命史等，宣传革命思想，并购置进步书刊，供师生阅读。国民党当局曾指责教育学院开设新哲学、国际政治等课，他为保留原有的系科课程和进步教师，于1939年将教育学院改为广东文理学院，将新哲学课改名为教育哲学，仍讲辩证唯物主义原理。1941年10月，他到桂林任广西教育研究所导师。1942年4月，任桂林师范学院教授兼教务长。当时国民党特务插手该院，他深为烦恼，在家门口写上一副对联："读书幸未成君子，学圃犹堪作小人。"但是国民党教育部为进一步控制桂林师范学院，决定将学院迁往南宁，并撤换院长。他再次被迫辞职。1947年8月，他到厦门大学任教授，教西洋教育史、国民教育等课，同时，他积极参加罢教、罢课、罢工斗争，支持学生运动。

1949年4月，他离开厦门大学，取道香港到北平，参加中国人民政治协商会议的筹备会议和第一届全体会议，当选为政协第一届全国委员会委员。中华人民共和国成立后，他被任命为中央人民政府教育部中等教育司司长。1950年兼任北京师范大学校长，1952年任中央人民政府教育部副部长，主持起草了《中学暂行规程》草案和《师范学校暂行规程》草案。1954年当选为第一届全国人民代表大会代表，以后连续被选为第二、三届全国人民代表大会代表。1960年患食道癌，经过一定的治疗后，仍坚持工作，深入基层，调查研究。1977年1月20日，林砺儒因患胃癌逝世，享年88岁。

林砺儒认为高等学校教师应坚持教学与科研并重，"述而不作"难以提高自身的教育教学水平。为此他以身作则，在行政和教学工作中勤于执笔，著有《教育危言》《伦理学要纲》《文化教育学》等。林砺儒对师范教育问题见解独到且深刻，连续发表了《中国师范教育之检讨》《附属学校之使命及其与师范本部之联络》《师范教育问题随笔》等文章。

林砺儒毕生致力于教育工作，坚信教育能够改变社会面貌，坚守教育工作岗位六十余载，为我国的教育事业，特别是师范教育和中等教育的发展作出了突出贡献，被誉为"服务最有恒心的教育家"。林砺儒的师范教育思想注重联系中国教育实际，在他的教育思想体系中占有突出地位，其深刻且独到的远见卓识不仅在当时产生了深远的影响，而且对今天教育事业的发展具有重要的借鉴意义。

一、师范教育理念：政治教育学术三合一

中华人民共和国成立后，教育界对高等师范学校是否单独设立这一问题长期争论不休，其中存在两种倾向：一是师范教育应面向普通中学看齐，结果导致过

分强调教育专业训练而削弱了科学文化知识教育,"师范性"使教育质量滑坡;二是高等师范学校应向综合性大学靠拢,片面强调高师应和中学开设同样的课程,"师范性"就是开设几门教育课。对此,林砺儒从办师范教育的客观规律出发提出了办学方针和任务。中华人民共和国成立初期,林砺儒提出:"新师大的任务应是学好政治,研究教育和精通学术,把政治、教育与学术三者合一,这个一以贯之的'一'便是为人民服务。"① "三合一"理念是林砺儒师范教育思想的理论核心。首先,师范教育是为政治服务的,其目的是培养人民需要的师资和为国家培养可靠的教育工作者,应把马列主义和毛泽东思想作为指导教育工作的政治理论依据,从而辨明自身的工作路线,最终服务于人民大众。其次,林砺儒提出新师大研究教育的任务是提升教育学的科学性,使其成为名副其实的社会科学。最后,优良的中学教师必须具备渊博湛深的科学知识、正确坚定的政治立场和娴熟灵活的教育技术,这一培养目标的实现集中体现于"三合一"理论之中。后来,林砺儒在"三合一"理论基础之上归纳了师范教育的特征,他指出:"师范教育是规模庞大而又甚属重要的专业教育,当然有其特征②。"

第一,政治性特别强。塑人是灵魂工程师的职责,师范教育的目的是为国家培养出牢靠的教育工作者,师范毕业生在政治上应是可靠的人物。③

第二,知识要特别丰富。保证师范毕业生博学多才,师范学校的知识教育要比同级学校高。

第三,要有教育的专业训练。保证师范生毕业后成为内行的教育工作者。

林砺儒认为这三个方面紧密结合、不可分割而形成师范教育的"师范性"。高等师范学校既要培养师范生的学术研究能力又要重视教育的专业训练。"高师的性质若用算术公式来表示,就是:师范大学=大学+师范。"④ 而以往高师除了多学习教育学科,其"师范性"的特点难以显现。林砺儒认为:"高师的特征不应只表现于教育课,也应表现于各系科的课程设置及教学内容,高师的修业年限比一般大学多一年是理所当然的,这样才可以保证毕业生不低于大学毕业水平。"⑤

林砺儒主张高师一定要单独设立。"既须有特殊的训练方案和特殊合用之课程,故负责训练中等师资之大学,必须有师范学院——或迁就现行大学规程而称为教育学院亦可——肩此重任⑥。"中华人民共和国成立后,林砺儒多次强调中

---

① 林砺儒. 林砺儒教育文选 [M]. 北京:北京师范大学出版社,1984:232-233.
②③ 林砺儒. 林砺儒教育文选 [M]. 北京:北京师范大学出版社,1984:278.
④ 林砺儒. 林砺儒教育文选 [M]. 北京:北京师范大学出版社,1984:280.
⑤ 林砺儒. 林砺儒教育文选 [M]. 北京:北京师范大学出版社,1984:281.
⑥ 林砺儒. 林砺儒教育文选 [M]. 北京:北京师范大学出版社,1984:86.

等师资不能仅是大学毕业生，接受严格的专业训练也是必不可少的。我们要培养数十、百万优良的中学教师，就不能简单地在一些大学内附设一些研究所来培养。"独立设置师范大学、师范学院是不可动摇的政策。"① 林砺儒认为师范教育的使命是为国家培养训练有素的师资，师范学校中应设置三个重要设施以训练师范生。一是秩序严肃的寄宿舍和运动场，以此训练师范生的品性；二是建立内容充实的实验室和图书馆以培养师范生的学殖；三是设立附属学校以完成教育者资格。林砺儒认为附属学校和师范本部都承担着培养师范生的责任，二者是一个整体，不可分割。林砺儒将师范学校本部与附属学校的关系比作骨与肉。他认为："若师范没有附属学校，就等于没有筋肉的枯骨一般，而附属学校如果离开师范，就相当于无骨的一块肉，已失掉其效用。"② 为求教育质量的进步，林砺儒还指出，师范可通过教育研究与附属学校联络，附属学校借师范教员之学识以谋研究之改进，而师范则依据附属学校教育经验以修订审查训练师资之方针。师范教员与附属学校教员共同研究教学、教材的改革，二者互助互惠，共同提升附属学校的教育质量，使其在同级的教育段中处于领先水平。

二、教师培养训练：学艺和专业两种训练

（一）教师专业能力培养

1. 将学艺与专业训练相结合

20 世纪上半叶，中国的中学教育现状堪忧，遭到社会各界的批评。林砺儒总结了三十七年来师范教育的三度变迁，从清季变法、辛亥革命模仿现代国家的师范教育，到纷更时期，在军阀和官僚的支配下，师范教育在夹缝中求生，再到第三期，在总结失败教训的基础上进行改革，才得以看到师范教育复兴的光芒。师范教育的使命，是训练足够的师资以供国家之用。而在当时，师范生失业者比比皆是，大部分的中学生一直在接受不合格老师的指导，甚至在职的师范生任小学教员相比非师范生而言，其学力优势并不显著。林砺儒针对当时师范生"数量不足，质量低下"的现实状况，提出"高等师范教育应该培养中等学校师资"的观点，重视中学专业师资的培养。在此基础上，林砺儒强调培养师范生的专门学问和专业技能。中国师范教育长期存在学艺与专业训练顾此失彼、难以调和的现象。林砺儒指出："1919 年以前，大抵最注重学艺训练，把教育科目看作可有可无，至 1922 年改行新学制以后，加进不少的教育科目；至 1932 年，又侧重学

---

① 林砺儒. 林砺儒教育文选［M］. 北京：北京师范大学出版社，1984：267.
② 林砺儒. 林砺儒教育文选［M］. 北京：北京师范大学出版社，1984：19.

艺了，对于这个问题，无论是当局还是教育界仿佛都没有合理的见解。"① 那么针对学艺训练和专业训练有无轻重之分以及如何调和二者的关系问题，林砺儒发表了自己的看法。他指出："学艺是做教师的基础，如果这根基薄弱，便是施教无具，还说什么教育方法教育修养呢？"② 教师要精通自己所教授的学科，成为该领域的专家，如果没有扎实的专业知识和专业功底，空有教育技能便无教可施。然而只有学艺训练而没有专业训练也显然是不够的。"古来几多教育大家并没学过教育学，但他自身就是一部好的教育学。"③ 但这样的教育大家少之又少，大多数教师需要通过专业训练才能掌握正确的教育教学方法。"中材的人受过专业训练，便可遵循教育原则，施教时就不至陷于谬误。"④ 林砺儒进一步分析了调和专门学问与专业训练的重要性，二者不是独立地存在于师范生的头脑中，将其融会贯通，方能取得良好的成效。他指出："师资训练中的这两种训练一定要调和。师资训练得好不好，要看其两方面的训练能不能在师范生的脑中融会一气；尚若能融会一气，便是可以成功。"⑤林砺儒指出，虽然在过去的师资训练中学艺和专业训练是必修课，但这两种训练并没有在师范生的头脑中融会起来，就如同课程表一般整齐地排列着，二者毫无关联。教师范生国文的教师只精通诗词歌赋，而教授教育科目的教师，对于国文一无所知，所以师资训练收效甚微。林砺儒认为教学生用历史的社会的眼光学习本国古文艺，只要是经受过教育洗礼的普通中学教师也能够办到，如此实现学问造诣与教育观点的深度融合，其他学科皆是如此，由此便可以在师资训练中取得成功。

"师范生兼受学艺和专业两种训练，平时要教他们用教育观点溶化所得的学艺内容，就可不必等到学问登峰造极，也可以成为合适的教师。"⑥林砺儒强调，必须使师范生在学习研究国文、数学、历史等学科时，就以教育职业的观点来从事，将学艺和专业融合起来。林砺儒认为对中学师资的培养必须做到将专门学问和专业训练调和在一起，让教师做到融会贯通，培养一种学力和能力相结合、实现整体合一的本领。林砺儒指出："专业训练不必太注重那些偏门的教育技术，而须致力培养正确稳健的教育观点，使师范生能凭着这个去鉴别教材，运用教材。"⑦ 他注重对师范生学艺和专业训练的培养，认为二者作为中学教师必备的基本功应该正确地运用到教学中，学艺和专业训练相互联系、相辅相成，切不可偏废。林砺儒在制定师范学院章程时，对师范生的培养目标就兼顾了专门学问和

---

①⑤ 林砺儒. 师范学校的学艺、专业和校风［M］//林砺儒文集. 广东教育出版社，1994：757-761.

②③⑥ 林砺儒. 林砺儒教育文选［M］. 北京：北京师范大学出版社，1984：83.

④ 林砺儒. 林砺儒教育文选［M］. 北京：北京师范大学出版社，1984：19.

⑦ 林砺儒. 林砺儒教育文选［M］. 北京：北京师范大学出版社，1984：85.

专业训练。如章程规定:"各大学之文理法科毕业生,经本学院考取入学,受专业训练一年,其成绩合格者,准予本学院毕业生同等之教员许可状。"①

2. 重视师范生的实习以提升教育实践能力

林砺儒十分重视将教育理论与教育实践相结合,他指出,我国的师范学校有轻视实习的通病,而实习对师范生来说恰恰是最关键的。因此,师范学校的教育专业训练不能仅开设几门教育课,教育的参观、实习、试教以及各科教材的选择和教法的运用也应当纳入其中。林砺儒指出:"师范生在学受教,不过是一种准备功夫,其充教师之学识性格,皆未完足,在附属学校实习,就是为得要完成其充教师之资格。"师范生在学校中学习理论知识,是为未来从事教师职业作准备的,他们的知识储备、教师技能以及教师素养皆不完善,并不能算真正意义上的教师。教育实习对师范生来说具有非同凡响的意义:第一,实习使师范生获得实际的教育经验,同时印证平时在校所学的理论知识,在实践中发现不足,查缺补漏;第二,培养师范生为教育事业鞠躬尽瘁的兴味,使其热爱教育并立志为教育事业作贡献;第三,提升师范生的教学技能,掌握教学方法以及学会处理学校事务。通过在附属学校实习,师范生才能具备充任教师的资格。在林砺儒看来,师范生的教育实习工作如若进行顺利,则能够充分发挥师范教育的特征,附属学校教师与师范生互助协作,此为一种政治训练;在准备教案的过程中温故而知新,能够在原有学识的基础上更进一步;在实习中通过试讲试教,可获得对教育工作的初步认识与经验。

林砺儒认为,在实习前要做好充分的准备,经常去附属学校参观,以求取法于附属学校教员。试教前,需要请附属学校教员帮助整理教材,编制教案,对师范生预定的教学方法加以指导。试教后,反思在此过程中存在的问题,附属学校教员帮助实习生认识不足并加以弥补。在实习生的管理上,林砺儒提出师范生在附属学校的实习可以分为两个时期:第一时期是师范生在校学习了三四年的时候,在教员的带领下,每周或隔周去附属学校参观一次。如恰逢附属学校有运动会、展览会等大型活动,则分派师范生协助附属学校教员的工作。对师范生而言,在教育实习的过程中,虽然不会有立竿见影的效果,但久而久之,能增长师范生的见识,对其教育经验的习得、趣味的生成大有裨益。第二期是修成学业后,利用半年到一年的时间,全身心投入附属学校实习中。这一时期的实习有三个关键的步骤:第一步,在师范本部教员和附属学校教员的共同指导下研究教材、拟定教案;第二步,细心参观学习附属学校教员的教学方法;第三步开始正式实习,林砺儒主张将实习生分组,由附属学校教员对实习生进行指导,实习生

---

① 林砺儒. 勷勤大学师范学院组织大纲概况校董会议等(1933—1937)[A]. 广东省档案馆卷宗号 21-1-1 (1).

或协助附属学校教员工作，或在师范教员和附属学校教员的监督下独立试行工作。例如在附属学校教员的指导下，实习生进行试教，或协助附属学校教员批改学生的课后作业和试卷等，每一项工作完成后，师范教员和附属学校教员对实习生进行批评引导，并对其在实践过程中遇到的疑难问题进行解答。除此之外，实习生还需旁听附属学校的会议、指导学生温习功课、整理学校卫生、安置教学用具。总而言之，实习生要随时随地参与，从中获得经验。对教育实习的高度重视反映出林砺儒注重师范生实践能力的培养，将理论知识与实践情境相结合以获得教师的实际知识与经验，这一思想在那个年代实属可贵。

3. 重视师范生学术研究能力的培养

林砺儒长期的师范教育实践中，不仅培养了一批热衷于教育事业的工作者，且十分重视对师范教育的研究并身体力行，他在总结国内外师范教育经验的基础上进行科学的分析与评价，探索其中的规律。林砺儒发表了大量有关师范教育的论著，如《日本师范教育的特点》《中国师范教育之检讨》等，这些研究成果是林砺儒从日常教育教学实践中总结凝练出来的，对我国师范教育的改革与发展具有一定的指导作用。

林砺儒认为，研究教育是新师大的重要任务之一，教育科学应建设于沉稳丰厚的科学基础之上。师范教育发展于资产阶级革命成功后，在资产阶级专政的经手下偷工减料在所难免，教育理论和方法都存在歪曲和谬误，因此，我们既要从社会实践中发现教育问题、探索教育规律，又要从当下世界流行的教育学说、教育制度和教育方法中取其精华去其糟粕，探索符合我国国情的教育之路。林砺儒主张高师在培养中学教师的过程中，必须承担学术研究的责任。他认为"中学教师作为学术精华的提供者必须在某一专门学术的领域内达到博大湛深的造诣，否则就会误拾陈言糟粕而欺骗大众"。① 优秀的中学教师，对其专门学问要有深度的研究，而又不局限于对这一领域的钻研，还要博览群书，学识淹博即具有一定的广度。林砺儒提出："高师毕业生应与大学毕业同等的科学水平，而又有更淹博的学识修养。换言之，便是学有所长而又多才多艺。"② 林砺儒注重各专业和各学科之间的密切联系，文理兼通，相互融合。他认为一孔之儒的狭隘专家已经不能适应当今时代发展的潮流，为师者应当博学多才、文理互通，学习多学科知识以期适应学科渗透与融合的新趋势，同时也为学术研究提供新的视野。"教师的科学知识必须全面，而且对于相接壤的科学知识还须有一定的造诣，才能适应今天科学进步的新趋势，优良的中学教师应该是一个'由博返约'的专家③。"

---

① 林砺儒. 林砺儒教育文选[M]. 北京：北京师范大学出版社，1984：232.
② 林砺儒. 林砺儒教育文选[M]. 北京：北京师范大学出版社，1984：281-282.
③ 林砺儒. 林砺儒教育文选[M]. 北京：北京师范大学出版社，1984：282.

师范生先要广泛地学习科学知识，打好基础后再进行深入集中的专业技能训练，是先博再约、循序渐进的过程。林砺儒认为高师应该承担学术研究的责任和使命，"应培养师范生独立研究增殖学识的能力，才不至于沦为庸俗的教书匠。"① 林砺儒主张在高师教学中培养师范生的学术研究素养，"高师的教学计划要保证：学生毕业后精通某一门科学的全面知识；要掌握某门科学正确有效的研究法；要了解这门科学发展的来历（科学史）；要熟悉它的目前进步发展的新成就、新趋势。"②教学计划的制订反映出他重视对科研人才的培养。

林砺儒还阐明了学术研究与教学之间的关系。他认为："学术研究与做好教学工作这两种本领绝非相妨，而是相成。知之深，才能取之精而用之妙，师范性绝不是不学无术。"③教学与科研是相辅相成的，二者共同促进教师的专业发展，不能顾此失彼。

(二) 教师品质的培养

1. 培养师范生有守有为的品质

林砺儒指出，中国师范生的德性训练是修道院风气和传统师道尊严的头巾气的混合体，由此形成了师范学校严肃的校风，在此校风的熏陶之下形成了师范生恬淡、老实、少野心的性格。如此安分守己、不善应变和抵抗诱惑的性格已经不适应当今时代社会发展趋势，迟早会腐化，不能成为现代教师的理想性格。林砺儒赞赏不容易被人摆布的"狂简小子"，他们有志气、有理想、积极上进，不轻易任人操纵，可望成为正气凛然的大丈夫。师范教育要培养具有积极操守的大丈夫，方能肩负未来教育的重任。在林砺儒看来，教师的工作是入世的，与社会紧密相连，不能封闭孤立，要富有社会责任感。"现代理想的教师，须有为有守，具有浓厚的社会性和积极的服务心。"④ 其中，"有为"指的是教师要爱岗敬业而又有所作为，"有守"则是坚定为教育事业奋斗终生的理想信念。此外，林砺儒认为教师不能有丝毫的利己心，立志为人民大众服务，要求师范生用"以身许国"的态度服务社会。

2. 教育爱与人师的培养

林砺儒始终坚持培养师范生具有崇高的职业道德这一信念。20世纪三四十年代，他不顾个人安危，勇敢地与国民党的专制教育展开斗争。林砺儒抨击国民党自私自利的教育完全丧失了"教育爱"，他们希望学生用功守规矩以省去自己的麻烦，让学生表演成绩作为自己宣传盗名的工具，操纵学生作自己的卫队以盘踞地位、排挤异己。林砺儒严厉指责了此种权威的、笼络的、利己的教育无异于

---

①②③ 林砺儒. 林砺儒教育文选 [M]. 北京：北京师范大学出版社，1984：282.
④ 林砺儒. 林砺儒教育文选 [M]. 北京：北京师范大学出版社，1984：80.

耍狗熊，即耍狗熊的先生希望狗熊耍得好是为了得到铜钱，不是希望狗熊有什么长进，把狗熊看作自利的手段而非目的。林砺儒认为："教育要把学生看成是目的，而不能把他们当作手段，因为人格有绝对的尊严。"[1] 教师的理想性格是以爱为中心，尊重学生的人格，不能有丝毫的利己心。与工程学不同的是，教育工作的对象是活生生的儿童，教育方法灵活多变，针对不同的儿童和不同的情境难以寻找可通用的公式，教育工作者只能凭借一颗玲珑的心去深入了解儿童，而热爱儿童是了解他们的前提。林砺儒指出："教育工作者热爱自己祖国，热爱世界上爱好和平的人类，因而热爱新的一代；为了更好的教育儿童，就热爱一切有关的科学，以求自己的工作做得更好，这叫做'教育爱'。"[2] 教育爱是进行教育工作的前提。要培养学生的五爱品德，教师自身就先要充满教育爱。林砺儒认为热爱和了解之间是互为因果，交互发展的关系。教师越是深入地了解学生，便会越热爱他们。但热爱绝不是姑息纵容学生，教师在热爱学生的基础上严格要求他们，方能取得成效。有的教师批评儿童的错误，儿童无动于衷，而有的老师却能让儿童泪流满面、幡然悔悟，二者的区别在于对学生热爱的程度。对儿童爱之深，才会想方设法帮助其改正错误，儿童在教师的愈加热爱之下深受感动而迷途知返，这就是教育爱的魅力所在。林砺儒还指出，儿童在教师适当的鼓励和正确的指导下能够提高认识并形成勇敢直言的习惯，但若受到打击，便会对他们的心灵造成影响，从而形成懦怯或阴沉的性格。因此，教师须从热爱学生出发，遵循学生的心理特点，鼓励他们的优点以克服缺点，使他们走向正确的道路。由此可见，教育方法的施行离不开教师的人格感化。在林砺儒看来，最佳的教育方法存在于最优的教育家人格中。

林砺儒认为，教师的个人利益应该服从于儿童的利益，做到无私奉献，这样才能得到劳动人民的尊重。他强调："新时代要提倡尊师，只能朝着社会主义、共产主义前进，人民教师的任务是把儿童、少年们培养成为坚强的革命后代，因而教师就要努力争取成为有志、有能、有为、有守的带路人。"[3] 林砺儒认为，作为"四有"教师首先应该遵循儿童身心发展规律，一切从教育对象的实际出发。儿童身心发展尚未成熟，具有较强的可塑性，对他们的教育尤为重要。林砺儒总结了儿童身心发展具有阶段性和不平衡性的特点，是渐变和突变辩证交织的过程。此外，儿童深受其所处社会环境的影响，因而要结合儿童的社会阶级关系和文化环境等因素对其进行教育，教师应有目的有计划地领导儿童用积极的态度应付环境。林砺儒主张重视儿童的健康和学习，儿童处于发育期，容易受到伤

---

[1] 林砺儒. 林砺儒教育文选 [M]. 北京：北京师范大学出版社，1984：28.
[2] 林砺儒. 林砺儒教育文选 [M]. 北京：北京师范大学出版社，1984：243.
[3] 林砺儒. 林砺儒教育文选 [M]. 北京：北京师范大学出版社，1984：270.

害，教师应注意学校卫生环境，适当安排体育活动与课程作业。林砺儒认为教师不能以教育成人的方法对待儿童，但若儿童达到了某种学习的可能，教师要及时指导启发他们的学习兴趣，不然会妨碍儿童生长。总之，一切学习活动都要符合儿童的年龄特点和个性特征。针对当时流行的"因材施教"这一说法，林砺儒发表了自己的见解。即"教因材施，材也由教成，'材'和'教'之间存在着辩证关系"。① 教育方法要从学习的可能性出发，否则便会落空，但"材"仅仅是可能性，不是一成不变的。对于个性当然应该因势利导，发挥自身优势，而每个人不仅仅擅长一个方面，其他方面的潜能也是不可限量的。因此，要通过学习试探其个性，才能发现个性的真实面貌。若未曾受教和努力学习，便因不感兴趣的借口而回避学习，就会造成很大损失。在林砺儒看来，通过学习才能发展个性，兴趣由努力来培养。这一思想为教师开展教育教学工作带来新的启迪。

林砺儒还主张教师不能满足于当一名经师，更要成为人师，通过"为人师表"而真正成为社会和青年做人的表率。"要晓得为教人而教书，且能由教书而做人。"② 一言以蔽之，林砺儒所主张培养的新时代人民教师具有热爱祖国、爱岗敬业、关爱学生、教书育人、为人师表的崇高职业道德，这也是林砺儒毕生实践并不懈追求的理想信念。

三、教师教学方法：炼就教学本领三层功

林砺儒在长期的教学实践中善于总结经验，再将经验提炼成理论，以便更好地指导教育教学实践。他在指导师范生实习期间提出了教学本领的三层功夫：第一层是先要自己能然；第二层是要知其所以然，对所要教授给学生的内容有系统的认识并形成自己的逻辑体系；第三层是想方设法使他人也能然，带领学生实践并领会。三层功夫是一脉相承，不可或缺的。此外，林砺儒认为对师范生而言，教育学最大的作用在于端正他们对教育的认识、观点和立场。"教育方法论固然要以心理学的知识为基础，而最高的指导原理是哲学的认识论。如果学好了辩证法、实践论，则于教育方法论也将思过半矣。"③ 他还指出："师范生学习教学方法，必须重视掌握其原理，而不可过分迷信教法的形式④。"林砺儒总结了我国在模仿国外教法形式上走过的弯路：起初学习赫尔巴特的五段教学法未得其精髓，随后在美国教育思潮的影响下学习其教学方法又难以施行，学习苏联重视课堂教学又过分拘泥于固定的教学环节，不敢变通。由此可见，墨守教学方法的形式而忽视教材的教育原理是思想懒汉的通病，是万万行不通的。

---

① 林砺儒. 林砺儒教育文选［M］. 北京：北京师范大学出版社，1984：246.
② 黄家驹，何国华. 林砺儒教育思想研究［M］. 广州：广东高等教育出版社，1991：190.
③④ 林砺儒. 林砺儒教育文选［M］. 北京：北京师范大学出版社，1984：279.

在教学方法方面，林砺儒主张首当其冲的是认清教学目的。教学目的不是固定不变的，而是需要根据学科性质和教材性质加以调整。认清教学目的，教学方法自然能够明了。林砺儒还要求师范生在教学时注重培养学生善于思考的习惯。他指出灌输式教学剥夺了学生思考的机会，而无意义的问答则会打乱儿童的思考。教师应由浅入深、由表及里地启发引导学生进行思考。林砺儒主张教师在教学过程中应以学生为主体，注重引导启发学生自主学习并认识学习的意义。他指出："教育要使儿童适应环境之意义，而意义要凭他们自己去审辨领悟，教育是唤起多义的反应。"① 教师滔滔讲，学生应声答的教学方法具有权威性，不利于学生心思的推广，教师在教学过程中，要让学生寻求对事物的多种解释和解决办法，经过比较和综合分析选择最优的方案，由此能够提高学生的辨别力，扩大教育自由。

另外，对于"教学相长"这一传统经验，林砺儒推陈出新并赋予其新的内涵。一方面，他提倡教师要"教"与"学"并重。正如《学记》中所说的"学学半"，教师需要教人和学习各占一半，以教促学，教学相长，促进教师自身学业精进，不断提升教学质量。另一方面，教师要注重学生的反馈，通过"学"而改进"教"，在师生合作之下完成教学工作，从而实现教师与学生的和谐共生。在林砺儒看来，颜回"对老师从未有半句辩难，老师因而也未从他身上得到'教学相长'的利益"。② 如果每个学生都对教师言听计从，毫无自己的疑问和见解而成为默默的旁观者，那对教师而言也是不利的。教师要引导学生解放思想，思考钻研，鼓励质疑问难和学术论辩，在教学中师生双方都处于积极状态中，共同实现"教学相长"。

案 例

1941年5月，国民党当局下令，改组文理学院，免去林砺儒的职务。消息传开，全校震怒。师生们自发成立了"挽林委员会"，召开声势浩大的"挽林"大会，派出教师代表团前往韶关向省政府请愿，要求省政府收回成命，并通电全国。学生们还集体创作了《挽林战歌》，反映出学生的不满和愿望。

风已来了，雨也来了！
我们学校在风雨中飘摇，
我们的生活在风雨中震荡。
我亲爱的同学们，团结起来！
我们的生活在风雨中震荡。

---

① 林砺儒. 林砺儒教育文选 [M]. 北京：北京师范大学出版社，1984：29.
② 林砺儒. 林砺儒教育文选 [M]. 北京：北京师范大学出版社，1984：155.

我亲爱的同学们,团结起来,
挺起我们的胸膛,
放大我们的眼光,
我们坚决挽留林院长!
林院长是教育界的明灯,
林院长是青年们的保姆,
八个年头,一贯作风,
探索真理,追求光明。
我亲爱的同学们,团结起来!
挺起我们的胸膛,
放大我们的目光,
我们坚决挽留林院长!

四、重视教师待遇:繁荣师范教育的前提

20世纪20年代,教育经费经常受到军阀们的积欠、挤压和挪用,以至教师工资久拖不给,林砺儒积极参加了以北大和北京师范大学为首的国立八校的索薪运动。为此,他在考察研究各国情况的前提下,系统论述了教员待遇问题,引起了社会各界的广泛关注。林砺儒认为,应重视教员待遇问题并制定严密周到的教员任用与待遇条例,若是让毫无从事教育事业决心的人操纵或插足教育界,那将是一件很危险的事。一方面,当教员太容易,一些官僚大绅借学校作退隐场,或是野心政客在学界布置势力以做政治的敲门砖,或是无意识混几年教书饭,由此学校变成了饭碗争夺场,违背了教育的原本目的。另一方面当教员太清贫,相比其他行业,教育是最名利淡薄的事业,有志向和才华的人不愿从事教师行业,而让无德无才的凡庸之人担任教育重任,是极具风险的。

林砺儒认为,教师是国家的重要公职人员,关于一切教师任用和待遇问题应有法律规定以改变"总无人愿学师范"的尴尬局面。"国家对于教员的任用,要有相当的规定,于他们的位置,要给予保障,于他们的地位,要表示尊重,于他们的生活,要有周到的维持。"① 可见解决教师待遇问题不仅要提高工资以提供教师生活保障,还要提高教师的社会地位。"一个国家要维持自身的生命,至少对两种人要特别待遇:一种是军官,为国家防卫生命的,另一种是教员,为国家发展生命的,教员之不可随便雇佣,当更甚于军官。"② 教师是国家授职的公职人员,教师的任免和经费的补助都应该由政府负责。在林砺儒看来,只有将教师

---

① 林砺儒. 林砺儒教育文选 [M]. 北京:北京师范大学出版社,1984:8.
② 林砺儒. 林砺儒教育文选 [M]. 北京:北京师范大学出版社,1984:9.

地位上升到国家命脉的高度才能更好地保证教育事业的发展。

此外,林砺儒认为,应对师范生实行公费制度。师范生立志以身许国,师范教育的精神在于去净利己心以培养效劳于民族文化生殖的人才。因此,林砺儒提出,应优待师范教育以发扬其精神。对于师范生而言,他特别强调应将"师范生在学时之公费待遇,毕业时派遣服务受职后之保障"①作为重要政策,由此才能使师范生全身心投入教育事业而无后顾之忧。林砺儒从五个方面系统阐述了狭义的教员待遇法:

第一,地位保障。教员的任免有详细的法律规定以保障教师的地位和待遇,必须依照法律严格执行。

第二,荣誉。教员享有国家赠勋给章的权利。

第三,俸给。俸给按照年功递增。俸给包括:本俸即按照教员的官阶而分级;职务俸即任职所得的报酬;特别俸即给予在偏远地区任职或职务特别繁忙的教师特别俸禄;退隐俸;医药费;住宅和住宅费;旅行参观等费用。

第四,修养向上的机会。中小学教员休职进修期间,仍获得本俸。

第五,教育子女之可能。国家对于教员之子女,都应负教育之义务,入学于国立公立学校,一律免费。②

教员既然受到国家的优待,就应当履行相应的责任和义务。除了服从调遣之外,教员还应做到以下三点:第一,尽职。教师不仅担负教书育人的使命,还需担负学校重要职务。第二,限制营业。教员应做好本职工作,不兼营以盈利为目的之业务。第三,惩戒处分。教员若有溺职及玷污品格的行为,应受到处分。若其行为不止于溺职及玷品,则应担负刑事及民事上的责任。③因此,他认为:"师范教育是现代生活的产物,教育成了社会公共事业,教职成了效劳于社会的公职,才配说师范教育。"④林砺儒把保障教师地位和规范教师待遇作为繁荣师范教育的首要条件,由此抓住了教育的根本,这无论在当时还是现在都难能可贵。

由此可见,林砺儒高度重视师范教育对于国家发展的意义,他说:"师范教育是教育事业建设中具有决定性的一环,普通教育好不好,成功不成功,首先要看师范教育办得好不好。师范的成败,决定了普通教育的成败,而普通教育又是高等、中等专业教育的基础。"师范教育可谓是整个教育的重中之重。他的一生也是紧跟时代,不断进步。为了推动我国的教育事业和探索救国救民的道路,他终身坚守教育岗位,历尽坎坷,百折不挠,立己育人,鞠躬尽瘁,培养了钱学

---

① 林砺儒. 林砺儒教育文选 [M]. 北京:北京师范大学出版社,1984:86.
②③ 林砺儒. 林砺儒教育文选 [M]. 北京:北京师范大学出版社,1984:12.
④ 林砺儒. 林砺儒教育文选 [M]. 北京:北京师范大学出版社,1984:88.

森、张岱年等一大批优秀的人才。北京师范大学赞颂他："是革命先锋的帮手，立教育事业的丰功，为后世学人的榜样，争知识分子的光荣。"除此之外，他对教员的待遇问题、如何做中学校长、儿童的保育问题都有自己独特的见解，因而他的师范教育思想与实践都对后人产生了深远影响。

拓展阅读

[1] 林砺儒. 林砺儒教育文选 [M]. 北京：北京师范大学出版社，1984.

[2] 黄家驹，何国华. 林砺儒教育思想研究 [M]. 广州：广东高等教育出版社，1991.

[3] 林砺儒. 林砺儒文集 [M]. 广州：广东教育出版社，1999.

[4] 广州市教育学会师范教育研究会课题组. 试论林砺儒师范教育思想及其理论核心 [J]. 广州教育，1990（Z6）：71-77.

[5] 欧治华. 谈林砺儒师范教育思想的当代价值 [J]. 教育探索，2012（12）：5-7.

[6] 欧治华. 论林砺儒的教师教育课程思想 [J]. 教育评论，2012（4）：138-140.

[7] 欧治华. 林砺儒与陶行知师范教育思想比较及其启示 [J]. 惠州学院学报（社会科学版），2013（4）：105-109.

[8] 赵巧. 论林砺儒的师范教育思想 [J]. 教师教育论坛，2015（5）：84-87.

第十五章
杨秀峰师范教育思想

杨秀峰（1897—1983年），原名碧峰，字秀林，是我国著名的无产阶级革命家、教育家和法学家。1897年2月27日，杨秀峰出生于河北省迁安县的一个书香世家。5岁入私塾读书。1911年，年仅14岁的杨秀峰入河北滦县师范学校学习，1916年考入了北京高等师范学校史地部，毕业后，开始了教书生涯。1921年起，先后在江西省鄱阳中学、河北河间中学、通县女师、北平高中、北平师范等校任教。1928年，任河北省政府教育厅科长。1929年9月，去法国留学，于巴黎大学社会科学学院研究学习。1930年，在法国加入中国共产党，参加领导留法学生、华侨的反帝同盟组织，创办革命秘密刊物《工人》，积极进行反帝爱国宣传活动。1932年，在共产国际协助下，经比利时到莫斯科入列宁学院学习。1933年6月，离开苏联，先后参加德国共产党和英国共产党的中国语言组工作。1934年10月，回国后，在河北法商学院、中国大学、北平师范大学、东北大学等校任教，以大学教授身份从事革命活动，宣传马列主义和中国共产党的抗日救国主张。1936年，参加发起、组织华北各界救国会，积极进行抗日救亡的革命活动，是华北文化界救国会的主要领导人之一。1937年"七七事变"后，他根据中共中央和北方局的指示，投笔从戎，率领一批平津进步青年奔赴冀西，开辟抗日革命根据地，任冀西抗日游击队司令员、中共晋冀豫区党委委员。1938年5月，率冀西抗日游击队挺进到河北南部平原地区，参加冀南抗日根据地的创建工作，任冀南行政公署主任、中共冀南区党委常委。1938年，创办河北抗战学院培养抗日骨干，任院长。1940年，任冀南、太行、太岳行政联合办事处主任。1941年7月，当选为晋冀鲁豫边区政府主席，是创建晋冀鲁豫边区的主要领导人之一。后任中共中央太行分局委员、晋冀鲁豫中央局常委。1943年冬，去延安学习，并参加解放区人民代表会议的筹备工作。

1945年抗日战争结束后，国内一度出现和平建设的曙光，解放区各项建设事业急待开展。晋冀鲁豫边区政府主席杨秀峰、副主席戎子和遵照中共中央指示，向边区政府委员会提出在本边区创办高等学校，培养急需的建设人才的意见，经边委会讨论，决定创办新华大学，后定名为北方大学。1945 年 12 月，边区政府决定组成以杨秀峰为主任的北方大学筹备委员会，杨秀峰亲拟电报，要求中央把范文澜调来当校长。1948 年 9 月，杨秀峰任华北人民政府副主席、华北局委员，协助董必武主持华北人民政府的日常政务。1949 年 10 月，任河北省人民政府主席、党组书记、中共河北省委常委，兼河北师范学院院长，通过办好师范学院以带动河北省的教育工作。1952 年后，担任高等教育部部长、教育部部长、党组书记，并任政务院文教办公室副主任，为发展人民教育事业倾注了全部智慧和精力。1965 年 1 月，任最高人民法院院长、党组书记。他坚持人民民主专政的思想和坚定地贯彻执行人民司法工作路线，深入基层，依靠群众，有力地推动和促进了人民法院工作的开展，为加强社会主义法治建设作出了积极的贡献。1980 年被评选为全国政协副主席。1983 年 11 月 10 日，杨秀峰在北京病逝。

杨秀峰为我国的教育事业倾注了全部的智慧和精力，历任中学、大学和师范学校教师，并长期从事教育行政领导工作。青年时期的杨秀峰就立志攻读师范，从事教育事业。后来作为我国社会主义教育的重要奠基人之一，杨秀峰在长期的革命生涯和教育实践中，形成了丰富的教育经验和深厚的教育理论体系。其中，杨秀峰的师范教育思想在其整个教育思想体系中占有重要地位，且对我国师范教育的改革与发展意义重大，他的真知灼见和远见卓识，为我们留下宝贵财富并给人以深刻启迪。

一、高师教育任务：办好一切教育的关键

对任何国家来说，师范教育的重要性都是无可替代的，是办好一切教育的关键，提高教学质量的关键在于提升师资水平。中华人民共和国成立后，杨秀峰通过实际调查发现："我们可讲课的教师只有 13614 人，尚缺少 7985 名能讲课的教师。"[1] 可见当时我国师资缺乏尤为严重，因此大力培养新的师资是当务之急。杨秀峰进而分析了师范教育在我国社会主义建设中的重要地位，他指出："大批中小学和学院的师资水平差，教师水平极需提高，普通教育若搞不好，科学发展就无坚实的基础，尖端科学就上不去，这就要求提高国民教育水平。"[2] 先进的科学技术是国家兴旺发达的动力，生产力发展水平的提高要求培养掌握现代科技的高素质人才。而师范教育若不能为普通教育提供高质量的师资，则国民教育水平下降，难以培养高素质的劳动者和人才，科技水平也无从提升，由此形成"恶性循环"。因此，杨秀峰富有远见地提出："师范教育是国家的命脉，无论如

---

[1] 杨秀峰. 杨秀峰教育文集 [M]. 北京：北京师范大学出版社，1987：26.
[2] 杨秀峰. 杨秀峰教育文集 [M]. 北京：北京师范大学出版社，1987：147.

何应把师范办好。"① 由此可见，杨秀峰十分重视师范教育的地位和作用，并将其与国家的前途和命运紧密联系在一起。

我国在探索社会主义高等师范教育的道路时经历了许多曲折，追述这一历程则能从中总结出一些经验教训。杨秀峰指出：

第一阶段为1952年到1957年，我国的高等师范教育在照搬苏联经验模式中出现教条主义和脱离中学实际的倾向，为了解决这一问题又提出"面向中学"的口号，最终导致师范院校科学文化水平的下滑；

第二阶段为1958年到1961年，为提升高师院校的科学文化水平，提出"向综合大学看齐"的口号，削弱了基础课的教学，导致教学质量下降；

第三阶段为1961年后，由于一些师范院校过分强调"师范性"和联系中学，其科学文化水平又有所下降。

可以看到，这三个阶段的"弯路"集中反映出人们对高等师范院校的任务和特点存在认识上的偏差，将师范院校与综合大学相混淆，或者在"面向中学"的过程中出现"一碗水对一碗水"的轻重倒置问题。杨秀峰明确提出："高等师范院校的目标在于培养合格的中学教师、国家的教育工作干部和教育科学研究人才，这一任务是综合大学和其他任何种类的学校所不可替代的。"② 工学院的任务在于培养造物的工程师，而高等师范院校是培养教师的摇篮，是造人的工程师，二者的重要性是不可相比的。高等师范院校的"系科与课程设置、科学研究方向、教学工作和学风都必须从师范学院总任务出发，体现高等师范教育的特点"。③ 杨秀峰从以下三个方面全面论述了高等师范教育师资培养的特点。

第一，加强师范生的思想品德教育。师范生应具备较高的政治修养和思想水平。一方面要求师范生认真学习马克思主义，树立共产主义理想，具有良好的共产主义道德品质和行为修养；另一方面师范生要热爱学生，以敬业乐教为内在驱动力，忠于教育事业。杨秀峰非常重视良好师德的培养，教育事业是铸造学生灵魂的工程，教师具有表率和榜样示范作用。相比综合大学的学生而言，师范生在政治思想、道德品质等方面具有更高的要求。在杨秀峰看来，教师的思想和行为对学生产生着潜移默化的影响，如果教师自身言行不一、品行不端则难以培养出品德和习惯良好的学生。因此要培养师范生崇高的道德品质，使其在思想修养和文化修养上皆能起到为人师表的作用。

第二，重视教育科学研究工作的开展，培养师范生的教育科研能力。我国关于教育实践的内容已经相当丰富，但缺乏将零散、碎片化的教育实践经验系统化

---

① 杨秀峰. 杨秀峰教育文集 [M]. 北京：北京师范大学出版社，1987：148.
②③ 杨秀峰. 杨秀峰教育文集 [M]. 北京：北京师范大学出版社，1987：136.

和理论化并从中提炼出教育规律。在教育实践中若有一般性的规律可循，就会避免谬误。譬如，教师若了解儿童的年龄特征和遵循其身心发展规律，就会最大限度避免体罚儿童的现象。发生一系列教育问题的首要原因是对教育科学的研究不够，对此杨秀峰认为："师范学院的首要任务是开展教育科学的研究工作①。"因此，高师应加强科学研究训练，培养师范生的科学研究能力。在杨秀峰看来，教学研究应与教育科学相结合。师范生还要时刻关注世界科学技术的最新成果，了解教育研究的前沿和发展动态，对新颖且有价值的教育问题进行探索和研究，由此不断提高师范生的独立思考和工作能力以及自身的科研能力。

第三，培养师范生宽厚扎实的业务基础。教书育人是教师的责任和使命，师范生不应局限于学习狭隘的所教学科知识，而要构建丰富的知识体系，学习多领域和多学科知识，多钻研积累、思考研究以及修身养性，使得自身业务功底更加扎实深厚。杨秀峰提出："应加强师范生基本理论、基础知识和基本技能的训练。"② 要加强师范生基础课程的学习，以教学为主，协调教学与科研之间的关系，避免过于专门化，即"精、细、窄"的课程设置。师范院校如若重科研而轻教学，其"师范性"的特点则会被掩盖，最终导致教学质量下降。此外，要注意培养师范生多方面的修养，如逻辑思维能力、语言表达能力、文字能力以及组织管理能力。师范生还应适当参加文娱活动，以促进其全面发展。

二、高师教学方法：全面发展与因材施教

在杨秀峰看来，教师应认真改进教学以提高教育质量，培养富有创造精神的人才。他对社会主义时期的教师提出了严格的要求，并对此展开了精辟论述：

第一，教师要注重将学生的全面发展与因材施教相结合。中华人民共和国成立后，由于各学校对"德、智、体"全面发展的人才培养方式存在认识偏差，出现了一些错误倾向，如忽视学生实际情况而片面强调各科齐头并进与平均发展，或者过分注重智力发展、课业负担过重而导致学生健康状况下降等。对此，杨秀峰提出，应将学生的全面发展与因材施教相结合，以期培养具有独立工作能力的创造性人才。杨秀峰认为，全面发展与因材施教是辩证统一的，是共性与个性的关系。一方面，全面发展是因材施教的基础，具备足够的基础知识，才能使个人专长充分发挥。教师要注重学生的思想教育、健康教育和专业教育。首先，教师应在日常教学中进行政治思想教育和道德品质教育，时刻关心学生共产主义道德品质的成长，提高他们的思想觉悟；其次，教师还应注重学生专业知识和专业技能的培养，让学生养成独立思考、独立工作的能力和习惯；最后，教师在传

---

① 杨秀峰. 杨秀峰教育文集 [M]. 北京：北京师范大学出版社，1987：137.
② 杨秀峰. 杨秀峰教育文集 [M]. 北京：北京师范大学出版社，1987：230.

道授业的同时，应时刻关注学生的身心健康，教师要加强对学生的健康教育，普及健康观念。另一方面，因材施教促进全面发展的实现。杨秀峰指出："全面发展并非平均发展，过分强调统一和一律，忽视学生的个体差异，用不加区别的教育方法对待每个学生，是不恰当的。"① 学生在政治、健康与学业上达到国家基本要求的同时，教师应充分发挥学生的个性和特长，因材施教。杨秀峰指出："教育的对象是'人'，人的个性是不能抹杀的，在教育工作中，既要培养共同性，又要适应个性，发展专长。"② 因此，要求学生齐头并进、科科全优的教学方式是不切实际的，也不利于创新精神和创造性人才的培养。杨秀峰指出："社会主义建设人才不应是一个模子刻出来的③。"因此，他认为教师应注重对特殊人才的培养，使其特长能够充分发挥。

第二，教师应善于运用启发式的教学方法，摒弃填鸭式和灌输式的教法，由此，充分发挥学生学习的主动性和积极性，使他们能够自主地、创造性地学习，做知识的主人而非书本的奴隶。此外，应将"少而精"的理念贯穿教师教学的全过程，教学内容简明扼要，突出说明重难点，不必面面俱到。教师将基本理论、基础知识与基本技能传授给学生的同时，要启发他们进行创造性学习并引导其主动钻研，若让学生每日因应付功课而焦头烂额、疲于奔命，则显然不利于培养创造性人才。杨秀峰主张开设选修课、专题讲座、举行学术报告会，以开阔学生视野、活跃学生思想；开展多样化的课外学习活动，如研究组、讲座、读书会等。学生在课外活动中能够发展自身的兴趣和特长，而教师通过课外活动指导，不仅能够督促自身不断提高，还有助于形成和谐亲密的师生关系。另外，杨秀峰指出，教师应遵循循序渐进的教学原则，遵循学生年龄特点和身心发展规律。杨秀峰指出："把生产运动中的短期突击、评比竞赛方式，硬搬到学习中来，往往会降低教学质量，需引以为戒。"④ 因此教师在教学中应由浅入深、循循善诱，启发引导学生学习，不可操之过急，欲速则不达。

第三，教师应不断培养学生的独立思考和独立工作能力。杨秀峰指出，我们培养的学生"不应该只是死记一套公式和教条，不会结合实际加以运用的干部。应该是既有必要的基础理论和专业知识，又具有一定的独立思考和独立工作能力的干部"。⑤ 教师应改进和优化教学方法，提高讲课质量和教学效果。杨秀峰认为："讲课是教学的基本关节，教师应注重理论联系实际，明确教学目的和要求，

---

①③ 杨秀峰. 杨秀峰教育文集 [M]. 北京：北京师范大学出版社，1987：88.
② 杨秀峰. 杨秀峰教育文集 [M]. 北京：北京师范大学出版社，1987：125.
④ 杨秀峰. 杨秀峰教育文集 [M]. 北京：北京师范大学出版社，1987：139.
⑤ 杨秀峰. 杨秀峰教育文集 [M]. 北京：北京师范大学出版社，1987：94.

避免形式主义。"① 在课堂教学中，教师应抓住重点，防止出现平均主义、不分轻重以及贪多的现象。杨秀峰反对教材以厚取胜，他认为教师应突出授课重点，力求讲深讲透，通过授课、阅读、实验、毕业论文等教学环节培养学生的良好习惯。另外，教师一味念讲稿并让学生照写笔记的讲授方法是行不通的，此种"抱着学生走"的教学方式不利于培养学生独立思考的习惯和独立工作的能力。杨秀峰认为："我们要给学生以钥匙，但不是把所有的钥匙都交给学生，而是要给学生思考方法、学习方法、基本理论知识，这就是给学生以主要的钥匙②。"知识具有无限性，而学生学习的时间和精力却是有限的。教师将所有知识一并传授给学生的观念是不切实际的，应让学生掌握获取知识的方法，即打开知识宝库的"钥匙"，才能为未来发展打下坚实基础。此外，教师应引导学生自由支配时间，进行独立的研究学习，以此博览群书，开辟广阔的知识领域，培养学生独立思考和独立工作能力。

三、教师价值作用：尊重教师与提高待遇

在杨秀峰看来，一支稳定合格且高质量的教师队伍是办好学校的关键，也是提高国民教育水平的重要前提。然而，教师的社会地位和待遇却得不到应有的保障。杨秀峰通过数据调查发现："1978 年小学教师年平均工资为 538 元，在全国各行业中排名是倒数第一，中学教师的年平均工资为 542 元，排名是倒数第二。"③ 教师工作繁杂辛劳而工资待遇极低，常用"斯文不如扫地"形容教师职业的清贫，加之受"左倾"错误的影响，尊师的优良风气遭到破坏，教师的基本权利难以保障，甚至人身安全也受到威胁。凡此种种使得报考师范院校的学生少之又少，学生不愿学师范，教师想改行，由此则难以挽留有志于教育事业且高素质的教师，更不必说打造稳定且高质量的师资队伍了。杨秀峰指出："社会上对教师的地位和态度应给予解决。国家制度上的原因要解决，如何看待教师是个社会风气问题。"④ 要想打造一支真正稳定的教师队伍，必须在全社会营造尊师的良好风气，提高教师的社会地位。他十分赞成列宁的观点："不提高人民教师的地位，就谈不上任何文化，既谈不上无产阶级文化，也谈不上资产阶级文化。应当把我国人民教师的地位提高到从未有过的地位。"⑤

为此，我们首当其冲要正确认识教师的价值和作用。杨秀峰认为："教师，

---

① 杨秀峰. 杨秀峰教育文集 [M]. 北京：北京师范大学出版社，1987：99-100.
② 杨秀峰. 杨秀峰教育文集 [M]. 北京：北京师范大学出版社，1987：119.
③ 杨秀峰. 杨秀峰教育文集 [M]. 北京：北京师范大学出版社，1987：241-242.
④ 杨秀峰. 杨秀峰教育文集 [M]. 北京：北京师范大学出版社，1987：148-149.
⑤ 中共中央马克思恩格斯列宁斯大林著作编译局. 列宁全集：第 33 卷 [M]. 北京：人民出版社，1957：418-419.

不仅是科学文化知识的传授者,而且是人类灵魂工程师,这个职业是崇高而光荣的,理应受到整个社会的尊敬①。"尊重教师意味着尊重知识、尊重科学和尊重劳动。教师肩负着人才培养的重任,他们在社会主义事业的建设中辛勤劳动、呕心沥血,作出了不可磨灭的贡献,他们向国家和社会培养源源不断的人才,最终成为社会主义的建设者和接班人,而教师的默默无闻的辛劳和付出却鲜为人知。

其次,应改革教师工资制度,提升教师的工资待遇,改变"复杂脑力劳动低于简单体力劳动的'工资倒挂'现象②"。杨秀峰特别指出:"我国民办教师所占比例很大,他们的生活出现许多新矛盾和新困难。"③ 因此,应大力改善民办教师的生活待遇。杨秀峰提出全部中学教师和大部分小学教师经考核检定后应当转为国家职工,教师既承担教育培养新一代之责任,就应当享受基本的权利和保障。只有切实提高教师的地位和待遇,才能在社会上形成尊师的良好风貌。若教师队伍动荡不安,则不仅会严重影响教育教学质量,还将诱发社会中不安定的因素。

综上所述,可以看到,作为中国社会主义教育的重要奠基人之一,杨秀峰把一生倾注于教育事业并作出了积极贡献。他有着丰富的教育经验和很深的理论修养,他的德行高洁,在教育界深孚众望。他的师范教育思想是对建国初期社会主义教育的真实记录和经验总结,对摆正师范教育的地位和发展我国的师范教育具有深刻的现实意义。因此,我们要认真学习和研究他的师范教育思想,并进一步发掘。

拓展阅读

[1] 杨秀峰. 杨秀峰教育文集 [M]. 北京:北京师范大学出版社,1987.
[2] 麻星甫,刘爱华. 杨秀峰的教育思想 [J]. 北京师范大学学报,1987(4):56-62.
[3] 赵闻先. 杨秀峰的教育思想与实践 [J]. 教育研究,1997(12):32-38.
[4] 麻星甫. 杨秀峰师范教育思想初探 [C]//中国地方教育史研究会. 纪念《教育史研究》创刊二十周年论文集(2)——中国教育思想史与人物研究,2009:519-521.
[5] 任烨. 杨秀峰教育管理思想及其启示 [D]. 石家庄:河北师范大学,2018.
[6] 李雪. 杨秀峰高等教育思想研究 [D]. 保定:河北大学,2021.

---

① 杨秀峰. 杨秀峰教育文集 [M]. 北京:北京师范大学出版社,1987:241.
②③ 杨秀峰. 杨秀峰教育文集 [M]. 北京:北京师范大学出版社,1987:242.

第十六章
罗炳之师范教育思想

罗炳之（1896—1994年），原名罗廷光，江西省吉安县人，中国民主同盟盟员，著名现代教育家。罗炳之父名罗泳葵，清朝秀才，曾在乡村私塾任教，其母亲读书不多，但能勤俭持家，在教育罗炳之的问题上丝毫不松懈，也经常帮助邻居，很受邻里喜爱。① 罗炳之5岁时，父亲便教他读书识字，学习《中国史略》和《三国演义》。罗炳之10岁时父亲去世，母亲独自一人承担起罗炳之的养育和教育，自此罗炳之开启了乡间私塾就学的经历，乡间私塾学习到的知识为罗炳之以后的思想发展奠定了重要的基础。1916年，罗炳之毕业于吉安中学后任小学教师。1918年，在南昌考入南京高等师范学校，获得公费入教育专修科。1921年，于南京高等师范学校毕业后，在厦门集美师范任教一年，接着改任河南第一师范教师，并兼任附小主任。1925年，回南京入东南大学进修教育，兼习文理科，同时在南京第一女子师范学校兼课。1926年，大学毕业后，先后在南昌鸿声中学、扬州中学、无锡中学任教，并于1926年下半年写成了《普通教学法》一书。1928年参加了江西省欧美留学考试，录取后，以公费留学美国。8月，入斯坦福大学教育研究院，次年改入哥伦比亚大学师范学院学习教育行政和比较教育等学科。1931年获硕士学位后，应中央大学之聘返国任该校教育学院副教授，翌年升为教授，兼教育社会系主任及本校实验学校校长。1933年，改任湖北教育学院院长。1934年年底，又往英国留学，入伦敦大学皇家学院研究教育学科及其他。1935年8月，代表中国教育学会和中国社会教育社出席在英国牛津召开的第六届世界教育会议。1936年，在英国研究工作结束，即往欧洲大陆考察了法、德、意、丹、波、苏等国的学校教育、社会教育团体和其他教育机关，下半年返国后，在河南大学任教授兼教务长和教育系主任。1937年，接受北平大学之聘，准备北上，孰料抗战爆发，北大、清华、南开在长沙和南岳衡

---

① 罗德真，罗一真. 秉烛沧桑——教育学家罗炳之 [M]. 南京：南京大学出版社，2002：3.

山组成临时大学,罗炳之在南岳晚大任教。1938年,随校迁往昆明,学校改为西南联合大学。1940年,罗炳之离开昆明,前往江西泰和任中正大学教授兼教务长、社会教育系主任,并与同事、同学创办了正大中学,任董事长,直至抗战胜利。1946年回南京,任中央大学教授兼师范学院院长,并重建师范学院的附中、附小。1948年,罗炳之辞去院长职务,专任教授,并被聘为联合国教科文组织中国委员会委员,出席了当年秋季在南京召开的该会成立大会。中华人民共和国成立后,中央大学改为南京大学,罗炳之在该校任教授兼教育系主任。1952年全国院系调整,南京师范学院成立,即任南京师范大学教授,后兼任院务委员会委员及院学术委员会委员,直至1987年退休。

罗炳之跨越了两个世纪,更是经历了中国近代清王朝时期、国民党政府时期和新中国时期,求学期间历经"辛亥革命""五四运动""七七事变"等历史事件节点。罗炳之读书曾依靠借贷和亲友资助,完成学业后他第一份工作选择的是小学教师,这也使他的思想发生了一些变化:"当小学教师,原为解决个人生活问题,通过实践,我逐步感到当老师的兴趣,也觉得很有意思,这对我后来长期从事教育工作有一定的影响。"①

罗炳之从事教育工作七十余年,不仅是教育理论研究家,也是教育实践家,其研究成果涉及多门学科,任教学段包含小学、中学、大学,其中大学任教时间最久,长达五十多年。

罗炳之的教育科学研究涉及中外教育史、比较教育、教育行政、教育科学及教学法等领域,先后发表教育著作20余本及论文百余篇,在学术界有广泛的影响(见表16-1)。

表16-1 罗炳之的主要著作

著作	出版社及时间
《普通教学法》	商务印书馆,1930年出版
《教育科学研究大纲》	中华书局,1932年出版
《教育研究指南》	中央大学教育研究所,1932年出版
《教育科学纲要》	中华书局,1935年出版
《师范教育新论》	南京书店,1934年出版
《比较教育学》	商务印书馆,1940年出版,列入"汉译世界名著"
《教学通论》	中华书局,1940年出版,列入"大学用书"
《师范教育》	正中书局,1940年出版,列入"大学用书"

---

① 罗德真,罗一真. 秉烛沧桑——教育学家罗炳之[M]. 南京:南京大学出版社,2002:4.

续表

著作	出版社及时间
《教育行政》	商务印书馆，1945年出版，列入"大学用书"
《外国教育史》上册	江苏人民出版社，1962年
《外国教育史》上下册	江苏人民出版社，1981年
《罗炳之教育论著选》	江苏教育出版社，1987年
《中国近代教育家》	湖北人民出版社，1958年

一、教育研究思想：用科学方法研究教育问题

罗炳之长期致力于教育科学研究体系，是我国较早进行教育科学研究的学者，在他看来，教育研究必须用科学的方法，本着客观的态度，仔细观察所研究的对象，通过深入调查、收集资料、分析资料进而总结结论，揭示内在规律。

（一）教育研究的内涵

在对"科学研究"进行阐释时，罗炳之强调"我们切莫把科学研究和科学等名词看得太窄太机械，莫象平常人一样一谈到科学家便只想到化学家，生物学家，天文学家等等，要知道一个好研究古代文字的学者之致力于拉丁文之演进的研究，或追寻古希腊文明产生的原因及其衰败的理由，他的工作的价值，决不亚于那研究光线或光电效应的学者。不用说，他们同样堪称为科学家。又若一个历史教授能寻绎伦理，经济，气候及宗教等原因影响于国家文明的进步，亦足称为科学家而有余。科学家是什么要不过一个好为客观事实的研究，追求其原因及其结果的学者之别名而已"[①]。

罗炳之引用了孟禄等人关于教育研究的观点，"一切教育科学研究的终究目的，在发现有关于教育的各种手续、规律及原理等。无论是用现成的事实或是发现新的原理，具批判性的反思精神应是万不可少的。因此，凡是根据最可靠材料以解答教育上问题而出以批评的态度的，都不妨称它为教育研究或教育科学研究"[②]。

当然，教育研究也属于科学研究范畴。所谓教育研究，其实就是运用科学的方法阐述教育意义并能解决实际教育问题，教育研究中所采取的方法及实施步骤与科学研究大体是一致的。罗炳之对教育研究的阐述很强调客观事实的运用，强调研究的科学性。可以看出客观的研究方法使得我国的教育研究获得更为广阔的发展空间。

---

① 罗炳之. 教育科学研究大纲[M]. 北京：中华书局，1932：13.
② 罗炳之. 教育行政（下册）[M]. 北京：商务印书馆，1945：28.

(二) 如何进行教育研究

就如何进行教育研究，罗炳之拟定了一套教育研究方法体系。他指出，教育研究是有体系的，包括历史的研究、比较的研究、科学的研究和哲学的研究，这四种研究是相互配合的。其中，历史的研究是教育研究的基础，比较的研究拓宽视野，科学的研究为教育研究提供方法，哲学的研究帮助研究者明确方向。

1. 历史的研究

历史的研究是指用历史法来研究教育。罗炳之认为历史记录着过往教育思想的变迁，探寻以往的教育方法可以为近代教育提供借鉴。历史研究可以帮助我们认识、解释、重构过去的教育活动痕迹，既能比较真实地反映过去，又能客观地追寻因果关系，不受时代性、个人见解等多重主观因素的制约。

但是，值得指出的是，历史的研究不是"热冷饭"，历史研究是搜寻过往的事实，对其加以解释，用于说明现社会，因以推测未来。罗炳之认为历史的研究是可以推陈出新的，按照研究内容的不同可以分为教育背景的研究、教育通史的研究和教育专史的研究。

2. 比较的研究

新文化运动推动下，我国出现了教育改革的高潮，这时期学校教育的改革以学习西方教育为特点。究竟该如何学习呢？罗炳之提出："一切理论，制度，方法非比较不足以见其价值，非比较不足以辨别纯驳，善恶，良窳。就教育方面说，比较两种或两种以上教法的良否是比较，比较两个学校成绩的优劣亦是比较，乃至比较两个国家的教育宗旨，政策及实施方案等等全是比较。故实际言之，我们殆无时无刻不用比较法。所谓比较的研究云云，范围原来很广，方法原来很多。"[①]

比较的研究就是对事物或问题进行区分，以认识其差别、特点和本质的一种辩证逻辑思维方法。比较的研究效果确实是很大的，尤其是在研究问题、制定政策，或是作出判断时，比较的研究可以排除低劣、集中优长。比较的研究之所以能受到人们如此高度的重视，得到如此广泛的应用，是因为有比较才有鉴别，有鉴别才辨异同，知异同才懂优劣，明优劣才分高下，从而揭示事物发展的规律性，找出最有价值的东西。

3. 科学的研究

教育研究中越来越讲求科学研究的趋势，科学研究最大的特点在于客观的态度。在科学研究中采用严密的科学方法来求得准确的结果，研究过程以客观材料为依据，不掺杂个人主观色彩，是为认识事物的内在本质和运动规律而进行的调

---

① 罗炳之. 教育之比较的研究 [J]. 中华教育界，1938，19 (7): 111.

查研究的活动。

教育上的各种问题都应该持科学研究的态度来选择问题、确定方法、搜集资料进而得出结论。在科学的研究中要遵循研究方法和研究步骤，科学的研究具有探索性、创造性、继承性等特点，可为发现新的科学领域、新的技术发明和创造提供理论前提。

罗炳之作为较早关注教育科学研究的学者，为了使教学工作者在实际的研究中知道如何操作，很注重研究步骤的详细介绍。科学的研究讲求过程与结果的客观性，程序也更为复杂，包括发现问题、选择问题、材料的搜集和整理、概括和下结论、作报告。同时罗炳之还罗列了科学研究的主要方法，包括调查法、观察法、实验法、测量法、统计法、案由法等。

4. 哲学的研究

所谓哲学的研究，指探求宇宙和人生的基本意义和价值。通过对宇宙人生问题的深入思考，对一切存在和不存在获得一步步趋向正确的认识。哲学的研究是进一步询问研究的是什么、想要探求的是什么、什么问题最值得研究的一种研究方式，它指点道路和方向，提供确切的事实和有效的方法。

罗炳之指出，科学的研究和哲学的研究经常被人们混淆，科学的研究是寻求真理时的良好工具，告诉我们解决问题的方法，但是求得结果以后如何判断它的价值就需要哲学的研究。科学的研究关注用精密的方法获得精确的结果，而哲学的研究关注的是教育的意义。前者是根据客观的事实去改进教育的实施，后者是利用科学知识去发现教育本义，因而要达到寻求真理的目的需要科学的研究和哲学的研究两者兼用。

二、教育管理思想：用科学方法研究教育管理

罗炳之教育管理思想的出现并非偶然，与当时的社会背景息息相关。当时我国的教育理论界及实践界都如我国国内形势一样处于动荡不安的环境中。1931年"九一八事变"后，由于日军的入侵，我国东北地区的学校大部分被摧毁停课，尽管后来几年国民政府在教育政策上出了应变之策（如"教育救国"主张的提出），但实际调整的程度相当有限，此时期我国的教育事业遭受到了巨大的损失。随着抗日战争全面爆发，国民政府在清晰认识局势的情况下，积极地调整教育方针和教育管理，教育理论的发展在这一时期也出现了思潮迭起。在这样的时代背景下，罗炳之结合自身教育实践经验和学校行政管理的经验，创作而成了《教育行政》一书，该书详细阐述了他的教育管理思想，并强调教育管理过程中的"科学性"，这在当时我国学术界取得了毋庸置疑的地位。

1940年，罗炳之等人在江西省筹备的中正大学正式成立，他担任该校的第一任教务长并兼任社会教育系主任。1942年他整理书稿编制教材《教育行政》，

时隔三年后 1945 年于商务印书馆出版，该书是中正大学第一本教材，也是当时该校唯一一本教材，该书自问世以来，一直受到教育界的关注，并被商务印书馆列为"大学用书"。

《教育行政》的出版很具时效性，是当时教育管理思想的总结，也是当时教育管理水平的体现。该书吸纳中西，运用较新的理论和方法，在结合本国当时国情的条件下，"既对过去关于教育行政问题的探讨进行了理论总结，又对新的问题进行了阐发"①，进而使教育行政与管理人员从事工作时在"计划""组织""执行"等环节都有章可循。

当然，《教育行政》也存在一定的时代局限性，如在吸收借鉴西方先进的管理学理论时存在模仿现象，缺少对实践环节以及教育行政管理人员工作中实操环节的关注，但是仍然对我国当时的教育管理起到很多的借鉴作用。

罗炳之的教育管理思想从教育行政理论到学校管理都突出体现了"科学性"，几乎涵盖了教育管理的各个方面与环节。

在教育行政方面，罗炳之对"学制改革"持"谨慎"态度，他认为当时的"六三三"学制没必要全部改革，除借鉴国外经验之外，应结合本国实际情况增加"现行学徒"，并以某些学校为试点，进而寻求适应本国国情切合各年龄段儿童发展实际的学制改革方案。罗炳之考评了各级教育行政机构，针对学校这类教育机构他指出，学校行政组织应遵循翔实、弹性、完整、责任专一、劳逸均等。同时他还对教育人员和教育经费等管理问题给出了措施：一是将教育人员细分为教育行政人员、校长和教师，并分别对其任职资格、职权、培训进修等进行了分类阐述；二是分别从教育经费的来源、分配、使用和管理等几个方面来科学阐述教育经费。

在学校教育方面，罗炳之认为教务管理关系到学校日常运转，学生入校后对学生分班是面临的第一个问题，故他对分级提出了按照实足年龄、生理年龄、智力年龄、教育年龄等进行分级。同时他还对课程编制、课程管理和教材选择等管理问题给出了措施：一是课程编制要采用科学的方法，如活动分析法、业务分析法、困难分析法和调查法等。二是课程编制过程中应遵循分析、归类和排序等步骤。三是课程管理要遵循一定的原则，以求使课程"活化"，同时注重搜集地方素材来补充到课程中。四是教材选择应遵循一定的标准，在符合社会发展需要和学生经验的基础上选择高价值的教材。

从内容上看，罗炳之的教育管理思想体现了"科学管理"，并指出了科学管理的核心——效率。从方法上看，罗炳之倡导用科学的方法来研究教育管理，从一系列杂乱无章的行政管理工作中总结出普遍的规律，找出各种事件之间的内在

---

① 金林祥. 20 世纪中国教育学科的发展与思考［M］. 上海：上海教育出版社，2000：90.

联系，进而将其一一纳入管理体系之中。

三、师范教育作用：倡导师范教育的重要地位

罗炳之热爱教师职业，为师范教育事业奉献终身，并始终热情宣传师范教育的重要性。他中学毕业后，曾任小学教师，当小学教师，原为解决生计问题，但教学实践使他逐步认识到教师的意义，影响着他后来长期从事教育工作。

除了在各级各类学校中开展教学活动，罗炳之真正做到了"教研统一"，通过对我国师范教育不懈的研究，著有《师范教育新论》和《师范教育》等书，把研究师范教育作为自己的职责，在中国近代教育发展中起到了重要作用，为当时我国师范教育事业的发展提供了参考。

案 例

把一生献给教育事业——罗炳之在90诞辰庆祝会上的讲话①

我是从20岁中学毕业起从事教育工作的，后来我有机会升学上南京高等师范，学校设有工农商和教育四个专修科，我选择了教育专修科，以后到东南大学补习大学学分时，我还是学教育，后来有机会到外国读书，我选择的仍然是教育，我为什么始终把教育作为第一个选择？第一，当时社会百业萧条，教育工作比较容易找到，不但读师范的出来要教书，学教育的要教书，就算农、工、商学校毕业的学生多数也还是教书。其次呢，教师这个职业比较适合我，适合我的个性和意愿，我对那些勾心斗角的政治活动不感兴趣，也干不了，还是规规矩矩较我的书，做教师可以自定计划，一边教学，一边做点科研或写点东西，这样或许对我国教育事业和教育学术有点贡献。第三，通过实践，对教书本身我觉得很有兴趣，我和学生们相处的很好，师生之间便显得很有感情，这也给我很大的安慰。所以我以为教师工作是很有趣的，是值得干的……（原载于1985年10月10日《南京师大》校刊104期，摘自罗炳之《把一生献给教育事业》）

（一）主张独立设置师范学校

罗炳之认为师范教育在于培养合格师资，合格的师资不仅影响到学校教学质量，更能提高全民族文化素养。在罗炳之看来，"教师不独是一种职业，并是一种专业——需要专门知识和技能的职业——性质与医生、律师和工程师等相类，不过和他们并不尽同；第一，他种专业的对象或是物，教师专业的对象却是人，是活泼泼的人。第二，他种专业影响所及，只限于个人或少数人，教师之直接的影响则普及于全社会、全人生。实言之，教育事业系以人（儿童、

---

① 罗德真，罗一真. 秉烛沧桑——教育学家罗炳之 [M]. 南京：南京大学出版社，2002：23-24.

青年或成年人）为中心，以社会为圆周，其设施在本学者固有的智能而充分发展，与处理物质时之方圆如意者迥异。以故，教师非受深切的专业训练和具有恒久的专业精神不为功。师范教育之任务，即在培养此种专业精神，和训练此种专业人才"①。

他在《师范教育新论》中明确主张：师范学校应独立设置，不应成为高级中学的附庸；师范大学及大学师范学院是造就合格师资的正规机关；未受师范教育的人而欲充任中小学教师，必须加以严格的检定等等。罗炳之对师范教育重要性的认识透露出他对师范教育专业化的理解，即师范教育有不同于其他教育质的规定性，这也是其坚持师范教育独立设置的一个重要原因。

（二）师范学校应具有教育化

罗炳之认为"欲增进师范教育之效率，则不得不先使师范学校的本身受教育化。所谓师范学校的本身受教育化者，系指师范学校之各方面——无论学校行政、考试、教学、管理、训练以及体育等等——均须满充教育的空气，注以教育的精神，务造成教育的环境。师范生在此教育的环境中，涤磨陶练，潜移默化，数年而后，不怕他对于教育不发生兴趣，不怕他对于教育上各种事业智能不习练纯熟，不怕他不把教育当作终身事业"②。

罗炳之认为师范教育教学上的改革应使教学具有教育化，需要从确定各科教学标准、改良教学法方法、增加课外研究、增加教学设备以及设立各科教学研究会等方面着手改进。结合其在师范学校的工作经历，他拟定了社会科、国文科、算学科、自然科、艺术科、体育科以及教育科等科的教学标准（类似现在的教学大纲），每科的教学标准包括知识方面和技能方面，即让师范生在每一科达到知识和技能上的何种要求。

（三）对师范教育史的研究

罗炳之对中国师范教育的发展进行了阶段划分。他把中国师范教育的发展分为发轫、生长、衰落与复兴四个时期。他认为，历史研究对于帮助解决当前问题"含有重大的意义"，并且历史研究具有"极大的现代性，可以推陈出新，使研究者兴致盎然，生机蓬勃"③。在对师范教育的历史进行考察时，他提倡用科学的方法进行研究，以期揭示其规律性，进而得出结论，力求做到实事求是。罗炳之通过对中国近代师范教育史进行研究，对师范教育学制提出了自己独特的看法，在他看来，师范学制已经实行，非到万不得已不能随意变更。

---

① 罗廷光. 师范教育 [M]. 南京：正中书局，1940：13-53.
② 罗廷光. 国家主义与师范教育问题 [J]. 中华教育界，1925（1）：8.
③ 罗廷光. 教育概论 [M] 上海：世界书局，1922：353-354.

案 例

回忆我所敬仰的罗炳之老师①——班华

罗老师的认真负责精神也表现在他的治学过程中。罗老师常常教导我们学习和研究要重视"原料",就是"原始材料"。在我毕业的前后,我和另外的同学到罗老师家去看望过他。罗老师和我们谈起做学问的事,又一次说起要学习原始材料问题。他在美国哥伦比亚大学师范学院学习期间(1928—1931年)曾参观过美国各级学校和教育机关。他在英国留学过。他用半年时间先后考察过法、德、意、丹、波、苏等国家的学校、社会教育团体、教育机关,掌握了大量的第一手资料,但他从不以此为满足。他的治学特别的严谨、认真。他说他要编写《外国教育史》(1961年)。做好编写工作不能仅仅靠在国外考察中获得的一些材料,也不能光看看国外的一些教育史教科书和参考书,而是要尽量地采用原始资料。

罗老师的博学给我以深刻的印象。一次我在系资料室的书架上随意地浏览,发现了罗老师的好几本著作,有师范教育的,有教育研究的,有教育行政的,等等。我顿时产生了一股崇敬之情,感到自己对罗老师了解得还是太少了!是的,罗老师关注的学术领域确实很广,学术造诣很深,在众多的领域都取得了显著成就。就在前几年(大约1990年前后)我还从一份小报上得知,当年台湾还出版他的著作。他的这些成就的取得来源于他对教育事业的热爱,来源于他的刻苦的探究精神,他的有些著作是在物质条件十分困难的情况下完成的。他对教育事业,包括对教育研究的贡献,是不可磨灭的。

由此可知,罗炳之是活跃在我国20世纪教育研究舞台上的一位著名研究者和实践者,毫无疑问他是我国教育研究领域、师范教育领域、教育管理领域的开拓者,其教育思想无论是在当时还是今天都对我国教育研究界产生深远影响。罗炳之的教育思想体现了教育本土化的探求,在他所处的时代,正是借鉴与学习国外成为潮流的时代,但如何引进和学习,如何将国外理论本土化,成为适合中国国情的理论,是一个至今学者们仍在苦苦思索不断探究的问题。他认为,教育研究应结合时代和社会中的实际问题,外来的理论想要在我国的实际中生根发展必须结合我国的实际情况,要透过表面现实,去把握教育文化传统的内在血脉。关于教育研究,罗炳之交出了自己的答卷,以此为例,留给后人的,还有更多的问题尚待解决。

可以说,罗炳之不仅是一个教育理论家,还是一个教育实践家,他长期从事

---

① 罗德真,罗一真. 秉烛沧桑——教育学家罗炳之 [M]. 南京:南京大学出版社,2002:37.

教育工作，先后在中央大学、湖北教育学院、河南大学、西南联合大学、南京大学以及南京师范学院等校任教。长期的教育活动，使他在小学教育、师范教育、大学教育等方面，都提出了许多真知灼见。罗炳之的师范教育尽管只是其教育思想的一个方面，但显示出的价值对当前教师教育课程改革具有一定的现实借鉴意义。应该说，罗炳之师范教育教学标准思想蕴含着现代教育理念的萌芽，难能可贵的是他把师范教育中的每一科都拟定了教学标准，丰富而全面，这为当前完善教师教育课程标准体系提供了重要的借鉴价值。他的师范学校"教育化"思想对于提高师范学校师资培养的专业性和有效性具有启发意义。当然，现实的情形和过去千差万别，但总结前人的经验教训，可以让后继者用发展的、历史的眼光看待问题，这样就避免走弯路。继承前人的优秀思想，不仅可以丰富人类知识的宝库，同样可以给现实以借鉴。

拓展阅读

[1] 罗廷光. 教育概论 [M]. 上海：世界书局，1922.

[2] 罗炳之. 教育科学研究大纲 [M]. 北京：中华书局，1932.

[3] 罗廷光. 师范教育 [M]. 南京：正中书局，1940.

[4] 罗炳之. 教育行政 [M]. 北京：商务印书馆，1945.

[5] 罗德真，罗一真. 秉烛沧桑——教育学家罗炳之 [M]. 南京：南京大学出版社，2002.

[6] 范云门. 罗炳之在教育科学领域的建树 [J]. 南京师范大学学报（社会科学版），1992（3）：23-27.

[7] 李艳萍. 罗炳之教育管理思想之科学性探究 [D]. 南京：南京师范大学，2005.

[8] 郁惠. 罗炳之教育研究思想论略 [D]. 南京：南京师范大学，2007.

[9] 郭景川. 罗炳之的师范教育思想与实践 [J]. 教师教育论坛，2016（3）：72-76.